T&P BOOKS

CHIRGHISO
VOCABOLARIO

ITALIANO-CHIRGHISO

Le parole più utili
Per ampliare il proprio lessico e affinare
le proprie abilità linguistiche

9000 parole

Vocabolario Italiano-Chirghiso per studio autodidattico - 9000 parole
Di Andrey Taranov

I vocabolari T&P Books si propongono come strumento di aiuto per apprendere, memorizzare e revisionare l'uso di termini stranieri. Il dizionario si divide in vari argomenti che includono la maggior parte delle attività quotidiane, tra cui affari, scienza, cultura, ecc.

Il processo di apprendimento delle parole attraverso i dizionari divisi in liste tematiche della collana T&P Books offre i seguenti vantaggi:

- Le fonti d'informazione correttamente raggruppate garantiscono un buon risultato nella memorizzazione delle parole
- La possibilità di memorizzare gruppi di parole con la stessa radice (piuttosto che memorizzarle separatamente)
- Piccoli gruppi di parole facilitano il processo di apprendimento per associazione, utile al potenziamento lessicale
- Il livello di conoscenza della lingua può essere valutato attraverso il numero di parole apprese

T&P Books Publishing
www.tpbooks.com

ISBN: 978-1-78767-030-3

Questo libro è disponibile anche in formato e-book.
Visitate il sito www.tpbooks.com o le principali librerie online.

VOCABOLARIO CHIRGHISO
per studio autodidattico

I vocabolari T&P Books si propongono come strumento di aiuto per apprendere, memorizzare e revisionare l'uso di termini stranieri. Il vocabolario contiene oltre 9000 parole di uso comune ordinate per argomenti.

- Il vocabolario contiene le parole più comunemente usate
- È consigliato in aggiunta ad un corso di lingua
- Risponde alle esigenze degli studenti di lingue straniere sia essi principianti o di livello avanzato
- Pratico per un uso quotidiano, per gli esercizi di revisione e di autovalutazione
- Consente di valutare la conoscenza del proprio lessico

Caratteristiche specifiche del vocabolario:

- Le parole sono ordinate secondo il proprio significato e non alfabeticamente
- Le parole sono riportate in tre colonne diverse per facilitare il metodo di revisione e autovalutazione
- I gruppi di parole sono divisi in sottogruppi per facilitare il processo di apprendimento
- Il vocabolario offre una pratica e semplice trascrizione fonetica per ogni termine straniero

Il vocabolario contiene 256 argomenti tra cui:

Concetti di Base, Numeri, Colori, Mesi, Stagioni, Unità di Misura, Abbigliamento e Accessori, Cibo e Alimentazione, Ristorante, Membri della Famiglia, Parenti, Personalità, Sentimenti, Emozioni, Malattie, Città, Visita Turistica, Acquisti, Denaro, Casa, Ufficio, Lavoro d'Ufficio, Import-export, Marketing, Ricerca di un Lavoro, Sport, Istruzione, Computer, Internet, Utensili, Natura, Paesi, Nazionalità e altro ancora ...

INDICE

GUIDA ALLA PRONUNCIA

Alfabeto fonetico T&P	Esempio chirghiso	Esempio italiano
[a]	манжа [mandʒa]	macchia
[e]	келечек [keletʃek]	meno, leggere
[i]	жигит [dʒigit]	vittoria
[ı]	кубаныч [kubanıtʃ]	tattica
[o]	мактоо [maktoo]	notte
[u]	узундук [uzunduk]	prugno
[ʉ]	алюминий [alʉminij]	aiutare
[y]	түнкү [tynky]	luccio
[b]	ашкабак [aʃkabak]	bianco
[d]	адам [adam]	doccia
[dʒ]	жыгач [dʒıgatʃ]	piangere
[f]	флейта [flejta]	ferrovia
[g]	тегерек [tegerek]	guerriero
[j]	бөйрөк [bøjrøk]	New York
[k]	карапа [karapa]	cometa
[l]	алтын [altın]	saluto
[m]	бешмант [beʃmant]	mostra
[n]	найза [najza]	notte
[ŋ]	булуң [buluŋ]	anche
[p]	пайдубал [pajdubal]	pieno
[r]	рахмат [raχmat]	ritmo, raro
[s]	сагызган [sagızgan]	sapere
[ʃ]	бурулуш [buruluʃ]	ruscello
[t]	түтүн [tytyn]	tattica
[χ]	пахтадан [paχtadan]	hobby
[ts]	шприц [ʃprits]	calzini
[tʃ]	биринчи [birintʃi]	cinque
[v]	квартал [kvartal]	volare
[z]	казуу [kazuu]	rosa
[ʲ]	руль, актёр [rulʲ, aktʲor]	segno di palatalizzazione
[ʰ]	объектив [obʰjektiv]	Jer dura

ABBREVIAZIONI
usate nel vocabolario

Italiano. Abbreviazioni

agg	-	aggettivo
anim.	-	animato
avv	-	avverbio
cong	-	congiunzione
ecc.	-	eccetera
f	-	sostantivo femminile
f pl	-	femminile plurale
fem.	-	femminile
form.	-	formale
inanim.	-	inanimato
inform.	-	familiare
m	-	sostantivo maschile
m pl	-	maschile plurale
m, f	-	maschile, femminile
masc.	-	maschile
mil.	-	militare
pl	-	plurale
pron	-	pronome
qc	-	qualcosa
qn	-	qualcuno
sing.	-	singolare
v aus	-	verbo ausiliare
vi	-	verbo intransitivo
vi, vt	-	verbo intransitivo, transitivo
vr	-	verbo riflessivo
vt	-	verbo transitivo

CONCETTI DI BASE

Concetti di base. Parte 1

1. Pronomi

io	мен, мага	men, maga
tu	сен	sen
egli, ella, esso, essa	ал	al
loro	алар	alar

2. Saluti. Convenevoli. Saluti di congedo

Salve!	Салам!	salam!
Buongiorno!	Саламатсызбы!	salamatsızbı!
Buongiorno! (la mattina)	Кутман таңыңыз менен!	kutman taŋıŋız menen!
Buon pomeriggio!	Кутман күнүңүз менен!	kutman kynyŋyz menen!
Buonasera!	Кутман кечиңиз менен!	kutman ketʃiŋiz menen!
salutare (vt)	учурашуу	utʃuraʃuu
Ciao! Salve!	Кандай!	kandaj!
saluto (m)	салам	salam
salutare (vt)	саламдашуу	salamdaʃuu
Come sta? Come stai?	Иштериң кандай?	iʃteriŋ kandaj?
Come sta?	Иштериңиз кандай?	iʃteriŋiz kandaj?
Come stai?	Иштер кандай?	iʃter kandaj?
Che c'è di nuovo?	Эмне жаңылык?	emne dʒaŋılık?
Arrivederci!	Көрүшкөнчө!	køryʃkøntʃø!
A presto!	Эмки жолукканга чейин!	emki dʒolukkanga tʃejin!
Addio! (inform.)	Кош бол!	koʃ bol!
Addio! (form.)	Кош болуңуз!	koʃ boluŋuz!
congedarsi (vr)	коштошуу	koʃtoʃuu
Ciao! (A presto!)	Жакшы кал!	dʒakʃı kal!
Grazie!	Рахмат!	raxmat!
Grazie mille!	Чоң рахмат!	tʃoŋ raxmat!
Prego	Эч нерсе эмес	etʃ nerse emes
Non c'è di che!	Алкышка арзыбайт	alkıʃka arzıbajt
Di niente	Эчтеке эмес.	etʃteke emes
Scusa!	Кечир!	ketʃir!
Scusi!	Кечирип коюңузчу!	ketʃirip kojuŋuztʃu!
scusare (vt)	кечирүү	ketʃiryy
scusarsi (vr)	кечирим суроо	ketʃirim suroo
Chiedo scusa	Кечирим сурайм.	ketʃirim surajm

Mi perdoni!	Кечиресиз!	ketʃiresiz!
perdonare (vt)	кечирүү	ketʃiryy
Non fa niente	Эч капачылык жок.	etʃ kapatʃılık dʒok
per favore	суранам	suranam

Non dimentichi!	Унутуп калбаңыз!	unutup kalbaŋız!
Certamente!	Албетте!	albette!
Certamente no!	Албетте жок!	albette dʒok!
D'accordo!	Макул!	makul!
Basta!	Жетишет!	dʒetiʃet!

3. Come rivolgersi

Mi scusi!	Кечиресиз!	ketʃiresiz!
signore	мырза	mırza
signora	айым	ajım
signorina	чоң кыз	tʃoŋ kız
signore	чоң жигит	tʃoŋ dʒigit
ragazzo	жаш бала	dʒaʃ bala
ragazza	кызым	kızım

4. Numeri cardinali. Parte 1

zero (m)	нөл	nøl
uno	бир	bir
due	эки	eki
tre	үч	ytʃ
quattro	төрт	tørt

cinque	беш	beʃ
sei	алты	altı
sette	жети	dʒeti
otto	сегиз	segiz
nove	тогуз	toguz

dieci	он	on
undici	он бир	on bir
dodici	он эки	on eki
tredici	он үч	on ytʃ
quattordici	он төрт	on tørt

quindici	он беш	on beʃ
sedici	он алты	on altı
diciassette	он жети	on dʒeti
diciotto	он сегиз	on segiz
diciannove	он тогуз	on toguz

venti	жыйырма	dʒıjırma
ventuno	жыйырма бир	dʒıjırma bir
ventidue	жыйырма эки	dʒıjırma eki
ventitre	жыйырма үч	dʒıjırma ytʃ
trenta	отуз	otuz

trentuno	отуз бир	otuz bir
trentadue	отуз эки	otuz eki
trentatre	отуз үч	otuz ytʃ
quaranta	кырк	kırk
quarantadue	кырк эки	kırk eki
quarantatre	кырк үч	kırk ytʃ
cinquanta	элүү	elyy
cinquantuno	элүү бир	elyy bir
cinquantadue	элүү эки	elyy eki
cinquantatre	элүү үч	elyy ytʃ
sessanta	алтымыш	altımıʃ
sessantuno	алтымыш бир	altımıʃ bir
sessantadue	алтымыш эки	altımıʃ eki
sessantatre	алтымыш үч	altımıʃ ytʃ
settanta	жетимиш	dʒetimiʃ
settantuno	жетимиш бир	dʒetimiʃ bir
settantadue	жетимиш эки	dʒetimiʃ eki
settantatre	жетимиш үч	dʒetimiʃ ytʃ
ottanta	сексен	seksen
ottantuno	сексен бир	seksen bir
ottantadue	сексен эки	seksen eki
ottantatre	сексен үч	seksen ytʃ
novanta	токсон	tokson
novantuno	токсон бир	tokson bir
novantadue	токсон эки	tokson eki
novantatre	токсон үч	tokson ytʃ

5. Numeri cardinali. Parte 2

cento	бир жүз	bir dʒyz
duecento	эки жүз	eki dʒyz
trecento	үч жүз	ytʃ dʒyz
quattrocento	төрт жүз	tørt dʒyz
cinquecento	беш жүз	beʃ dʒyz
seicento	алты жүз	altı dʒyz
settecento	жети жүз	dʒeti dʒyz
ottocento	сегиз жүз	segiz dʒyz
novecento	тогуз жүз	toguz dʒyz
mille	бир миң	bir miŋ
duemila	эки миң	eki miŋ
tremila	үч миң	ytʃ miŋ
diecimila	он миң	on miŋ
centomila	жүз миң	dʒyz miŋ
milione (m)	миллион	million
miliardo (m)	миллиард	milliard

6. Numeri ordinali

primo	биринчи	birintʃi
secondo	экинчи	ekintʃi
terzo	үчүнчү	ytʃyntʃy
quarto	төртүнчү	tørtyntʃy
quinto	бешинчи	beʃintʃi

sesto	алтынчы	altıntʃı
settimo	жетинчи	dʒetintʃi
ottavo	сегизинчи	segizintʃi
nono	тогузунчу	toguzuntʃu
decimo	онунчу	onuntʃu

7. Numeri. Frazioni

frazione (f)	бөлчөк	bøltʃøk
un mezzo	экиден бир	ekiden bir
un terzo	үчтөн бир	ytʃtøn bir
un quarto	төрттөн бир	tørttøn bir

un ottavo	сегизден бир	segizden bir
un decimo	тогуздан бир	toguzdan bir
due terzi	үчтөн эки	ytʃtøn eki
tre quarti	төрттөн үч	tørttøn ytʃ

8. Numeri. Operazioni aritmetiche di base

sottrazione (f)	кемитүү	kemityy
sottrarre (vt)	кемитүү	kemityy
divisione (f)	бөлүү	bølyy
dividere (vt)	бөлүү	bølyy

addizione (f)	кошуу	koʃuu
addizionare (vt)	кошуу	koʃuu
aggiungere (vt)	кошуу	koʃuu
moltiplicazione (f)	көбөйтүү	købøjtyy
moltiplicare (vt)	көбөйтүү	købøjtyy

9. Numeri. Varie

cifra (f)	санарип	sanarip
numero (m)	сан	san
numerale (m)	сан атооч	san atootʃ
meno (m)	кемитүү	kemityy
più (m)	плюс	plʉs
formula (f)	формула	formula
calcolo (m)	эсептөө	eseptøø
contare (vt)	саноо	sanoo

| calcolare (vt) | эсептөө | eseptøø |
| comparare (vt) | салыштыруу | salıʃtıruu |

Quanto? Quanti?	Канча?	kantʃa?
somma (f)	жыйынтык	dʒıjıntık
risultato (m)	натыйжа	natıjdʒa
resto (m)	калдык	kaldık

qualche ...	бир нече	bir netʃe
un po' di ...	биртике	bir az
alcuni, pochi (non molti)	бир аз	bir az
poco (non molto)	кичине	kitʃine
resto (m)	калганы	kalganı
uno e mezzo	бир жарым	bir dʒarım
dozzina (f)	он эки даана	on eki daana

in due	тең экиге	teŋ ekige
in parti uguali	тең	teŋ
metà (f), mezzo (m)	жарым	dʒarım
volta (f)	бир жолу	bir dʒolu

10. I verbi più importanti. Parte 1

accorgersi (vr)	байкоо	bajkoo
afferrare (vt)	кармоо	karmoo
affittare (dare in affitto)	батирге алуу	batirge aluu
aiutare (vt)	жардам берүү	dʒardam beryy
amare (qn)	сүйүү	syjyy

andare (camminare)	жөө басуу	dʒøø basuu
annotare (vt)	кагазга түшүрүү	kagazga tyʃyryy
appartenere (vi)	таандык болуу	taandık boluu
aprire (vt)	ачуу	atʃuu
arrivare (vi)	келүү	kelyy
aspettare (vt)	күтүү	kytyy

avere (vt)	бар болуу	bar boluu
avere fame	ачка болуу	atʃka boluu
avere fretta	шашуу	ʃaʃuu

avere paura	жазкануу	dʒazkanuu
avere sete	суусап калуу	suusap kaluu
avvertire (vt)	эскертүү	eskertyy
cacciare (vt)	аңчылык кылуу	aŋtʃılık kıluu
cadere (vi)	жыгылуу	dʒıgıluu

cambiare (vt)	өзгөртүү	øzgørtyy
capire (vt)	түшүнүү	tyʃynyy
cenare (vi)	кечки тамакты ичүү	ketʃki tamaktı itʃyy
cercare (vt)	... издөө	... izdøø
cessare (vt)	токтотуу	toktotuu
chiedere (~ aiuto)	чакыруу	tʃakıruu
chiedere (domandare)	суроо	suroo
cominciare (vt)	баштоо	baʃtoo

comparare (vt)	салыштыруу	salıʃtıruu
confondere (vt)	адаштыруу	adaʃtıruu
conoscere (qn)	таануу	taanuu
conservare (vt)	сактоо	saktoo
consigliare (vt)	кеңеш берүү	keŋeʃ beryy
contare (calcolare)	саноо	sanoo
contare su ...	... ишенүү	... iʃenyy
continuare (vt)	улантуу	ulantuu
controllare (vt)	башкаруу	baʃkaruu
correre (vi)	чуркоо	tʃurkoo
costare (vt)	туруу	turuu
creare (vt)	жаратуу	dʒaratuu
cucinare (vi)	тамак бышыруу	tamak bıʃıruu

11. I verbi più importanti. Parte 2

dare (vt)	берүү	beryy
dare un suggerimento	четин чыгаруу	tʃetin tʃıgaruu
decorare (adornare)	кооздоо	koozdoo
difendere (~ un paese)	коргоо	korgoo
dimenticare (vt)	унутуу	unutuu
dire (~ la verità)	айтуу	ajtuu
dirigere (compagnia, ecc.)	башкаруу	baʃkaruu
discutere (vt)	талкуулоо	talkuuloo
domandare (vt)	суроо	suroo
dubitare (vi)	күмөн саноо	kymøn sanoo
entrare (vi)	кирүү	kiryy
esigere (vt)	талап кылуу	talap kıluu
esistere (vi)	чыгуу	tʃıguu
essere (vi)	болуу	boluu
essere d'accordo	макул болуу	makul boluu
fare (vt)	кылуу	kıluu
fare colazione	эртең менен тамактануу	erteŋ menen tamaktanuu
fare il bagno	сууга түшүү	suuga tyʃyy
fermarsi (vr)	токтоо	toktoo
fidarsi (vr)	ишенүү	iʃenyy
finire (vt)	бүтүрүү	bytyryy
firmare (~ un documento)	кол коюу	kol kojuu
giocare (vi)	ойноо	ojnoo
girare (~ a destra)	бурулуу	buruluu
gridare (vi)	кыйкыруу	kıjkıruu
indovinare (vt)	жандырмагын табуу	dʒandırmagın tabuu
informare (vt)	маалымат берүү	maalımat beryy
ingannare (vt)	алдоо	aldoo
insistere (vi)	көшөрүү	køʃøryy
insultare (vt)	кемсинтүү	kemsintyy

| interessarsi di ... | ... кызыгуу | ... kızıguu |
| invitare (vt) | чакыруу | tʃakıruu |

lamentarsi (vr)	арызданyy	arızdanuu
lasciar cadere	түшүрүп алуу	tyʃyryp aluu
lavorare (vi)	иштее	iʃtøø
leggere (vi, vt)	окуу	okuu
liberare (vt)	бошотуу	boʃotuu

12. I verbi più importanti. Parte 3

mancare le lezioni	калтыруу	kaltıruu
mandare (vt)	жөнөтүү	dʒønøtyy
menzionare (vt)	айтып өтүү	ajtıp øtyy
minacciare (vt)	коркутуу	korkutuu
mostrare (vt)	көрсөтүү	kørsøtyy

nascondere (vt)	жашыруу	dʒaʃıruu
nuotare (vi)	сүзүү	syzyy
obiettare (vt)	каршы болуу	karʃı boluu
occorrere (vimp)	керек болуу	kerek boluu
ordinare (~ il pranzo)	буйрутма кылуу	bujrutma kıluu

ordinare (mil.)	буйрук кылуу	bujruk kıluu
osservare (vt)	байкоо салуу	bajkoo
pagare (vi, vt)	төлөө	tøløø
parlare (vi, vt)	сүйлөө	syjløø
partecipare (vi)	катышуу	katıʃuu

pensare (vi, vt)	ойлоо	ojloo
perdonare (vt)	кечирүү	ketʃiryy
permettere (vt)	уруксат берүү	uruksat beryy
piacere (vi)	жактыруу	dʒaktıruu
piangere (vi)	ыйлоо	ıjloo

pianificare (vt)	пландаштыруу	plandaʃtıruu
possedere (vt)	ээ болуу	ee boluu
potere (v aus)	жасай алуу	dʒasaj aluu
pranzare (vi)	түштөнүү	tyʃtønyy
preferire (vt)	артык көрүү	artık køryy

pregare (vi, vt)	дуба кылуу	duba kıluu
prendere (vt)	алуу	aluu
prevedere (vt)	күтүү	kytyy
promettere (vt)	убада берүү	ubada beryy
pronunciare (vt)	айтуу	ajtuu

proporre (vt)	сунуштоо	sunuʃtoo
punire (vt)	жазалоо	dʒazaloo
raccomandare (vt)	сунуштоо	sunuʃtoo
ridere (vi)	күлүү	kylyy
rifiutarsi (vr)	баш тартуу	baʃ tartuu
rincrescere (vi)	өкүнүү	økynyy
ripetere (ridire)	кайталоо	kajtaloo

riservare (vt)	камдык буйрутмалоо	kamdık bujrutmaloo
rispondere (vi, vt)	жооп берүү	dʒoop beryy
rompere (spaccare)	сындыруу	sındıruu
rubare (~ i soldi)	уурдоо	uurdoo

13. I verbi più importanti. Parte 4

salvare (~ la vita a qn)	куткаруу	kutkaruu
sapere (vt)	билүү	bilyy
sbagliare (vi)	ката кетирүү	kata ketiryy
scavare (vt)	казуу	kazuu
scegliere (vt)	тандоо	tandoo
scendere (vi)	ылдый түшүү	ıldıj tyʃyy
scherzare (vi)	тамашалоо	tamaʃaloo
scrivere (vt)	жазуу	dʒazuu
scusare (vt)	кечирүү	ketʃiryy
scusarsi (vr)	кечирим суроо	ketʃirim suroo
sedersi (vr)	отуруу	oturuu
seguire (vt)	... ээрчүү	... eertʃyy
sgridare (vt)	урушуу	uruʃuu
significare (vt)	билдирүү	bildiryy
sorridere (vi)	жылмаюу	dʒılmadʒɐu
sottovalutare (vt)	баалабоо	baalaboo
sparare (vi)	атуу	atuu
sperare (vi, vt)	үмүттөнүү	ymyttønyy
spiegare (vt)	түшүндүрүү	tyʃyndyryy
studiare (vt)	окуу	okuu
stupirsi (vr)	таң калуу	taŋ kaluu
tacere (vi)	үнчүкпоо	untʃukpoo
tentare (vt)	аракет кылуу	araket kıluu
toccare (~ con le mani)	тийүү	tijyy
tradurre (vt)	которуу	kotoruu
trovare (vt)	таап алуу	taap aluu
uccidere (vt)	өлтүрүү	øltyryy
udire (percepire suoni)	угуу	uguu
unire (vt)	бириктирүү	biriktiryy
uscire (vi)	чыгуу	tʃıguu
vantarsi (vr)	мактануу	maktanuu
vedere (vt)	көрүү	køryy
vendere (vt)	сатуу	satuu
volare (vi)	учуу	utʃuu
volere (desiderare)	каалоо	kaaloo

14. Colori

colore (m)	түс	tys
sfumatura (f)	кошумча түс	koʃumtʃa tys

| tono (m) | кубулуу | kubuluu |
| arcobaleno (m) | күндүн кулагы | kyndyn kulagı |

bianco (agg)	ак	ak
nero (agg)	кара	kara
grigio (agg)	боз	boz

verde (agg)	жашыл	dʒaʃıl
giallo (agg)	сары	sarı
rosso (agg)	кызыл	kızıl

blu (agg)	көк	køk
azzurro (agg)	көгүлтүр	køgyltyr
rosa (agg)	мала	mala
arancione (agg)	кызгылт сары	kızgılt sarı
violetto (agg)	сыя көк	sıja køk
marrone (agg)	күрөң	kyrøŋ

| d'oro (agg) | алтын түстүү | altın tystyy |
| argenteo (agg) | күмүш өңдүү | kymyʃ øŋdyy |

beige (agg)	сары боз	sarı boz
color crema (agg)	саргылт	sargılt
turchese (agg)	бирюза	birɥza
rosso ciliegia (agg)	кочкул кызыл	kotʃkul kızıl
lilla (agg)	кызгылт көгүш	kızgılt køgyʃ
rosso lampone (agg)	ачык кызыл	atʃık kızıl

chiaro (agg)	ачык	atʃık
scuro (agg)	күңүрт	kyŋyrt
vivo, vivido (agg)	ачык	atʃık

colorato (agg)	түстүү	tystyy
a colori	түстүү	tystyy
bianco e nero (agg)	ак-кара	ak-kara
in tinta unita	бир өңчөй түстө	bir øŋtʃøj tystø
multicolore (agg)	ар түрдүү түстө	ar tyrdyy tystø

15. Domande

Chi?	Ким?	kim?
Che cosa?	Эмне?	emne?
Dove? (in che luogo?)	Каерде?	kaerde?
Dove? (~ vai?)	Каяка?	kajaka?
Di dove?, Da dove?	Каяктан?	kajaktan?
Quando?	Качан?	katʃan?
Perché? (per quale scopo?)	Эмне үчүн?	emne ytʃyn?
Perché? (per quale ragione?)	Эмнеге?	emnege?

Per che cosa?	Кайсы керекке?	kajsı kerekke?
Come?	Кандай?	kandaj?
Che? (~ colore è?)	Кайсы?	kajsı?
Quale?	Кайсынысы?	kajsınısı?
A chi?	Кимге?	kimge?

Di chi?	Ким жөнүндө?	kim dʒønyndø?
Di che cosa?	Эмне жөнүнде?	emne dʒønyndø?
Con chi?	Ким менен?	kim menen?

Quanti?, Quanto?	Канча?	kantʃa?
Di chi?	Кимдики?	kimdiki?
Di chi? (fem.)	Кимдики?	kimdiki?
Di chi? (pl)	Кимдердики?	kimderdiki?

16. Preposizioni

con (tè ~ il latte)	менен	menen
senza	-сыз, -сиз	-sız, -siz
a (andare ~ ...)	... көздөй	.,, køzdøj
di (parlare ~ ...)	... жөнүндө	... dʒønyndø
prima di ...	... астында	... astında
di fronte a ...	... алдында	... aldında

sotto (avv)	... астында	... astında
sopra (al di ~)	... өйдө	... øjdø
su (sul tavolo, ecc.)	... үстүндө	... ystyndø
da, di (via da ..., fuori di ...)	-дан	-dan
di (fatto ~ cartone)	-дан	-dan

fra (~ dieci minuti)	... ичинде	... itʃinde
attraverso (dall'altra parte)	... үстүнөн	... ystynøn

17. Parole grammaticali. Avverbi. Parte 1

Dove?	Каерде?	kaerde?
qui (in questo luogo)	бул жерде	bul dʒerde
lì (in quel luogo)	тээтигил жакта	teetigil dʒakta

da qualche parte (essere ~)	бир жерде	bir dʒerde
da nessuna parte	эч жакта	etʃ dʒakta

vicino a ...	... жанында	... dʒanında
vicino alla finestra	терезенин жанында	terezenin dʒanında

Dove?	Каяка?	kajaka?
qui (vieni ~)	бери	beri
ci (~ vado stasera)	нары	narı
da qui	бул жерден	bul dʒerden
da lì	тигил жерден	tigil dʒerden

vicino, accanto (avv)	жакын	dʒakın
lontano (avv)	алыс	alıs

vicino (~ a Parigi)	... тегерегинде	... tegereginde
vicino (qui ~)	жакын арада	dʒakın arada
non lontano	алыс эмес	alıs emes
sinistro (agg)	сол	sol

a sinistra (rimanere ~)	сол жакта	sol dʒakta
a sinistra (girare ~)	солго	solgo
destro (agg)	оң	oŋ
a destra (rimanere ~)	оң жакта	oŋ dʒakta
a destra (girare ~)	оңго	oŋgo
davanti	астыда	astıda
anteriore (agg)	алдыңкы	aldıŋkı
avanti	алдыга	aldıga
dietro (avv)	артында	artında
da dietro	артынан	artınan
indietro	артка	artka
mezzo (m), centro (m)	ортосу	ortosu
in mezzo, al centro	ортосунда	ortosunda
di fianco	капталында	kaptalında
dappertutto	бүт жерде	byt dʒerde
attorno	айланасында	ajlanasında
da dentro	ичинде	itʃinde
da qualche parte (andare ~)	бир жерде	bir dʒerde
dritto (direttamente)	түз	tyz
indietro	кайра	kajra
da qualsiasi parte	бир жерден	bir dʒerden
da qualche posto	бир жактан	bir dʒaktan
(veniamo ~)		
in primo luogo	биринчиден	birintʃiden
in secondo luogo	экинчиден	ekintʃiden
in terzo luogo	үчүнчүдөн	ytʃyntʃydøn
all'improvviso	күтпөгөн жерден	kytpøgøn dʒerden
all'inizio	башында	baʃında
per la prima volta	биринчи жолу	birintʃi dʒolu
molto tempo prima di...	... алдында	... aldında
di nuovo	башынан	baʃınan
per sempre	түбөлүккө	tybølykkø
mai	эч качан	etʃ katʃan
ancora	кайра	kajra
adesso	эми	emi
spesso (avv)	көпчүлүк учурда	køptʃylyk utʃurda
allora	анда	anda
urgentemente	тезинен	tezinen
di solito	көбүнчө	købyntʃø
a proposito, ...	баса, ...	basa, ...
è possibile	мүмкүн	mymkyn
probabilmente	балким	balkim
forse	ыктымал	ıktımal
inoltre ...	андан тышкары, ...	andan tıʃkarı, ...
ecco perché ...	ошондуктан ...	oʃonduktan ...

nonostante (~ tutto)	... карабастан	... karabastan
grazie a ...	... күчү менен	... kytʃy menen
che cosa (pron)	эмне	emne
che (cong)	эмне	emne
qualcosa (qualsiasi cosa)	бир нерсе	bir nerse
qualcosa (le serve ~?)	бир нерсе	bir nerse
niente	эч нерсе	etʃ nerse
chi (pron)	ким	kim
qualcuno (annuire a ~)	кимдир биреө	kimdir birøø
qualcuno (dipendere da ~)	биреө жарым	birøø dʒarım
nessuno	эч ким	etʃ kim
da nessuna parte	эч жака	etʃ dʒaka
di nessuno	эч кимдики	etʃ kimdiki
di qualcuno	биреөнүкү	birøønyky
così (era ~ arrabbiato)	эми	emi
anche (penso ~ a ...)	ошондой эле	oʃondoj ele
anche, pure	дагы	dagı

18. Parole grammaticali. Avverbi. Parte 2

Perché?	Эмнеге?	emnege?
per qualche ragione	эмнегедир	emnegedir
perché ...	... себептен	... sebepten
per qualche motivo	эмне үчүндүр	emne ytʃyndyr
e (cong)	жана	dʒana
o (sì ~ no?)	же	dʒe
ma (però)	бирок	birok
per (~ me)	үчүн	ytʃyn
troppo	өтө эле	øtø ele
solo (avv)	азыр эле	azır ele
esattamente	так	tak
circa (~ 10 dollari)	болжол менен	boldʒol menen
approssimativamente	болжол менен	boldʒol menen
approssimativo (agg)	болжолдуу	boldʒolduu
quasi	дээрлик	deerlik
resto	калганы	kalganı
l'altro (~ libro)	башка	baʃka
altro (differente)	башка бөлөк	baʃka bøløk
ogni (agg)	ар бири	ar biri
qualsiasi (agg)	баардык	baardık
molti, molto	көп	køp
molta gente	көбү	køby
tutto, tutti	баары	baarı
in cambio di ...	... алмашуу	... almaʃuu
in cambio	ордуна	orduna

a mano (fatto ~)	колго	kolgo
poco probabile	ишенүүгө болбойт	iʃenyygø bolbojt
probabilmente	балким	balkim
apposta	атайын	atajın
per caso	кокустан	kokustan
molto (avv)	аябай	ajabaj
per esempio	мисалы	misalı
fra (~ due)	ортосунда	ortosunda
fra (~ più di due)	арасында	arasında
tanto (quantità)	ошончо	oʃontʃo
soprattutto	өзгөчө	øzgøtʃø

Concetti di base. Parte 2

19. Giorni della settimana

lunedì (m)	дүйшөмбү	dyjʃømby
martedì (m)	шейшемби	ʃejʃembi
mercoledì (m)	шаршемби	ʃarʃembi
giovedì (m)	бейшемби	bejʃembi
venerdì (m)	жума	dʒuma
sabato (m)	ишенби	iʃenbi
domenica (f)	жекшемби	dʒekʃembi

oggi (avv)	бүгүн	bygyn
domani	эртең	erteŋ
dopodomani	бирсүгүнү	birsygyny
ieri (avv)	кечээ	ketʃee
l'altro ieri	мурда күнү	murda kyny

giorno (m)	күн	kyn
giorno (m) lavorativo	иш күнү	iʃ kyny
giorno (m) festivo	майрам күнү	majram kyny
giorno (m) di riposo	дем алыш күн	dem alıʃ kyn
fine (m) settimana	дем алыш күндөр	dem alıʃ kyndør

tutto il giorno	күнү бою	kyny bojʉ
l'indomani	кийинки күнү	kijinki kyny
due giorni fa	эки күн мурун	eki kyn murun
il giorno prima	жакында	dʒakında
quotidiano (agg)	күндө	kyndø
ogni giorno	күн сайын	kyn sajın

settimana (f)	жума	dʒuma
la settimana scorsa	өткөн жумада	øtkøn dʒumada
la settimana prossima	келаткан жумада	kelatkan dʒumada
settimanale (agg)	жума сайын	dʒuma sajın
ogni settimana	жума сайын	dʒuma sajın
due volte alla settimana	жумасына эки жолу	dʒumasına eki dʒolu
ogni martedì	ар шейшемби	ar ʃejʃembi

20. Ore. Giorno e notte

mattina (f)	таң	taŋ
di mattina	эртең менен	erteŋ menen
mezzogiorno (m)	жарым күн	dʒarım kyn
nel pomeriggio	түштөн кийин	tyʃtøn kijin

sera (f)	кеч	ketʃ
di sera	кечинде	ketʃinde

notte (f)	түн	tyn
di notte	түндө	tyndø
mezzanotte (f)	жарым түн	dʒarım tyn

secondo (m)	секунда	sekunda
minuto (m)	мүнөт	mynøt
ora (f)	саат	saat
mezzora (f)	жарым саат	dʒarım saat
un quarto d'ora	чейрек саат	tʃejrek saat
quindici minuti	он беш мүнөт	on beʃ mynøt
ventiquattro ore	сутка	sutka

levata (f) del sole	күндүн чыгышы	kyndyn tʃıgıʃı
alba (f)	таң агаруу	taŋ agaruu
mattutino (m)	таң эрте	taŋ erte
tramonto (m)	күн батуу	kyn batuu

di buon mattino	таң эрте	taŋ erte
stamattina	бүгүн эртең менен	bygyn erteŋ menen
domattina	эртең эртең менен	erteŋ erteŋ menen
oggi pomeriggio	күндүзү	kyndyzy
nel pomeriggio	түштөн кийин	tyʃtøn kijin
domani pomeriggio	эртең түштөн кийин	erteŋ tyʃtøn kijin
stasera	бүгүн кечинде	bygyn ketʃinde
domani sera	эртең кечинде	erteŋ ketʃinde

alle tre precise	туура саат үчтө	tuura saat ytʃtø
verso le quattro	болжол менен төрт саат	boldʒol menen tørt saat
per le dodici	саат он экиде	saat on ekide

fra venti minuti	жыйырма мүнөттөн кийин	dʒıjırma mynøttøn kijin
fra un'ora	бир сааттан кийин	bir saattan kijin
puntualmente	өз убагында	øz ubagında

un quarto di ...	... он беш мүнөт калды	... on beʃ mynøt kaldı
entro un'ora	бир сааттын ичинде	bir saattın itʃinde
ogni quindici minuti	он беш мүнөт сайын	on beʃ mynøt sajın
giorno e notte	бир сутка бою	bir sutka boju

21. Mesi. Stagioni

gennaio (m)	январь	janvarʲ
febbraio (m)	февраль	fevralʲ
marzo (m)	март	mart
aprile (m)	апрель	aprelʲ
maggio (m)	май	maj
giugno (m)	июнь	ijʉnʲ

luglio (m)	июль	ijʉlʲ
agosto (m)	август	avgust
settembre (m)	сентябрь	sentʲabrʲ
ottobre (m)	октябрь	oktʲabrʲ
novembre (m)	ноябрь	nojabrʲ
dicembre (m)	декабрь	dekabrʲ

primavera (f)	жаз	dʒaz
in primavera	жазында	dʒazında
primaverile (agg)	жазгы	dʒazgı

estate (f)	жай	dʒaj
in estate	жайында	dʒajında
estivo (agg)	жайкы	dʒajkı

autunno (m)	күз	kyz
in autunno	күзүндө	kyzyndø
autunnale (agg)	күздүк	kyzdyk

inverno (m)	кыш	kıʃ
in inverno	кышында	kıʃında
invernale (agg)	кышкы	kıʃkı

mese (m)	ай	aj
questo mese	ушул айда	uʃul ajda
il mese prossimo	кийинки айда	kijinki ajda
il mese scorso	өткөн айда	øtkøn ajda

un mese fa	бир ай мурун	bir aj murun
fra un mese	бир айдан кийин	bir ajdan kijin
fra due mesi	эки айдан кийин	eki ajdan kijin
un mese intero	ай бою	aj boju
per tutto il mese	толук бир ай	toluk bir aj

mensile (rivista ~)	ай сайын	aj sajın
mensilmente	ай сайын	aj sajın
ogni mese	ар бир айда	ar bir ajda
due volte al mese	айына эки жолу	ajına eki dʒolu

anno (m)	жыл	dʒıl
quest'anno	бул жылы	bul dʒılı
l'anno prossimo	келаткан жылы	kelatkan dʒılı
l'anno scorso	өткөн жылы	øtkøn dʒılı

un anno fa	бир жыл мурун	bir dʒıl murun
fra un anno	бир жылдан кийин	bir dʒıldan kijin
fra due anni	эки жылдан кийин	eki dʒıldan kijin
un anno intero	жыл бою	dʒıl bodʒu
per tutto l'anno	толук бир жыл	toluk bir dʒıl

ogni anno	ар жыл сайын	ar dʒıl sajın
annuale (agg)	жыл сайын	dʒıl sajın
annualmente	жыл сайын	dʒıl sajın
quattro volte all'anno	жылына төрт жолу	dʒılına tørt dʒolu

data (f) (~ di oggi)	число	tʃislo
data (f) (~ di nascita)	күн	kyn
calendario (m)	календарь	kalendarʲ

mezz'anno (m)	жарым жыл	dʒarım dʒıl
semestre (m)	жарым чейрек	dʒarım tʃejrek
stagione (f) (estate, ecc.)	мезгил	mezgil
secolo (m)	кылым	kılım

22. Orario. Varie

tempo (m)	убакыт	ubakıt
istante (m)	учур	utʃur
momento (m)	көз ирмемде	køz irmemde
istantaneo (agg)	көз ирмемде	køz irmemde
periodo (m)	убакыттын бир бөлүгү	ubakıttın bir bølygy
vita (f)	жашоо	dʒaʃoo
eternità (f)	түбөлүк	tybølyk

epoca (f)	door	door
era (f)	заман	zaman
ciclo (m)	мерчим	mertʃim
periodo (m)	мезгил	mezgil
scadenza (f)	мөөнөт	møønøt

futuro (m)	келечек	keletʃek
futuro (agg)	келечек	keletʃek
la prossima volta	кийинки жолу	kijinki dʒolu
passato (m)	өткөн	øtkøn
scorso (agg)	өткөн	øtkøn
la volta scorsa	өткөндө	øtkøndø

più tardi	кийнчерээк	kijntʃereek
dopo	кийин	kijin
oggigiorno	азыр, учурда	azır, utʃurda
adesso, ora	азыр	azır
immediatamente	тез арада	tez arada
fra poco, presto	жакында	dʒakında
in anticipo	алдын ала	aldın ala

tanto tempo fa	көп убакыт мурун	køp ubakıt murun
di recente	жакындан бери	dʒakından beri
destino (m)	тагдыр	tagdır
ricordi (m pl)	эсте калганы	este kalganı
archivio (m)	архив	arχiv

durante ...	... убагында	... ubagında
a lungo	узак	uzak
per poco tempo	узак эмес	uzak emes
presto (al mattino ~)	эрте	erte
tardi (non presto)	кеч	ketʃ

per sempre	түбөлүк	tybølyk
cominciare (vt)	баштоо	baʃtoo
posticipare (vt)	жылдыруу	dʒıldıruu

simultaneamente	бир учурда	bir utʃurda
tutto il tempo	үзгүлтүксүз	yzgyltyksyz
costante (agg)	үзгүлтүксүз	yzgyltyksyz
temporaneo (agg)	убактылуу	ubaktıluu

a volte	кедээ	kedee
raramente	чанда	tʃanda
spesso (avv)	көпчүлүк учурда	køptʃylyk utʃurda

23. Contrari

ricco (agg)	бай	baj
povero (agg)	кедей	kedej
malato (agg)	оорулуу	ooruluu
sano (agg)	дени сак	deni sak
grande (agg)	чоң	ʧoŋ
piccolo (agg)	кичине	kiʧine
rapidamente	тез	tez
lentamente	жай	ʤaj
veloce (agg)	тез	tez
lento (agg)	жай	ʤaj
allegro (agg)	шайыр	ʃajır
triste (agg)	муңдуу	muŋduu
insieme	бирге	birge
separatamente	өзүнчө	øzynʧø
ad alta voce (leggere ~)	үн чыгарып	yn ʧıgarıp
in silenzio	үн чыгарбай	yn ʧıgarbaj
alto (agg)	бийик	bijik
basso (agg)	жапыз	ʤapız
profondo (agg)	терең	tereŋ
basso (agg)	тайыз	tajız
sì	ооба	ooba
no	жок	ʤok
lontano (agg)	алыс	alıs
vicino (agg)	жакын	ʤakın
lontano (avv)	алыс	alıs
vicino (avv)	жакын арада	ʤakın arada
lungo (agg)	узун	uzun
corto (agg)	кыска	kıska
buono (agg)	кайрымдуу	kajrımduu
cattivo (agg)	каардуу	kaarduu
sposato (agg)	аялы бар	ajalı bar
celibe (agg)	бойдок	bojdok
vietare (vt)	тыюу салуу	tıjuu saluu
permettere (vt)	уруксат берүү	uruksat beryy
fine (f)	аягы	ajagı
inizio (m)	башталыш	baʃtalıʃ

sinistro (agg)	сол	sol
destro (agg)	оң	oŋ
primo (agg)	биринчи	birintʃi
ultimo (agg)	акыркы	akırkı
delitto (m)	кылмыш	kılmıʃ
punizione (f)	жаза	dʒaza
ordinare (vt)	буйрук кылуу	bujruk kıluu
obbedire (vi)	баш ийүү	baʃ ijyy
dritto (agg)	түз	tyz
curvo (agg)	кыйшак	kıjʃak
paradiso (m)	бейиш	bejiʃ
inferno (m)	тозок	tozok
nascere (vi)	төрөлүү	tørølyy
morire (vi)	өлүү	ølyy
forte (agg)	күчтүү	kytʃtyy
debole (agg)	алсыз	alsız
vecchio (agg)	эски	eski
giovane (agg)	жаш	dʒaʃ
vecchio (agg)	эски	eski
nuovo (agg)	жаңы	dʒaŋı
duro (agg)	катуу	katuu
morbido (agg)	жумшак	dʒumʃak
caldo (agg)	жылуу	dʒıluu
freddo (agg)	муздак	muzdak
grasso (agg)	семиз	semiz
magro (agg)	арык	arık
stretto (agg)	тар	tar
largo (agg)	кең	keŋ
buono (agg)	жакшы	dʒakʃı
cattivo (agg)	жаман	dʒaman
valoroso (agg)	кайраттуу	kajrattuu
codardo (agg)	суу жүрөк	suu dʒyrøk

24. Linee e forme

quadrato (m)	чарчы	tʃartʃı
quadrato (agg)	чарчы	tʃartʃı
cerchio (m)	тегерек	tegerek
rotondo (agg)	тегерек	tegerek

| triangolo (m) | уч бурчтук | ytʃ burtʃtuk |
| triangolare (agg) | уч бурчтуу | ytʃ burtʃtuu |

ovale (m)	жумуру	dʒumuru
ovale (agg)	жумуру	dʒumuru
rettangolo (m)	тик бурчтук	tik burtʃtuk
rettangolare (agg)	тик бурчтуу	tik burtʃtuu

piramide (f)	пирамида	piramida
rombo (m)	ромб	romb
trapezio (m)	трапеция	trapetsija
cubo (m)	куб	kub
prisma (m)	призма	prizma

circonferenza (f)	айлана	ajlana
sfera (f)	сфера	sfera
palla (f)	шар	ʃar

diametro (m)	диаметр	diametr
raggio (m)	радиус	radius
perimetro (m)	периметр	perimetr
centro (m)	борбор	borbor

orizzontale (agg)	туурасынан	tuurasınan
verticale (agg)	тикесинен	tikesinen
parallela (f)	параллель	parallelʲ
parallelo (agg)	параллель	parallelʲ

linea (f)	сызык	sızık
tratto (m)	сызык	sızık
linea (f) retta	түз сызык	tyz sızık
linea (f) curva	кыйшык сызык	kıjʃık sızık
sottile (uno strato ~)	ичке	itʃke
contorno (m)	караан	karaan

intersezione (f)	кесилиш	kesiliʃ
angolo (m) retto	тик бурч	tik burtʃ
segmento	сегмент	segment
settore (m)	сектор	sektor
lato (m)	каптал	kaptal
angolo (m)	бурч	burtʃ

25. Unità di misura

peso (m)	салмак	salmak
lunghezza (f)	узундук	uzunduk
larghezza (f)	жазылык	dʒazılık
altezza (f)	бийиктик	bijiktik
profondità (f)	терендик	tereŋdik
volume (m)	көлөм	køløm
area (f)	аянт	ajant

| grammo (m) | грамм | gramm |
| milligrammo (m) | миллиграмм | milligramm |

chilogrammo (m)	килограмм	kilogramm
tonnellata (f)	тонна	tonna
libbra (f)	фунт	funt
oncia (f)	унция	untsija

metro (m)	метр	metr
millimetro (m)	миллиметр	millimetr
centimetro (m)	сантиметр	santimetr
chilometro (m)	километр	kilometr
miglio (m)	миля	milʲa

pollice (m)	дюйм	dɥjm
piede (f)	фут	fut
iarda (f)	ярд	jard

metro (m) quadro	квадраттык метр	kvadrattık metr
ettaro (m)	гектар	gektar

litro (m)	литр	litr
grado (m)	градус	gradus
volt (m)	вольт	volʲt
ampere (m)	ампер	amper
cavallo vapore (m)	ат күчү	at kytʃy

quantità (f)	саны	sanı
un po' di …	… бир аз	… bir az
metà (f)	жарым	dʒarım
dozzina (f)	он эки даана	on eki daana
pezzo (m)	даана	daana

dimensione (f)	чоңдук	tʃoŋduk
scala (f) (modello in ~)	өлчөмчен	øltʃømtʃen

minimo (agg)	минималдуу	minimalduu
minore (agg)	эң кичинекей	eŋ kitʃinekej
medio (agg)	орточо	ortotʃo
massimo (agg)	максималдуу	maksimalduu
maggiore (agg)	эң чоң	eŋ tʃoŋ

26. Contenitori

barattolo (m) di vetro	банка	banka
latta, lattina (f)	банка	banka
secchio (m)	чака	tʃaka
barile (m), botte (f)	бочка	botʃka

catino (m)	дагара	dagara
serbatoio (m) (per liquidi)	бак	bak
fiaschetta (f)	фляжка	flʲadʒka
tanica (f)	канистра	kanistra
cisterna (f)	цистерна	tsısterna

tazza (f)	кружка	krudʒka
tazzina (f) (~ di caffé)	чөйчөк	tʃøjtʃøk

piattino (m)	табак	tabak
bicchiere (m) (senza stelo)	ыстакан	ıstakan
calice (m)	бокал	bokal
casseruola (f)	мискей	miskej

| bottiglia (f) | бөтөлкө | bøtølkø |
| collo (m) (~ della bottiglia) | оозу | oozu |

caraffa (f)	графин	grafin
brocca (f)	кумура	kumura
recipiente (m)	идиш	idiʃ
vaso (m) di coccio	карапа	karapa
vaso (m) di fiori	ваза	vaza

boccetta (f) (~ di profumo)	флакон	flakon
fiala (f)	кичине бөтөлкө	kitʃine bøtølkø
tubetto (m)	тюбик	tʉbik

sacco (m) (~ di patate)	кап	kap
sacchetto (m) (~ di plastica)	пакет	paket
pacchetto (m) (~ di sigarette, ecc.)	пачке	patʃke

scatola (f) (~ per scarpe)	куту	kutu
cassa (f) (~ di vino, ecc.)	үкөк	ykøk
cesta (f)	себет	sebet

27. Materiali

materiale (m)	материал	material
legno (m)	жыгач	dʒıgatʃ
di legno	жыгач	dʒıgatʃ

| vetro (m) | айнек | ajnek |
| di vetro | айнек | ajnek |

| pietra (f) | таш | taʃ |
| di pietra | таш | taʃ |

| plastica (f) | пластик | plastik |
| di plastica | пластик | plastik |

| gomma (f) | резина | rezina |
| di gomma | резина | rezina |

| stoffa (f) | кездеме | kezdeme |
| di stoffa | кездеме | kezdeme |

| carta (f) | кагаз | kagaz |
| di carta | кагаз | kagaz |

cartone (m)	картон	karton
di cartone	картон	karton
polietilene (m)	полиэтилен	polietilen

cellofan (m)	целлофан	ʦellofan
linoleum (m)	линолеум	linoleum
legno (m) compensato	фанера	fanera

porcellana (f)	фарфор	farfor
di porcellana	фарфор	farfor
argilla (f)	чопо	ʧopo
d'argilla	чопо	ʧopo
ceramica (f)	карапа	karapa
ceramico	карапа	karapa

28. Metalli

metallo (m)	металл	metall
metallico	металл	metall
lega (f)	эритме	eritme

oro (m)	алтын	altın
d'oro	алтын	altın
argento (m)	күмүш	kymyʃ
d'argento	күмүш	kymyʃ

ferro (m)	темир	temir
di ferro	темир	temir
acciaio (m)	болот	bolot
d'acciaio	болот	bolot
rame (m)	жез	ʤez
di rame	жез	ʤez

alluminio (m)	алюминий	alʉminij
di alluminio, alluminico	алюминий	alʉminij
bronzo (m)	коло	kolo
di bronzo	коло	kolo

ottone (m)	латунь	latunʲ
nichel (m)	никель	nikelʲ
platino (m)	платина	platina
mercurio (m)	сымап	sımap
stagno (m)	калай	kalaj
piombo (m)	коргошун	korgoʃun
zinco (m)	цинк	ʦınk

ESSERE UMANO

Essere umano. Il corpo umano

29. L'uomo. Concetti di base

uomo (m) (essere umano)	адам	adam
uomo (m) (adulto maschio)	эркек	erkek
donna (f)	аял	ajal
bambino (m) (figlio)	бала	bala
bambina (f)	кыз бала	kız bala
bambino (m)	бала	bala
adolescente (m, f)	өспүрүм	øspyrym
vecchio (m)	абышка	abıʃka
vecchia (f)	кемпир	kempir

30. Anatomia umana

organismo (m)	организм	organizm
cuore (m)	жүрөк	dʒyrøk
sangue (m)	кан	kan
arteria (f)	артерия	arterija
vena (f)	вена	vena
cervello (m)	мээ	mee
nervo (m)	нерв	nerv
nervi (m pl)	нервдер	nervder
vertebra (f)	омуртка	omurtka
colonna (f) vertebrale	кыр арка	kır arka
stomaco (m)	ашказан	aʃkazan
intestini (m pl)	ичеги-карын	itʃegi-karın
intestino (m)	ичеги	itʃegi
fegato (m)	боор	boor
rene (m)	бөйрөк	bøjrøk
osso (m)	сөөк	søøk
scheletro (m)	скелет	skelet
costola (f)	кабырга	kabırga
cranio (m)	баш сөөгү	baʃ søøgy
muscolo (m)	булчуң	bultʃuŋ
bicipite (m)	бицепс	bitseps
tricipite (m)	трицепс	tritseps
tendine (m)	тарамыш	taramıʃ
articolazione (f)	муундар	muundar

polmoni (m pl)	өпкө	øpkø
genitali (m pl)	жан жер	dʒan dʒer
pelle (f)	тери	teri

31. Testa

testa (f)	баш	baʃ
viso (m)	бет	bet
naso (m)	мурун	murun
bocca (f)	ооз	ooz

occhio (m)	көз	køz
occhi (m pl)	көздөр	køzdør
pupilla (f)	карек	karek
sopracciglio (m)	каш	kaʃ
ciglio (m)	кирпик	kirpik
palpebra (f)	кабак	kabak

lingua (f)	тил	til
dente (m)	тиш	tiʃ
labbra (f pl)	эриндер	erinder
zigomi (m pl)	бет сөөгү	bet søøgy
gengiva (f)	тиш эти	tiʃ eti
palato (m)	таңдай	taŋdaj

narici (f pl)	мурун тешиги	murun teʃigi
mento (m)	ээк	eek
mascella (f)	жаак	dʒaak
guancia (f)	бет	bet

fronte (f)	чеке	tʃeke
tempia (f)	чыкый	tʃɪkɪj
orecchio (m)	кулак	kulak
nuca (f)	желке	dʒelke
collo (m)	моюн	mojʉn
gola (f)	тамак	tamak

capelli (m pl)	чач	tʃatʃ
pettinatura (f)	чач жасоо	tʃatʃ dʒasoo
taglio (m)	чач кыркуу	tʃatʃ kɪrkuu
parrucca (f)	парик	parik

baffi (m pl)	мурут	murut
barba (f)	сакал	sakal
portare (~ la barba, ecc.)	мурут коюу	murut kojʉu
treccia (f)	өрүм чач	ørym tʃatʃ
basette (f pl)	бакенбарда	bakenbarda

rosso (agg)	сары	sarı
brizzolato (agg)	ак чачтуу	ak tʃatʃtuu
calvo (agg)	таз	taz
calvizie (f)	кашка	kaʃka
coda (f) di cavallo	куйрук	kujruk
frangetta (f)	көкүл	køkyl

32. Corpo umano

mano (f)	беш манжа	beʃ mandʒa
braccio (m)	кол	kol
dito (m)	манжа	mandʒa
dito (m) del piede	манжа	mandʒa
pollice (m)	бармак	barmak
mignolo (m)	чыпалак	tʃɪpalak
unghia (f)	тырмак	tɪrmak
pugno (m)	муштум	muʃtum
palmo (m)	алакан	alakan
polso (m)	билек	bilek
avambraccio (m)	каруу	karuu
gomito (m)	чыканак	tʃɪkanak
spalla (f)	ийин	ijin
gamba (f)	бут	but
pianta (f) del piede	таман	taman
ginocchio (m)	тизе	tize
polpaccio (m)	балтыр	baltɪr
anca (f)	сан	san
tallone (m)	согончок	sogontʃok
corpo (m)	дене	dene
pancia (f)	курсак	kursak
petto (m)	төш	tøʃ
seno (m)	эмчек	emtʃek
fianco (m)	каптал	kaptal
schiena (f)	арка жон	arka dʒon
zona (f) lombare	бел	bel
vita (f)	бел	bel
ombelico (m)	киндик	kindik
natiche (f pl)	жамбаш	dʒambaʃ
sedere (m)	көчүк	køtʃyk
neo (m)	мең	meŋ
voglia (f) (~ di fragola)	кал	kal
tatuaggio (m)	татуировка	tatuirovka
cicatrice (f)	тырык	tɪrɪk

Abbigliamento e Accessori

33. Indumenti. Soprabiti

vestiti (m pl)	кийим	kijim
soprabito (m)	үстүңкү кийим	ystyŋky kijim
abiti (m pl) invernali	кышкы кийим	kıʃkı kijim
cappotto (m)	пальто	palʲto
pelliccia (f)	тон	ton
pellicciotto (m)	чолок тон	tʃolok ton
piumino (m)	мамык олпок	mamık olpok
giubbotto (m), giaccha (f)	күрмө	kyrmø
impermeabile (m)	плащ	plaʃtʃ
impermeabile (agg)	суу өткүс	suu øtkys

34. Abbigliamento uomo e donna

camicia (f)	көйнөк	køjnøk
pantaloni (m pl)	шым	ʃım
jeans (m pl)	джинсы	dʒinsı
giacca (f) (~ di tweed)	бешмант	beʃmant
abito (m) da uomo	костюм	kostʉm
abito (m)	көйнөк	køjnøk
gonna (f)	юбка	jʉbka
camicetta (f)	блузка	bluzka
giacca (f) a maglia	кофта	kofta
giacca (f) tailleur	кыска бешмант	kıska beʃmant
maglietta (f)	футболка	futbolka
pantaloni (m pl) corti	чолок шым	tʃolok ʃım
tuta (f) sportiva	спорт кийими	sport kijimi
accappatoio (m)	халат	χalat
pigiama (m)	пижама	pidʒama
maglione (m)	свитер	sviter
pullover (m)	пуловер	pulover
gilè (m)	жилет	dʒilet
frac (m)	фрак	frak
smoking (m)	смокинг	smoking
uniforme (f)	форма	forma
tuta (f) da lavoro	жумуш кийим	dʒumuʃ kijim
salopette (f)	комбинезон	kombinezon
camice (m) (~ del dottore)	халат	χalat

35. Abbigliamento. Biancheria intima

biancheria (f) intima	ич кийим	itʃ kijim
boxer (m pl)	эркектер чолок дамбалы	erkekter tʃolok dambalı
mutandina (f)	аялдар трусиги	ajaldar trusigi
maglietta (f) intima	майка	majka
calzini (m pl)	байпак	bajpak
camicia (f) da notte	жатаарда кийүүчү көйнөк	dʒataarda kijyytʃy køjnøk
reggiseno (m)	бюстгальтер	bustgalʲter
calzini (m pl) alti	гольфы	golʲfı
collant (m)	колготки	kolgotki
calze (f pl)	байпак	bajpak
costume (m) da bagno	купальник	kupalʲnik

36. Copricapo

cappello (m)	топу	topu
cappello (m) di feltro	шляпа	ʃlʲapa
cappello (m) da baseball	бейсболка	bejsbolka
coppola (f)	кепка	kepka
basco (m)	берет	beret
cappuccio (m)	капюшон	kapuʃon
panama (m)	панамка	panamka
berretto (m) a maglia	токулган шапка	tokulgan ʃapka
fazzoletto (m) da capo	жоолук	dʒooluk
cappellino (m) donna	шляпа	ʃlʲapa
casco (m) (~ di sicurezza)	каска	kaska
bustina (f)	пилотка	pilotka
casco (m) (~ moto)	шлем	ʃlem
bombetta (f)	котелок	kotelok
cilindro (m)	цилиндр	tsılindr

37. Calzature

calzature (f pl)	бут кийим	but kijim
stivaletti (m pl)	ботинка	botinka
scarpe (f pl)	туфли	tufli
stivali (m pl)	өтүк	øtyk
pantofole (f pl)	тапочка	tapotʃka
scarpe (f pl) da tennis	кроссовка	krossovka
scarpe (f pl) da ginnastica	кеды	kedı
sandali (m pl)	сандалии	sandalii
calzolaio (m)	өтүкчү	øtyktʃy
tacco (m)	така	taka

paio (m)	түгөй	tygøj
laccio (m)	боо	boo
allacciare (vt)	боолоо	booloo
calzascarpe (m)	кашык	kaʃık
lucido (m) per le scarpe	өтүк май	øtyk maj

38. Tessuti. Stoffe

cotone (m)	пахта	paχta
di cotone	пахтадан	paχtadan
lino (m)	зыгыр	zıgır
di lino	зыгырдан	zıgırdan

seta (f)	жибек	dʒibek
di seta	жибек	dʒibek
lana (f)	жүн	dʒyn
di lana	жүндөн	dʒyndøn

velluto (m)	баркыт	barkıt
camoscio (m)	күдөрү	kydøry
velluto (m) a coste	чий баркыт	tʃij barkıt

nylon (m)	нейлон	nejlon
di nylon	нейлон	nejlon
poliestere (m)	полиэстер	poliester
di poliestere	полиэстер	poliester

pelle (f)	булгаары	bulgaarı
di pelle	булгаары	bulgaarı
pelliccia (f)	тери	teri
di pelliccia	тери	teri

39. Accessori personali

guanti (m pl)	колкап	kolkap
manopole (f pl)	мээлей	meelej
sciarpa (f)	моюн орогуч	mojʉn orogutʃ

occhiali (m pl)	көз айнек	køz ajnek
montatura (f)	алкак	alkak
ombrello (m)	чатырча	tʃatırtʃa
bastone (m)	аса таяк	asa tajak
spazzola (f) per capelli	тарак	tarak
ventaglio (m)	желпингич	dʒelpingitʃ

cravatta (f)	галстук	galstuk
cravatta (f) a farfalla	галстук-бабочка	galstuk-babotʃka
bretelle (f pl)	шым тарткыч	ʃım tartkıtʃ
fazzoletto (m)	бетаарчы	betaartʃı

pettine (m)	тарак	tarak
fermaglio (m)	чачсайгы	tʃatʃsajgı

| forcina (f) | шпилька | ʃpilʲka |
| fibbia (f) | таралга | taralga |

| cintura (f) | кайыш кур | kajıʃ kur |
| spallina (f) | илгич | ilgitʃ |

borsa (f)	колбаштык	kolbaʃtık
borsetta (f)	кичине колбаштык	kitʃine kolbaʃtık
zaino (m)	жонбаштык	dʒonbaʃtık

40. Abbigliamento. Varie

moda (f)	мода	moda
di moda	саркеч	sarketʃ
stilista (m)	модельер	modeljer

collo (m)	жака	dʒaka
tasca (f)	чөнтөк	tʃøntøk
tascabile (agg)	чөнтөк	tʃøntøk
manica (f)	жең	dʒeŋ
asola (f) per appendere	илгич	ilgitʃ
patta (f) (~ dei pantaloni)	ширинка	ʃirinka

cerniera (f) lampo	молния	molnija
chiusura (f)	топчулук	toptʃuluk
bottone (m)	топчу	toptʃu
occhiello (m)	илмек	ilmek
staccarsi (un bottone)	үзүлүү	yzylyy

cucire (vi, vt)	тигүү	tigyy
ricamare (vi, vt)	сайма саюу	sajma sajʉu
ricamo (m)	сайма	sajma
ago (m)	ийне	ijne
filo (m)	жип	dʒip
cucitura (f)	тигиш	tigiʃ

sporcarsi (vr)	булгап алуу	bulgap aluu
macchia (f)	так	tak
sgualcirsi (vr)	бырышып калуу	bırıʃıp kaluu
strappare (vt)	айрылуу	ajrıluu
tarma (f)	күбө	kybø

41. Cura della persona. Cosmetici

dentifricio (m)	тиш пастасы	tiʃ pastası
spazzolino (m) da denti	тиш щёткасы	tiʃ ʃtʃotkası
lavarsi i denti	тиш жуу	tiʃ dʒuu

rasoio (m)	устара	ustara
crema (f) da barba	кырынуу үчүн көбүк	kırınuu ytʃyn købyk
rasarsi (vr)	кырынуу	kırınuu
sapone (m)	самын	samın

shampoo (m)	шампунь	ʃampunʲ
forbici (f pl)	кайчы	kajʧı
limetta (f)	тырмак өгөө	tırmak øgøø
tagliaunghie (m)	тырмак кычкачы	tırmak kıʧkaʧı
pinzette (f pl)	искек	iskek

cosmetica (f)	упа-эндик	upa-endik
maschera (f) di bellezza	маска	maska
manicure (m)	маникюр	manikʉr
fare la manicure	маникюр жасоо	manikdʒʉr dʒasoo
pedicure (m)	педикюр	pedikʉr

borsa (f) del trucco	косметичка	kosmetiʧka
cipria (f)	упа	upa
portacipria (m)	упа кутусу	upa kutusu
fard (m)	эндик	endik

profumo (m)	атыр	atır
acqua (f) da toeletta	туалет атыр суусу	tualet atır suusu
lozione (f)	лосьон	losʲon
acqua (f) di Colonia	одеколон	odekolon

ombretto (m)	көз боёгу	køz bojogu
eyeliner (m)	көз карандашы	køz karandaʃı
mascara (m)	кирпик үчүн боек	kirpik ytʃyn boek

rossetto (m)	эрин помадасы	erin pomadası
smalto (m)	тырмак үчүн лак	tırmak ytʃyn lak
lacca (f) per capelli	чач үчүн лак	ʧaʧ ytʃyn lak
deodorante (m)	дезодорант	dezodorant

crema (f)	крем	krem
crema (f) per il viso	бетмай	betmaj
crema (f) per le mani	кол үчүн май	kol ytʃyn maj
crema (f) antirughe	бырыштарга каршы бет май	bırıʃtarga karʃı bet maj

crema (f) da giorno	күндүзгү бет май	kyndyzgy bet maj
crema (f) da notte	түнкү бет май	tynky bet maj
da giorno	күндүзгү	kyndyzgy
da notte	түнкү	tynky

tampone (m)	тампон	tampon
carta (f) igienica	даарат кагазы	daarat kagazı
fon (m)	фен	fen

42. Gioielli

gioielli (m pl)	зер буюмдар	zer bujʉmdar
prezioso (agg)	баалуу	baaluu
marchio (m)	проба	proba

anello (m)	шакек	ʃakek
anello (m) nuziale	нике шакеги	nike ʃakegi
braccialetto (m)	билерик	bilerik

orecchini (m pl)	сөйкө	søjkø
collana (f)	шуру	ʃuru
corona (f)	таажы	taadʒı
perline (f pl)	мончок	montʃok

diamante (m)	бриллиант	brilliant
smeraldo (m)	зымырыт	zımırıt
rubino (m)	лаал	laal
zaffiro (m)	сапфир	sapfir
perle (f pl)	бермет	bermet
ambra (f)	янтарь	jantarʲ

43. Orologi da polso. Orologio

orologio (m) (~ da polso)	кол саат	kol saat
quadrante (m)	циферблат	tsıferblat
lancetta (f)	жебе	dʒebe
braccialetto (m)	браслет	braslet
cinturino (m)	кайыш кур	kajıʃ kur

pila (f)	батарейка	batarejka
essere scarico	зарядканын түгөнүүсү	zarʲadkanın tygønyysy
cambiare la pila	батарейка алмаштыруу	batarejka almaʃtıruu
andare avanti	алдыга кетүү	aldıga ketyy
andare indietro	калуу	kaluu

orologio (m) da muro	дубалга тагуучу саат	dubalga taguutʃu saat
clessidra (f)	кум саат	kum saat
orologio (m) solare	күн саат	kyn saat
sveglia (f)	ойготкуч саат	ojgotkutʃ saat
orologiaio (m)	саат устасы	saat ustası
riparare (vt)	оңдоо	oŋdoo

Cibo. Alimentazione

44. Cibo

carne (f)	эт	et
pollo (m)	тоок	took
pollo (m) novello	балапан	balapan
anatra (f)	өрдөк	ørdøk
oca (f)	каз	kaz
cacciagione (f)	илбээсин	ilbeesin
tacchino (m)	күрп	kyrp
maiale (m)	чочко эти	tʃotʃko eti
vitello (m)	торпок эти	torpok eti
agnello (m)	кой эти	koj eti
manzo (m)	уй эти	uj eti
coniglio (m)	коен	koen
salame (m)	колбаса	kolbasa
w?rstel (m)	сосиска	sosiska
pancetta (f)	бекон	bekon
prosciutto (m)	ветчина	vettʃina
prosciutto (m) affumicato	сан эт	san et
pâté (m)	паштет	paʃtet
fegato (m)	боор	boor
carne (f) trita	фарш	farʃ
lingua (f)	тил	til
uovo (m)	жумуртка	dʒumurtka
uova (f pl)	жумурткалар	dʒumurtkalar
albume (m)	жумурthканын агы	dʒumurtkanın agı
tuorlo (m)	жумурthканын сарысы	dʒumurtkanın sarısı
pesce (m)	балык	balık
frutti (m pl) di mare	деңиз азыктары	deŋiz azıktarı
crostacei (m pl)	рак сыяктуулар	rak sıjaktuular
caviale (m)	урук	uruk
granchio (m)	краб	krab
gamberetto (m)	креветка	krevetka
ostrica (f)	устрица	ustritsa
aragosta (f)	лангуст	langust
polpo (m)	сегиз бут	segiz but
calamaro (m)	кальмар	kalʲmar
storione (m)	осетрина	osetrina
salmone (m)	лосось	lososʲ
ippoglosso (m)	палтус	paltus
merluzzo (m)	треска	treska

scombro (m)	скумбрия	skumbrija
tonno (m)	тунец	tuneƚs
anguilla (f)	угорь	ugorʲ
trota (f)	форель	forelʲ
sardina (f)	сардина	sardina
luccio (m)	чортон	ʧorton
aringa (f)	сельдь	selʲdʲ
pane (m)	нан	nan
formaggio (m)	сыр	sɪr
zucchero (m)	кум шекер	kum-ʃeker
sale (m)	туз	tuz
riso (m)	күрүч	kyryʧ
pasta (f)	макарон	makaron
tagliatelle (f pl)	кесме	kesme
burro (m)	ак май	ak maj
olio (m) vegetale	өсүмдүк майы	øsymdyk majɪ
olio (m) di girasole	күн карама майы	kyn karama majɪ
margarina (f)	маргарин	margarin
olive (f pl)	зайтун	zajtun
olio (m) d'oliva	зайтун майы	zajtun majɪ
latte (m)	сүт	syt
latte (m) condensato	коютулган сүт	kojɯtulgan syt
yogurt (m)	йогурт	jogurt
panna (f) acida	сметана	smetana
panna (f)	каймак	kajmak
maionese (m)	майонез	majonez
crema (f)	крем	krem
cereali (m pl)	акшак	akʃak
farina (f)	ун	un
cibi (m pl) in scatola	консерва	konserva
fiocchi (m pl) di mais	жарылган жүгөрү	ʤarɪlgan ʤygøry
miele (m)	бал	bal
marmellata (f)	джем, конфитюр	ʤem, konfitʉr
gomma (f) da masticare	сагыз	sagɪz

45. Bevande

acqua (f)	суу	suu
acqua (f) potabile	ичүүчү суу	iʧyyʧy suu
acqua (f) minerale	минерал суусу	mineral suusu
liscia (non gassata)	газсыз	gazsɪz
gassata (agg)	газдалган	gazdalgan
frizzante (agg)	газы менен	gazɪ menen
ghiaccio (m)	муз	muz

con ghiaccio	музу менен	muzu menen
analcolico (agg)	алкоголсуз	alkogolsuz
bevanda (f) analcolica	алкоголсуз ичимдик	alkogolsuz itʃimdik
bibita (f)	суусундук	suusunduk
limonata (f)	лимонад	limonad
bevande (f pl) alcoliche	спирт ичимдиктери	spirt itʃimdikteri
vino (m)	шарап	ʃarap
vino (m) bianco	ак шарап	ak ʃarap
vino (m) rosso	кызыл шарап	kızıl ʃarap
liquore (m)	ликёр	likʲor
champagne (m)	шампан	ʃampan
vermouth (m)	вермут	vermut
whisky	виски	viski
vodka (f)	арак	arak
gin (m)	джин	dʒin
cognac (m)	коньяк	konjak
rum (m)	ром	rom
caffè (m)	кофе	kofe
caffè (m) nero	кара кофе	kara kofe
caffè latte (m)	сүттөлгөн кофе	syttølgøn kofe
cappuccino (m)	капучино	kaputʃino
caffè (m) solubile	эрүүчү кофе	eryytʃy kofe
latte (m)	сүт	syt
cocktail (m)	коктейль	koktejlʲ
frullato (m)	сүт коктейли	syt koktejli
succo (m)	шире	ʃire
succo (m) di pomodoro	томат ширеси	tomat ʃiresi
succo (m) d'arancia	апельсин ширеси	apelʲsin ʃiresi
spremuta (f)	түз сыгылып алынган шире	tyz sıgılıp alıngan ʃire
birra (f)	сыра	sıra
birra (f) chiara	ачык сыра	atʃık sıra
birra (f) scura	конур сыра	konur sıra
tè (m)	чай	tʃaj
tè (m) nero	кара чай	kara tʃaj
tè (m) verde	жашыл чай	dʒaʃıl tʃaj

46. Verdure

ortaggi (m pl)	жашылча	dʒaʃıltʃa
verdura (f)	көк чөп	køk tʃøp
pomodoro (m)	помидор	pomidor
cetriolo (m)	бадыраң	badıraŋ
carota (f)	сабиз	sabiz
patata (f)	картошка	kartoʃka

cipolla (f)	пияз	pijaz
aglio (m)	сарымсак	sarımsak
cavolo (m)	капуста	kapusta
cavolfiore (m)	гүлдүү капуста	gyldyy kapusta
cavoletti (m pl) di Bruxelles	брюссель капустасы	brусselʲ kapustası
broccolo (m)	брокколи капустасы	brokkoli kapustası
barbabietola (f)	кызылча	kızıltʃa
melanzana (f)	баклажан	bakladʒan
zucchina (f)	кабачок	kabatʃok
zucca (f)	ашкабак	aʃkabak
rapa (f)	шалгам	ʃalgam
prezzemolo (m)	петрушка	petruʃka
aneto (m)	укроп	ukrop
lattuga (f)	салат	salat
sedano (m)	сельдерей	selʲderej
asparago (m)	спаржа	spardʒa
spinaci (m pl)	шпинат	ʃpinat
pisello (m)	нокот	nokot
fave (f pl)	буурчак	buurtʃak
mais (m)	жүгөрү	dʒygөry
fagiolo (m)	төө буурчак	tөө buurtʃak
peperone (m)	таттуу перец	tattuu perets
ravanello (m)	шалгам	ʃalgam
carciofo (m)	артишок	artiʃok

47. Frutta. Noci

frutto (m)	мөмө	mөmө
mela (f)	алма	alma
pera (f)	алмурут	almurut
limone (m)	лимон	limon
arancia (f)	апельсин	apelʲsin
fragola (f)	кулпунай	kulpunaj
mandarino (m)	мандарин	mandarin
prugna (f)	кара өрүк	kara øryk
pesca (f)	шабдаалы	ʃabdaalı
albicocca (f)	өрүк	øryk
lampone (m)	дан куурай	dan kuuraj
ananas (m)	ананас	ananas
banana (f)	банан	banan
anguria (f)	арбуз	arbuz
uva (f)	жүзүм	dʒyzym
amarena (f)	алча	altʃa
ciliegia (f)	гилас	gilas
melone (m)	коон	koon
pompelmo (m)	грейпфрут	grejpfrut
avocado (m)	авокадо	avokado

papaia (f)	папайя	papaja
mango (m)	манго	mango
melagrana (f)	анар	anar

ribes (m) rosso	кызыл карагат	kızıl karagat
ribes (m) nero	кара карагат	kara karagat
uva (f) spina	крыжовник	krıdʒovnik
mirtillo (m)	кара моюл	kara mojul
mora (f)	кара бүлдүркөн	kara byldyrkøn

uvetta (f)	мейиз	mejiz
fico (m)	анжир	andʒir
dattero (m)	курма	kurma

arachide (f)	арахис	araχis
mandorla (f)	бадам	badam
noce (f)	жаңгак	dʒaŋgak
nocciola (f)	токой жаңгагы	tokoj dʒaŋgagı
noce (f) di cocco	кокос жаңгагы	kokos dʒaŋgagı
pistacchi (m pl)	мисте	miste

48. Pane. Dolci

pasticceria (f)	кондитер азыктары	konditer azıktarı
pane (m)	нан	nan
biscotti (m pl)	печенье	petʃenje

cioccolato (m)	шоколад	ʃokolad
al cioccolato (agg)	шоколаддан	ʃokoladdan
caramella (f)	конфета	konfeta
tortina (f)	пирожное	pirodʒnoe
torta (f)	торт	tort

crostata (f)	пирог	pirog
ripieno (m)	начинка	natʃinka

marmellata (f)	кыям	kıjam
marmellata (f) di agrumi	мармелад	marmelad
wafer (m)	вафли	vafli
gelato (m)	бал муздак	bal muzdak
budino (m)	пудинг	puding

49. Pietanze cucinate

piatto (m) (≈ principale)	тамак	tamak
cucina (f)	даам	daam
ricetta (f)	тамак жасоо ыкмасы	tamak dʒasoo ıkması
porzione (f)	порция	portsija

insalata (f)	салат	salat
minestra (f)	сорпо	sorpo
brodo (m)	ынак сорпо	ınak sorpo

panino (m)	бутерброд	buterbrod
uova (f pl) al tegamino	куурулган жумуртка	kuurulgan dʒumurtka
hamburger (m)	гамбургер	gamburger
bistecca (f)	бифштекс	bifʃteks
contorno (m)	гарнир	garnir
spaghetti (m pl)	спагетти	spagetti
purè (m) di patate	эзилген картошка	ezilgen kartoʃka
pizza (f)	пицца	pitsa
porridge (m)	ботко	botko
frittata (f)	омлет	omlet
bollito (agg)	сууга бышырылган	suuga bıʃırılgan
affumicato (agg)	ышталган	ıʃtalgan
fritto (agg)	куурулган	kuurulgan
secco (agg)	кургатылган	kurgatılgan
congelato (agg)	тоңдурулган	toŋdurulgan
sottoaceto (agg)	маринаддагы	marinaddagı
dolce (gusto)	таттуу	tattuu
salato (agg)	туздуу	tuzduu
freddo (agg)	муздак	muzdak
caldo (agg)	ысык	ısık
amaro (agg)	ачуу	atʃuu
buono, gustoso (agg)	даамдуу	daamduu
cuocere, preparare (vt)	кайнатуу	kajnatuu
cucinare (vi)	тамак бышыруу	tamak bıʃıruu
friggere (vt)	кууруу	kuuruu
riscaldare (vt)	жылытуу	dʒılıtuu
salare (vt)	туздоо	tuzdoo
pepare (vt)	калемпир кошуу	kalempir koʃuu
grattugiare (vt)	сүргүлөө	syrgyløø
buccia (f)	сырты	sırtı
sbucciare (vt)	тазалоо	tazaloo

50. Spezie

sale (m)	туз	tuz
salato (agg)	туздуу	tuzduu
salare (vt)	туздоо	tuzdoo
pepe (m) nero	кара мурч	kara murtʃ
peperoncino (m)	кызыл калемпир	kızıl kalempir
senape (f)	горчица	gortʃitsa
cren (m)	хрен	χren
condimento (m)	татымал	tatımal
spezie (f pl)	татымал	tatımal
salsa (f)	соус	sous
aceto (m)	уксус	uksus
anice (m)	анис	anis

basilico (m)	райхон	rajχon
chiodi (m pl) di garofano	гвоздика	gvozdika
zenzero (m)	имбирь	imbirⁱ
coriandolo (m)	кориандр	koriandr
cannella (f)	корица	koritsa

sesamo (m)	кунжут	kundʒut
alloro (m)	лавр жалбырагы	lavr dʒalbıragı
paprica (f)	паприка	paprika
cumino (m)	зира	zira
zafferano (m)	заапаран	zaaparan

51. Pasti

| cibo (m) | тамак | tamak |
| mangiare (vi, vt) | тамактануу | tamaktanuu |

colazione (f)	таңкы тамак	taŋkı tamak
fare colazione	эртең менен тамактануу	erteŋ menen tamaktanuu
pranzo (m)	түшкү тамак	tyʃky tamak
pranzare (vi)	түштөнүү	tyʃtønyy
cena (f)	кечки тамак	ketʃki tamak
cenare (vi)	кечки тамакты ичүү	ketʃki tamaktı itʃyy

| appetito (m) | табит | tabit |
| Buon appetito! | Тамагыңыз таттуу болсун! | tamagıŋız tattuu bolsun! |

aprire (vt)	ачуу	atʃuu
rovesciare (~ il vino, ecc.)	төгүп алуу	tøgyp aluu
rovesciarsi (vr)	төгүлүү	tøgylyy
bollire (vi)	кайноо	kajnoo
far bollire	кайнатуу	kajnatuu
bollito (agg)	кайнатылган	kajnatılgan
raffreddare (vt)	суутуу	suutuu
raffreddarsi (vr)	сууп туруу	suup turuu

| gusto (m) | даам | daam |
| retrogusto (m) | даамдануу | daamdanuu |

essere a dieta	арыктоо	arıktoo
dieta (f)	мүнөз тамак	mynøz tamak
vitamina (f)	витамин	vitamin
caloria (f)	калория	kalorija
vegetariano (m)	эттен чанган	etten tʃangan
vegetariano (agg)	этсиз даярдалган	etsiz dajardalgan

grassi (m pl)	майлар	majlar
proteine (f pl)	белоктор	beloktor
carboidrati (m pl)	көмүрсуулар	kømyrsuular

fetta (f), fettina (f)	кесим	kesim
pezzo (m) (~ di torta)	бөлүк	bølyk
briciola (f) (~ di pane)	күкүм	kykym

52. Preparazione della tavola

cucchiaio (m)	кашык	kaʃık
coltello (m)	бычак	bıtʃak
forchetta (f)	вилка	vilka

tazza (f)	чөйчөк	tʃøjtʃøk
piatto (m)	табак	tabak
piattino (m)	табак	tabak
tovagliolo (m)	майлык	majlık
stuzzicadenti (m)	тиш чукугуч	tiʃ tʃukugutʃ

53. Ristorante

ristorante (m)	ресторан	restoran
caffè (m)	кофекана	kofekana
pub (m), bar (m)	бар	bar
sala (f) da tè	чай салону	tʃaj salonu

cameriere (m)	официант	ofitsiant
cameriera (f)	официант кыз	ofitsiant kız
barista (m)	бармен	barmen

menù (m)	меню	menʉ
lista (f) dei vini	шарап картасы	ʃarap kartası
prenotare un tavolo	столду камдык буйрутмалоо	stoldu kamdık bujrutmaloo

piatto (m)	тамак	tamak
ordinare (~ il pranzo)	буйрутма кылуу	bujrutma kıluu
fare un'ordinazione	буйрутма берүү	bujrutma beryy

aperitivo (m)	аперитив	aperitiv
antipasto (m)	ысылык	ısılık
dolce (m)	десерт	desert

conto (m)	эсеп	esep
pagare il conto	эсеп төлөө	esep tøløø
dare il resto	майда акчаны кайтаруу	majda aktʃanı kajtaruu
mancia (f)	чайпул	tʃajpul

Famiglia, parenti e amici

54. Informazioni personali. Moduli

nome (m)	аты	atı
cognome (m)	фамилиясы	familijası
data (f) di nascita	төрөлгөн күнү	tørølgøn kyny
luogo (m) di nascita	туулган жери	tuulgan dʒeri
nazionalità (f)	улуту	ulutu
domicilio (m)	жашаган жери	dʒaʃagan dʒeri
paese (m)	өлкө	ølkø
professione (f)	кесиби	kesibi
sesso (m)	жынысы	dʒınısı
statura (f)	бою	boju
peso (m)	салмак	salmak

55. Membri della famiglia. Parenti

madre (f)	эне	ene
padre (m)	ата	ata
figlio (m)	уул	uul
figlia (f)	кыз	kız
figlia (f) minore	кичүү кыз	kitʃyy kız
figlio (m) minore	кичүү уул	kitʃyy uul
figlia (f) maggiore	улуу кыз	uluu kız
figlio (m) maggiore	улуу уул	uluu uul
fratello (m)	бир тууган	bir tuugan
fratello (m) maggiore	байке	bajke
fratello (m) minore	ини	ini
sorella (f)	бир тууган	bir tuugan
sorella (f) maggiore	эже	edʒe
sorella (f) minore	синди	siŋdi
cugino (m)	атасы же энеси	atası dʒe enesi
	бир тууган	bir tuugan
cugina (f)	атасы же энеси	atası dʒe enesi
	бир тууган	bir tuugan
mamma (f)	апа	apa
papà (m)	ата	ata
genitori (m pl)	ата-эне	ata-ene
bambino (m)	бала	bala
bambini (m pl)	балдар	baldar
nonna (f)	чоң апа	tʃoŋ apa

nonno (m)	чоң ата	tʃoŋ ata
nipote (m) (figlio di un figlio)	небере бала	nebere bala
nipote (f)	небере кыз	nebere kız
nipoti (pl)	неберелер	nebereler
zio (m)	таяке	tajake
zia (f)	таяже	tajadʒe
nipote (m) (figlio di un fratello)	ини	ini
nipote (f)	жээн	dʒeen
suocera (f)	кайын эне	kajın ene
suocero (m)	кайын ата	kajın ata
genero (m)	күйөө бала	kyjøø bala
matrigna (f)	өгөй эне	øgøj ene
patrigno (m)	өгөй ата	øgøj ata
neonato (m)	эмчектеги бала	emtʃektegi bala
infante (m)	ымыркай	ımırkaj
bimbo (m), ragazzino (m)	бөбөк	bøbøk
moglie (f)	аял	ajal
marito (m)	эр	er
coniuge (m)	күйөө	kyjøø
coniuge (f)	зайып	zajıp
sposato (agg)	аялы бар	ajalı bar
sposata (agg)	күйөөдө	kyjøødø
celibe (agg)	бойдок	bojdok
scapolo (m)	бойдок	bojdok
divorziato (agg)	ажырашкан	adʒıraʃkan
vedova (f)	жесир	dʒesir
vedovo (m)	жесир	dʒesir
parente (m)	тууган	tuugan
parente (m) stretto	жакын тууган	dʒakın tuugan
parente (m) lontano	алыс тууган	alıs tuugan
parenti (m pl)	бир тууган	bir tuugan
orfano (m), orfana (f)	жетим	dʒetim
tutore (m)	камкорчу	kamkortʃu
adottare (~ un bambino)	уул кылып асырап алуу	uul kılıp asırap aluu
adottare (~ una bambina)	кыз кылып асырап алуу	kız kılıp asırap aluu

56. Amici. Colleghi

amico (m)	дос	dos
amica (f)	курбу	kurbu
amicizia (f)	достук	dostuk
essere amici	достошуу	dostoʃuu
amico (m) (inform.)	шерик	ʃerik
amica (f) (inform.)	шерик кыз	ʃerik kız
partner (m)	өнөктөш	ønøktøʃ
capo (m)	башчы	baʃtʃı

capo (m), superiore (m)	башчы	baʃʧı
proprietario (m)	кожоюн	koʤoʤɥn
subordinato (m)	кол астындагы	kol astındagı
collega (m)	кесиптеш	kesipteʃ

conoscente (m)	тааныш	taanıʃ
compagno (m) di viaggio	жолдош	ʤoldoʃ
compagno (m) di classe	классташ	klasstaʃ

vicino (m)	кошуна	koʃuna
vicina (f)	кошуна	koʃuna
vicini (m pl)	кошуналар	koʃunalar

57. Uomo. Donna

donna (f)	аял	ajal
ragazza (f)	кыз	kız
sposa (f)	колукту	koluktu

bella (agg)	сулуу	suluu
alta (agg)	бою узун	bojɥ uzun
snella (agg)	сымбаттуу	sımbattuu
bassa (agg)	орто бойлуу	orto bojluu

| bionda (f) | ак саргыл чачтуу | ak sargıl ʧaʧtuu |
| bruna (f) | кара чачтуу | kara ʧaʧtuu |

da donna (agg)	аялдардын	ajaldardın
vergine (f)	эркек көрө элек кыз	erkek kørø elek kız
incinta (agg)	кош бойлуу	koʃ bojluu

uomo (m) (adulto maschio)	эркек	erkek
biondo (m)	ак саргыл чачтуу	ak sargıl ʧaʧtuu
bruno (m)	кара чачтуу	kara ʧaʧtuu
alto (agg)	бийик бойлуу	bijik bojluu
basso (agg)	орто бойлуу	orto bojluu

sgarbato (agg)	орой	oroj
tozzo (agg)	жапалдаш бой	ʤapaldaʃ boj
robusto (agg)	чымыр	ʧımır
forte (agg)	күчтүү	kyʧtyy
forza (f)	күч	kyʧ

grasso (agg)	толук	toluk
bruno (agg)	кара тору	kara toru
snello (agg)	сымбаттуу	sımbattuu
elegante (agg)	жарашып кийинген	ʤaraʃıp kijingen

58. Età

| età (f) | жаш | ʤaʃ |
| giovinezza (f) | жаштык | ʤaʃtık |

giovane (agg)	жаш	ʤaʃ
più giovane (agg)	кичүү	kitʃyy
più vecchio (agg)	улуу	uluu

giovane (m)	улан	ulan
adolescente (m, f)	өспүрүм	øspyrym
ragazzo (m)	жигит	ʤigit

| vecchio (m) | абышка | abıʃka |
| vecchia (f) | кемпир | kempir |

adulto (m)	чоң киши	tʃoŋ kiʃi
di mezza età	орто жаш	orto ʤaʃ
anziano (agg)	жашап калган	ʤaʃap kalgan
vecchio (agg)	картаң	kartaŋ

pensionamento (m)	бааракы	baarakı
andare in pensione	ардактуу эс алууга чыгуу	ardaktuu es aluuga tʃıguu
pensionato (m)	баргер	baarger

59. Bambini

bambino (m), bambina (f)	бала	bala
bambini (m pl)	балдар	baldar
gemelli (m pl)	эгиздер	egizder

culla (f)	бешик	beʃik
sonaglio (m)	шырылдак	ʃırıldak
pannolino (m)	жалаяк	ʤalajak

tettarella (f)	упчу	uptʃu
carrozzina (f)	бешик араба	beʃik araba
scuola (f) materna	бала бакча	bala baktʃa
baby-sitter (f)	бала баккыч	bala bakkıtʃ

infanzia (f)	балалык	balalık
bambola (f)	куурчак	kuurtʃak
giocattolo (m)	оюнчук	ojuntʃuk
gioco (m) di costruzione	конструктор	konstruktor
educato (agg)	тарбия көргөн	tarbija kørgøn
maleducato (agg)	жетесиз	ʤetesiz
viziato (agg)	эрке	erke

essere disubbidiente	тентектик кылуу	tentektik kıluu
birichino (agg)	тентек	tentek
birichinata (f)	шоктук, тентектик	ʃoktuk, tentektik
bambino (m) birichino	тентек	tentek

| ubbidiente (agg) | элпек | elpek |
| disubbidiente (agg) | тил албас | til albas |

docile (agg)	зээндүү	zeendyy
intelligente (agg)	акылдуу	akılduu
bambino (m) prodigio	вундеркинд	vunderkind

60. Coppie sposate. Vita di famiglia

baciare (vt)	өбүү	øbyy
baciarsi (vr)	өбүшүү	øbyʃyy
famiglia (f)	үй-бүлө	yj-bylø
familiare (agg)	үй-бүлөлүү	yj-bylølyy
coppia (f)	эрди-катын	erdi-katın
matrimonio (m)	нике	nike
focolare (m) domestico	үй очогу	yj otʃogu
dinastia (f)	династия	dinastija
appuntamento (m)	жолугушуу	dʒoluguʃuu
bacio (m)	өбүү	øbyy
amore (m)	сүйүү	syjyy
amare (qn)	сүйүү	syjyy
amato (agg)	жакшы көргөн	dʒakʃı kørgøn
tenerezza (f)	назиктик	naziktik
dolce, tenero (agg)	назик	nazik
fedeltà (f)	берилгендик	berilgendik
fedele (agg)	ишенимдүү	iʃenimdyy
premura (f)	кам көрүү	kam køryy
premuroso (agg)	камкор	kamkor
sposi (m pl) novelli	жаңы үйлөнүшкөндөр	dʒaŋı yjlønyʃkøndør
luna (f) di miele	таттуулашуу	tattuulaʃuu
sposarsi (per una donna)	күйөөгө чыгуу	kyjøøgø tʃıguu
sposarsi (per un uomo)	аял алуу	ajal aluu
nozze (f pl)	үйлөнүү той	yjlønyy toy
nozze (f pl) d'oro	алтын үлпөт той	altın ylpøt toj
anniversario (m)	жылдык	dʒıldık
amante (m)	ойнош	ojnoʃ
amante (f)	ойнош	ojnoʃ
adulterio (m)	көзгө чөп салуу	køzgø tʃøp saluu
tradire (commettere adulterio)	көзгө чөп салуу	køzgø tʃøp saluu
geloso (agg)	кызгануу	kızganuu
essere geloso	кызгануу	kızganuu
divorzio (m)	ажырашуу	adʒıraʃuu
divorziare (vi)	ажырашуу	adʒıraʃuu
litigare (vi)	урушуу	uruʃuu
fare pace	жарашуу	dʒaraʃuu
insieme	бирге	birge
sesso (m)	жыныстык катнаш	dʒınıstık katnaʃ
felicità (f)	бакыт	bakıt
felice (agg)	бактылуу	baktıluu
disgrazia (f)	кырсык	kırsık
infelice (agg)	бактысыз	baktısız

Personalità. Sentimenti. Emozioni

61. Sentimenti. Emozioni

sentimento (m)	сезим	sezim
sentimenti (m pl)	сезим	sezim
sentire (vt)	сезүү	sezyy
fame (f)	ачка болуу	atʃka boluu
avere fame	ачка болуу	atʃka boluu
sete (f)	чаңкоо	tʃaŋkoo
avere sete	суусап калуу	suusap kaluu
sonnolenza (f)	уйкусу келүү	ujkusu kelyy
avere sonno	уйкусу келүү	ujkusu kelyy
stanchezza (f)	чарчоо	tʃartʃoo
stanco (agg)	чарчаңкы	tʃartʃaŋkı
stancarsi (vr)	чарчоо	tʃartʃoo
umore (m) (buon ~)	көңүл	køŋyl
noia (f)	зеригүү	zerigyy
annoiarsi (vr)	зеригүү	zerigyy
isolamento (f)	элден качуу	elden katʃuu
isolarsi (vr)	элден качуу	elden katʃuu
preoccupare (vt)	көңүлүн бөлүү	køŋylyn bølyy
essere preoccupato	сарсанаа болуу	sarsanaa boluu
agitazione (f)	кабатырлануу	kabatırlanuu
preoccupazione (f)	чочулоо	tʃotʃuloo
preoccupato (agg)	бушайман	buʃajman
essere nervoso	тынчы кетүү	tıntʃı ketyy
andare in panico	дүрбөлөңгө түшүү	dyrbøløŋgø tyʃyy
speranza (f)	үмүт	ymyt
sperare (vi, vt)	үмүттөнүү	ymyttønyy
certezza (f)	ишенимдүүлүк	iʃenimdyylyk
sicuro (agg)	ишеничтүү	iʃenitʃtyy
incertezza (f)	ишенбегендик	iʃenbegendik
incerto (agg)	ишенбеген	iʃenbegen
ubriaco (agg)	мас	mas
sobrio (agg)	соо	soo
debole (agg)	бошоң	boʃoŋ
fortunato (agg)	бактылуу	baktıluu
spaventare (vt)	жүрөгүн түшүрүү	dʒyrøgyn tyʃyryy
furia (f)	жинденүү	dʒindenyy
rabbia (f)	жаалдануу	dʒaaldanuu
depressione (f)	көңүлү чөгүү	køŋyly tʃøgyy
disagio (m)	ыңгайсыз	ıŋgajsız

conforto (m)	ыңгайлуу	ıŋgajluu
rincrescere (vi)	өкүнүү	økynyy
rincrescimento (m)	өкүнүп калуу	økynyp kaluu
sfortuna (f)	жолу болбоо	dʒolu bolboo
tristezza (f)	капалануу	kapalanuu

vergogna (f)	уят	ujat
allegria (f)	кубаныч	kubanıtʃ
entusiasmo (m)	ынта менен	ınta menen
entusiasta (m)	ынтызар	ıntızar
mostrare entusiasmo	ынтасын көрсөтүү	ıntasın kørsøtyy

62. Personalità. Carattere

carattere (m)	мүнөз	mynøz
difetto (m)	кемчилик	kemtʃilik
mente (f)	эс-акыл	es-akıl
intelletto (m)	акыл	akıl

coscienza (f)	абийир	abijir
abitudine (f)	адат	adat
capacità (f)	жөндөм	dʒøndøm
sapere (~ nuotare)	билүү	bilyy

paziente (agg)	көтөрүмдүү	køtørymdyy
impaziente (agg)	чыдамы жок	tʃıdamı dʒok
curioso (agg)	ынтызар	ıntızar
curiosità (f)	кызыгуучулук	kızıguutʃuluk

modestia (f)	жөнөкөйлүк	dʒønøkøjlyk
modesto (agg)	жөнөкөй	dʒønøkøj
immodesto (agg)	чекилик	tʃekilik

pigrizia (f)	жалкоолук	dʒalkooluk
pigro (agg)	жалкоо	dʒalkoo
poltrone (m)	эринчээк	erintʃeek

furberia (f)	куулук	kuuluk
furbo (agg)	куу	kuu
diffidenza (f)	ишенбөөчүлүк	iʃenbøøtʃylyk
diffidente (agg)	ишенбеген	iʃenbegen

generosità (f)	берешендик	bereʃendik
generoso (agg)	берешен	bereʃen
di talento	зээндүү	zeendyy
talento (m)	талант	talant

coraggioso (agg)	кайраттуу	kajrattuu
coraggio (m)	кайрат	kajrat
onesto (agg)	чынчыл	tʃıntʃıl
onestà (f)	чынчылдык	tʃıntʃıldık

prudente (agg)	сак	sak
valoroso (agg)	тайманбас	tajmanbas

| serio (agg) | оор басырыктуу | oor basırıktuu |
| severo (agg) | сүрдүү | syrdyy |

deciso (agg)	чечкиндүү	tʃetʃkindyy
indeciso (agg)	чечкинсиз	tʃetʃkinsiz
timido (agg)	тартынчаак	tartıntʃaak
timidezza (f)	жүрөкзаада	dʒyrøkzaada

fiducia (f)	ишеним артуу	iʃenim artuu
fidarsi (vr)	ишенүү	iʃenyy
fiducioso (agg)	ишенчээк	iʃentʃeek

sinceramente	чын жүрөктөн	tʃın dʒyrøktøn
sincero (agg)	ак ниеттен	ak nietten
sincerità (f)	ак ниеттүүлүк	ak niettyylyk
aperto (agg)	ачык	atʃık

tranquillo (agg)	жоош	dʒooʃ
sincero (agg)	ачык	atʃık
ingenuo (agg)	ишенчээк	iʃentʃeek
distratto (agg)	унутчаак	unuttʃaak
buffo (agg)	кызык	kızık

avidità (f)	ач көздүк	atʃ køzdyk
avido (agg)	сараң	saraŋ
avaro (agg)	сараң	saraŋ
cattivo (agg)	каардуу	kaarduu
testardo (agg)	көк	køk
antipatico (agg)	жагымсыз	dʒagımsız

egoista (m)	өзүмчүл	øzymtʃyl
egoistico (agg)	өзүмчүл	øzymtʃyl
codardo (m)	суу жүрөк	suu dʒyrøk
codardo (agg)	суу жүрөк	suu dʒyrøk

63. Dormire. Sogni

dormire (vi)	уктоо	uktoo
sonno (m) (stato di sonno)	уйку	ujku
sogno (m)	түш	tyʃ
sognare (fare sogni)	түш көрүү	tyʃ køryy
sonnolento (agg)	уйкусураган	ujkusuragan

letto (m)	керебет	kerebet
materasso (m)	матрас	matras
coperta (f)	жууркан	dʒuurkan
cuscino (m)	жаздык	dʒazdık
lenzuolo (m)	шейшеп	ʃejʃep

insonnia (f)	уйкусуздук	ujkusuzduk
insonne (agg)	уйкусуз	ujkusuz
sonnifero (m)	уйку дарысы	ujku darısı
prendere il sonnifero	уйку дарысын ичүү	ujku darısın itʃyy
avere sonno	уйкусу келүү	ujkusu kelyy

sbadigliare (vi)	эстее	estøø
andare a letto	уктоого кетүү	uktoogo ketyy
fare il letto	төшөк салуу	tøʃøk saluu
addormentarsi (vr)	уктап калуу	uktap kaluu

incubo (m)	коркунучтуу түш	korkunuʧtuu tyʃ
russare (m)	коңурук	koŋuruk
russare (vi)	коңурук тартуу	koŋuruk tartuu

sveglia (f)	ойготкуч саат	ojgotkuʧ saat
svegliare (vt)	ойготуу	ojgotuu
svegliarsi (vr)	ойгонуу	ojgonuu
alzarsi (vr)	төшөктөн туруу	tøʃøktøn turuu
lavarsi (vr)	бети-колду жуу	beti-koldu dʒuu

64. Umorismo. Risata. Felicità

umorismo (m)	күлкү салуу	kylky saluu
senso (m) dello humour	тамашага чалуу	tamaʃaga ʧaluu
divertirsi (vr)	көңүл ачуу	køŋyl aʧuu
allegro (agg)	көңүлдүү	køŋyldyy
allegria (f)	көңүлдүүлүк	køŋyldyylyk

sorriso (m)	жылмайыш	dʒılmajıʃ
sorridere (vi)	жылмаюу	dʒılmadʒuu
mettersi a ridere	күлүп жиберүү	kylyp dʒiberyy
ridere (vi)	күлүү	kylyy
riso (m)	күлкү	kylky

aneddoto (m)	күлкүлүү окуя	kylkylyy okuja
divertente (agg)	күлкүлүү	kylkylyy
ridicolo (agg)	кызык	kızık

scherzare (vi)	тамашалоо	tamaʃaloo
scherzo (m)	тамаша	tamaʃa
gioia (f) (fare salti di ~)	кубаныч	kubanıʧ
rallegrarsi (vr)	кубануу	kubanuu
allegro (agg)	кубанычтуу	kubanıʧtuu

65. Discussione. Conversazione. Parte 1

comunicazione (f)	баарлашуу	baarlaʃuu
comunicare (vi)	баарлашуу	baarlaʃuu

conversazione (f)	сүйлөшүү	syjløʃyy
dialogo (m)	маек	maek
discussione (f)	талкуу	talkuu
dibattito (m)	талаш	talaʃ
discutere (vi)	талашуу	talaʃuu

interlocutore (m)	аңгемелешкен	aŋgemeleʃken
tema (m)	тема	tema

punto (m) di vista	көз караш	køz karaʃ
opinione (f)	ой-пикир	oj-pikir
discorso (m)	сөз	søz

discussione (f)	талкуу	talkuu
discutere (~ una proposta)	талкуулоо	talkuuloo
conversazione (f)	маек	maek
conversare (vi)	маектешүү	maekteʃyy
incontro (m)	жолугушуу	dʒoluguʃuu
incontrarsi (vr)	жолугушуу	dʒoluguʃuu

proverbio (m)	макал-лакап	makal-lakap
detto (m)	лакап	lakap
indovinello (m)	табышмак	tabıʃmak
fare un indovinello	табышмак айтуу	tabıʃmak ajtuu
parola (f) d'ordine	сырсөз	sırsøz
segreto (m)	сыр	sır

giuramento (m)	ант	ant
giurare (prestare giuramento)	ант берүү	ant beryy
promessa (f)	убада	ubada
promettere (vt)	убада берүү	ubada beryy

consiglio (m)	кеңеш	keŋeʃ
consigliare (vt)	кеңеш берүү	keŋeʃ beryy
seguire il consiglio	кеңешин жолдоо	keŋeʃin dʒoldoo
ubbidire (ai genitori)	угуу	uguu

notizia (f)	жаңылык	dʒaŋılık
sensazione (f)	дүң салуу	dyŋ saluu
informazioni (f pl)	маалымат	maalımat
conclusione (f)	корутунду	korutundu
voce (f)	үн	yn
complimento (m)	мактоо	maktoo
gentile (agg)	сылык	sılık

parola (f)	сөз	søz
frase (f)	сүйлөм	syjløm
risposta (f)	жооп	dʒoop

| verità (f) | чындык | tʃındık |
| menzogna (f) | жалган | dʒalgan |

pensiero (m)	ой	oj
idea (f)	ой	oj
fantasia (f)	ойдон чыгаруу	ojdon tʃıgaruu

66. Discussione. Conversazione. Parte 2

rispettato (agg)	урматтуу	urmattuu
rispettare (vt)	сыйлоо	sıjloo
rispetto (m)	урмат	urmat
Egregio ...	Урматтуу ...	urmattuu ...
presentare (~ qn)	тааныштыруу	taanıʃtıruu

fare la conoscenza di ...	таанышуу	taanıʃuu
intenzione (f)	ниет	niet
avere intenzione	ниеттенүү	niettenyy
augurio (m)	каалоо	kaaloo
augurare (vt)	каалоо айтуу	kaaloo ajtuu

sorpresa (f)	таңгалыч	taŋgalıtʃ
sorprendere (stupire)	таң калтыруу	taŋ kaltıruu
stupirsi (vr)	таң калуу	taŋ kaluu

dare (vt)	берүү	beryy
prendere (vt)	алуу	aluu
rendere (vt)	кайтарып берүү	kajtarıp beryy
restituire (vt)	кайра берүү	kajra beryy

scusarsi (vr)	кечирим суроо	ketʃirim suroo
scusa (f)	кечирим	ketʃirim
perdonare (vt)	кечирүү	ketʃiryy

parlare (vi, vt)	сүйлөшүү	syjløʃyy
ascoltare (vi)	угуу	uguu
ascoltare fino in fondo	кулак салуу	kulak saluu
capire (vt)	түшүнүү	tyʃynyy

mostrare (vt)	көрсөтүү	kørsøtyy
guardare (vt)	... кароо	... karoo
chiamare (rivolgersi a)	чакыруу	tʃakıruu
dare fastidio	тынчын алуу	tıntʃın aluu
disturbare (vt)	тынчын алуу	tıntʃın aluu
consegnare (vt)	узатып коюу	uzatıp kojʉu

richiesta (f)	сураныч	suranıtʃ
chiedere (vt)	суроо	suroo
esigenza (f)	талап	talap
esigere (vt)	талап кылуу	talap kıluu

stuzzicare (vt)	кыжырына тийүү	kıdʒırına tijyy
canzonare (vt)	шылдыңдоо	ʃıldıŋdoo
burla (f), beffa (f)	шылдың	ʃıldıŋ
soprannome (m)	лакап ат	lakap at

allusione (f)	кыйытма	kıjıtma
alludere (vi)	кыйытып айтуу	kıjıtıp aytuu
intendere (cosa intendi dire?)	билдирүү	bildiryy

descrizione (f)	сүреттөө	syrøttøø
descrivere (vt)	сүреттөп берүү	syrøttøp beryy
lode (f)	алкыш	alkıʃ
lodare (vt)	мактоо	maktoo

delusione (f)	көңүлү калуу	køŋyly kaluu
deludere (vt)	көңүлүн калтыруу	køŋylyn kaltıruu
rimanere deluso	көңүл калуу	køŋyl kaluu

supposizione (f)	божомол	bodʒomol
supporre (vt)	божомолдоо	bodʒomoldoo

| avvertimento (m) | эскертүү | eskertyy |
| avvertire (vt) | эскертүү | eskertyy |

67. Discussione. Conversazione. Parte 3

| persuadere (vt) | көндүрүү | køndyryy |
| tranquillizzare (vt) | тынчтандыруу | tıntʃtandıruu |

silenzio (m) (il ~ è d'oro)	жымжырт	dʒımdʒırt
tacere (vi)	унчукпоо	untʃukpoo
sussurrare (vt)	шыбыроо	ʃıbıroo
sussurro (m)	шыбыр	ʃıbır

| francamente | ачык айтканда | atʃık ajtkanda |
| secondo me … | менин оюмча … | menin ojumtʃa … |

dettaglio (m)	ийне-жиби	ijne-dʒibi
dettagliato (agg)	тетиктелген	tetiktelgen
dettagliatamente	тетикке чейин	tetikke tʃejin

| suggerimento (m) | четин чыгаруу | tʃetin tʃıgaruu |
| suggerire (vt) | четин чыгаруу | tʃetin tʃıgaruu |

sguardo (m)	көз	køz
gettare uno sguardo	карап коюу	karap kojuu
fisso (agg)	тиктеген	tiktegen
battere le palpebre	көз ирмөө	køz irmøø
ammiccare (vi)	көз кысуу	køz kısuu
accennare col capo	баш ийкөө	baʃ ijkøø

sospiro (m)	дем чыгаруу	dem tʃıgaruu
sospirare (vi)	дем алуу	dem aluu
sussultare (vi)	селт этүү	selt etyy
gesto (m)	жаңсоо	dʒaŋsoo
toccare (~ il braccio)	тийип кетүү	tijip ketyy
afferrare (~ per il braccio)	кармоо	karmoo
picchiettare (~ la spalla)	таптоо	taptoo

Attenzione!	Абайлагыла!	abajlagıla!
Davvero?	Чын элеби?!	tʃın elebi?!
Sei sicuro?	Жаңылган жоксуңбу?	dʒaŋılgan dʒoksuŋbu?
Buona fortuna!	Ийгилик!	ijgilik!
Capito!	Түшүнүктүү!	tyʃynyktyy!
Peccato!	Кап!	kap!

68. Accordo. Rifiuto

accordo (m)	макулдук	makulduk
essere d'accordo	макул болуу	makul boluu
approvazione (f)	колдоо	koldoo
approvare (vt)	колдоо	koldoo
rifiuto (m)	баш тартуу	baʃ tartuu

rifiutarsi (vr)	баш тартуу	baʃ tartuu
Perfetto!	Эӊ жакшы!	eŋ ʤakʃı!
Va bene!	Жакшы!	ʤakʃı!
D'accordo!	Макул!	makul!

vietato, proibito (agg)	тыюу салынган	tıjɥu salıngan
è proibito	болбойт	bolbojt
è impossibile	мүмкүн эмес	mymkyn emes
sbagliato (agg)	туура эмес	tuura emes

respingere (~ una richiesta)	четке кагуу	ʧetke kaguu
sostenere (~ un'idea)	колдоо	koldoo
accettare (vt)	кабыл алуу	kabıl aluu

confermare (vt)	ырастоо	ırastoo
conferma (f)	ырастоо	ırastoo
permesso (m)	уруксат	uruksat
permettere (vt)	уруксат берүү	uruksat beryy
decisione (f)	чечим	ʧeʧim
non dire niente	унчукпоо	unʧukpoo

condizione (f)	шарт	ʃart
pretesto (m)	шылтоо	ʃıltoo
lode (f)	алкыш	alkıʃ
lodare (vt)	мактоо	maktoo

69. Successo. Fortuna. Fiasco

successo (m)	ийгилик	ijgilik
con successo	ийгиликтүү	ijgiliktyy
ben riuscito (agg)	ийгиликтүү	ijgiliktyy

fortuna (f)	жол болуу	ʤol boluu
Buona fortuna!	Ийгилик!	ijgilik!
fortunato (giorno ~)	ийгиликтүү	ijgiliktyy
fortunato (persona ~a)	жолу бар	ʤolu bar

fiasco (m)	жолу болбостук	ʤolu bolbostuk
disdetta (f)	жолу болбостук	ʤolu bolbostuk
sfortuna (f)	жолу болбоо	ʤolu bolboo

| fallito (agg) | жолу болбогон | ʤolu bolbogon |
| disastro (m) | киши көрбөсүн | kiʃi kørbøsyn |

orgoglio (m)	сыймык	sıjmık
orgoglioso (agg)	көтөрүнгөн	køtøryngøn
essere fiero di …	сыймыктануу	sıjmıktanuu

vincitore (m)	жеӊүүчү	ʤeŋyyʧy
vincere (vi)	жеӊүү	ʤeŋyy
perdere (subire una sconfitta)	жеӊилүү	ʤeŋilyy
tentativo (m)	аракет	araket
tentare (vi)	аракет кылуу	araket kıluu
chance (f)	мүмкүнчүлүк	mymkynʧylyk

70. Dispute. Sentimenti negativi

grido (m)	кыйкырык	kıjkırık
gridare (vi)	кыйкыруу	kıjkıruu
mettersi a gridare	кыйкырып алуу	kıjkırıp aluu
litigio (m)	уруш	uruʃ
litigare (vi)	урушуу	uruʃuu
lite (f)	чатак	tʃatak
dare scandalo (litigare)	чатакташуу	tʃataktaʃuu
conflitto (m)	чыр-чатак	tʃır-tʃatak
fraintendimento (m)	түшүнбөстүк	tyʃynbøstyk
insulto (m)	кордоо	kordoo
insultare (vt)	кемсинтүү	kemsintyy
offeso (agg)	катуу тийген	katuu tijgen
offesa (f)	таарыныч	taarınıtʃ
offendere (qn)	көңүлгө тийүү	køŋylgø tijyy
offendersi (vr)	таарынып калуу	taarınıp kaluu
indignazione (f)	нааразылык	naarazılık
indignarsi (vr)	нааразы болуу	naarazı boluu
lamentela (f)	арыз	arız
lamentarsi (vr)	арыздануу	arızdanuu
scusa (f)	кечирим	ketʃirim
scusarsi (vr)	кечирим суроо	ketʃirim suroo
chiedere scusa	кечирим суроо	ketʃirim suroo
critica (f)	сын-пикир	sın-pikir
criticare (vt)	сындоо	sındoo
accusa (f)	айыптоо	ajıptoo
accusare (vt)	айыптоо	ajıptoo
vendetta (f)	өч алуу	øtʃ aluu
vendicare (vt)	өч алуу	øtʃ aluu
disprezzo (m)	киши катары көрбөө	kiʃi katarı kørbøø
disprezzare (vt)	киши катарына албоо	kiʃi katarına alboo
odio (m)	жек көрүү	dʒek køryy
odiare (vt)	жек көрүү	dʒek køryy
nervoso (agg)	тынчы кеткен	tıntʃı ketken
essere nervoso	тынчы кетүү	tıntʃı ketyy
arrabbiato (agg)	ачууланган	atʃuulangan
fare arrabbiare	ачуусун келтирүү	atʃuusun keltiryy
umiliazione (f)	кемсинтүү	kemsintyy
umiliare (vt)	кемсинтүү	kemsintyy
umiliarsi (vr)	байкуш болуу	bajkuʃ boluu
shock (m)	дендирөө	dendirøø
scandalizzare (vt)	дендиретүү	dendiretyy
problema (m) (avere ~i)	жагымсыз жагдай	dʒagımsız dʒagdaj
spiacevole (agg)	жагымсыз	dʒagımsız

spavento (m), paura (f)	коркунуч	korkunutʃ
terribile (una tempesta ~)	каардуу	kaarduu
spaventoso (un racconto ~)	коркунучтуу	korkunutʃtuu
orrore (m)	үрөй учуу	yrøj utʃuu
orrendo (un crimine ~)	үрөй учуруу	yrøj utʃuruu

cominciare a tremare	калтырап баштоо	kaltırap baʃtoo
piangere (vi)	ыйлоо	ıjloo
mettersi a piangere	ыйлап жиберүү	ıjlap dʒiberyy
lacrima (f)	көз жаш	køz dʒaʃ

colpa (f)	күнөө	kynøø
senso (m) di colpa	күнөө сезими	kynøø sezimi
vergogna (f)	уят	ujat
protesta (f)	нааразылык	naarazılık
stress (m)	бушайман болуу	buʃajman boluu

disturbare (vt)	тынчын алуу	tıntʃın aluu
essere arrabbiato	жини келүү	dʒini kelyy
arrabbiato (agg)	ачуулуу	atʃuuluu
porre fine a ... (~ una relazione)	токтотуу	toktotuu
rimproverare (vt)	урушуу	uruʃuu

spaventarsi (vr)	чоочуу	tʃootʃuu
colpire (vt)	уруу	uruu
picchiarsi (vr)	мушташуу	muʃtaʃuu

regolare (~ un conflitto)	жөндөө	dʒøndøø
scontento (agg)	нааразы	naarazı
furioso (agg)	жаалданган	dʒaaldangan

Non sta bene!	Бул жакшы эмес!	bul dʒakʃı emes!
Fa male!	Бул жаман!	bul dʒaman!

Medicinali

71. Malattie

malattia (f)	оору	ooru
essere malato	о오руу	ooruu
salute (f)	ден-соолук	den-sooluk
raffreddore (m)	мурдунан суу агуу	murdunan suu aguu
tonsillite (f)	ангина	angina
raffreddore (m)	суук тийүү	suuk tijyy
raffreddarsi (vr)	суук тийгизип алуу	suuk tijgizip aluu
bronchite (f)	бронхит	bronχit
polmonite (f)	кабыргадан сезгенүү	kabırgadan sezgenyy
influenza (f)	сасык тумоо	sasık tumoo
miope (agg)	алыстан көрө албоо	alıstan kørø alboo
presbite (agg)	жакындан көрө албоо	dʒakından kørø alboo
strabismo (m)	кылый көздүүлүк	kılıj køzdyylyk
strabico (agg)	кылый көздүүлүк	kılıj køzdyylyk
cateratta (f)	челкөз	tʃelkøz
glaucoma (m)	глаукома	glaukoma
ictus (m) cerebrale	мээге кан куюлуу	meege kan kujʉluu
attacco (m) di cuore	инфаркт	infarkt
infarto (m) miocardico	инфаркт миокарда	infarkt miokarda
paralisi (f)	шал	ʃal
paralizzare (vt)	шал болуу	ʃal boluu
allergia (f)	аллергия	allergija
asma (f)	астма	astma
diabete (m)	диабет	diabet
mal (m) di denti	тиш оорусу	tiʃ oorusu
carie (f)	кариес	karies
diarrea (f)	ич өткү	itʃ øtky
stitichezza (f)	ич катуу	itʃ katuu
disturbo (m) gastrico	ич бузулгандык	itʃ buzulgandık
intossicazione (f) alimentare	уулануу	uulanuu
intossicarsi (vr)	уулануу	uulanuu
artrite (f)	артрит	artrit
rachitide (f)	итий	itij
reumatismo (m)	кызыл жүгүрүк	kızıl dʒygyryk
aterosclerosi (f)	атеросклероз	ateroskleroz
gastrite (f)	карын сезгенүүсу	karın sezgenyysu
appendicite (f)	аппендицит	appenditsit

| colecistite (f) | холецистит | χoletsistit |
| ulcera (f) | жара | dʒara |

morbillo (m)	кызылча	kızıltʃa
rosolia (f)	кызамык	kızamık
itterizia (f)	сарык	sarık
epatite (f)	гепатит	gepatit

schizofrenia (f)	шизофрения	ʃizofrenija
rabbia (f)	кутурма	kuturma
nevrosi (f)	невроз	nevroz
commozione (f) cerebrale	мээнин чайкалышы	meenin tʃajkalıʃı

cancro (m)	рак	rak
sclerosi (f)	склероз	skleroz
sclerosi (f) multipla	жайылган склероз	dʒajılgan skleroz

alcolismo (m)	аракечтик	araketʃtik
alcolizzato (m)	аракеч	araketʃ
sifilide (f)	котон жара	koton dʒara
AIDS (m)	СПИД	spid

tumore (m)	шишик	ʃiʃik
maligno (agg)	залалдуу	zalalduu
benigno (agg)	залалсыз	zalalsız

febbre (f)	безгек	bezgek
malaria (f)	безгек	bezgek
cancrena (f)	кабыз	kabız
mal (m) di mare	деңиз оорусу	deŋiz oorusu
epilessia (f)	талма	talma

epidemia (f)	эпидемия	epidemija
tifo (m)	келте	kelte
tubercolosi (f)	кургак учук	kurgak utʃuk
colera (m)	холера	χolera
peste (f)	кара тумоо	kara tumoo

72. Sintomi. Cure. Parte 1

sintomo (m)	белги	belgi
temperatura (f)	дене табынын көтөрүлүшү	dene tabının køtørylyʃy
febbre (f) alta	жогорку температура	dʒogorku temperatura
polso (m)	тамыр кагышы	tamır kagıʃı

capogiro (m)	баш айлануу	baʃ ajlanuu
caldo (agg)	ысык	ısık
brivido (m)	чыйрыгуу	tʃıjrıguu
pallido (un viso ~)	купкуу	kupkuu

tosse (f)	жөтөл	dʒøtøl
tossire (vi)	жөтөлүү	dʒøtølyy
starnutire (vi)	чүчкүрүү	tʃytʃkyryy

| svenimento (m) | эси оо | esi oo |
| svenire (vi) | эси ооп жыгылуу | esi oop dʒıgıluu |

livido (m)	көк-ала	køk-ala
bernoccolo (m)	шишик	ʃiʃik
farsi un livido	урунуп алуу	urunup aluu
contusione (f)	көгөртүп алуу	køgørtyp aluu
farsi male	көгөртүп алуу	køgørtyp aluu

zoppicare (vi)	аксоо	aksoo
slogatura (f)	муундун чыгып кетүүсү	muundun tʃıgıp ketyysy
slogarsi (vr)	чыгарып алуу	tʃıgarıp aluu
frattura (f)	сынуу	sınuu
fratturarsi (vr)	сындырып алуу	sındırıp aluu

taglio (m)	кесилген жер	kesilgen dʒer
tagliarsi (vr)	кесип алуу	kesip aluu
emorragia (f)	кан кетүү	kan ketyy

| scottatura (f) | күйүк | kyjyk |
| scottarsi (vr) | күйгүзүп алуу | kyjgyzyp aluu |

pungere (vt)	саюу	sajuu
pungersi (vr)	сайып алуу	sajıp aluu
ferire (vt)	кокустатып алуу	kokustatıp aluu
ferita (f)	кокустатып алуу	kokustatıp aluu
lesione (f)	жара	dʒara
trauma (m)	жаракат	dʒarakat

delirare (vi)	желүү	dʒølyy
tartagliare (vi)	кекечтенүү	keketʃtenyy
colpo (m) di sole	күн өтүү	kyn øtyy

73. Sintomi. Cure. Parte 2

| dolore (m), male (m) | оору | ooru |
| scheggia (f) | тикен | tiken |

sudore (m)	тер	ter
sudare (vi)	тердөө	terdøø
vomito (m)	кусуу	kusuu
convulsioni (f pl)	тарамыш карышуусу	taramıʃ karıʃuusu

incinta (agg)	кош бойлуу	koʃ bojluu
nascere (vi)	төрөлүү	tørølyy
parto (m)	төрөт	tørøt
essere in travaglio di parto	төрөө	tørøø
aborto (m)	бойдон түшүрүү	bojdon tyʃyryy

respirazione (f)	дем алуу	dem aluu
inspirazione (f)	дем алуу	dem aluu
espirazione (f)	дем чыгаруу	dem tʃıgaruu
espirare (vi)	дем чыгаруу	dem tʃıgaruu
inspirare (vi)	дем алуу	dem aluu

invalido (m)	майып	majıp
storpio (m)	мунжу	mundʒu
drogato (m)	баӈги	baŋgi
sordo (agg)	дүлөй	dyløj
muto (agg)	дудук	duduk
sordomuto (agg)	дудук	duduk
matto (agg)	жин тийген	dʒin tijgen
matto (m)	жинди чалыш	dʒindi tʃalıʃ
matta (f)	жинди чалыш	dʒindi tʃalıʃ
impazzire (vi)	мээси айныган	meesi ajnıgan
gene (m)	ген	gen
immunità (f)	иммунитет	immunitet
ereditario (agg)	тукум куучулук	tukum kuutʃuluk
innato (agg)	тубаса	tubasa
virus (m)	вирус	virus
microbo (m)	микроб	mikrob
batterio (m)	бактерия	bakterija
infezione (f)	жугуштуу илдет	dʒuguʃtuu ildet

74. Sintomi. Cure. Parte 3

ospedale (m)	оорукана	oorukana
paziente (m)	бейтап	bejtap
diagnosi (f)	дарт аныктоо	dart anıktoo
cura (f)	дарылоо	darıloo
trattamento (m)	дарылоо	darıloo
curarsi (vr)	дарылануу	darılanuu
curare (vt)	дарылоо	darıloo
accudire (un malato)	кароо	karoo
assistenza (f)	кароо	karoo
operazione (f)	операция	operatsija
bendare (vt)	жараны таӊуу	dʒaranı taŋuu
fasciatura (f)	таӊуу	taŋuu
vaccinazione (f)	эмдөө	emdøø
vaccinare (vt)	эмдөө	emdøø
iniezione (f)	ийне салуу	ijne saluu
fare una puntura	ийне сайдыруу	ijne sajdıruu
attacco (m) (~ epilettico)	оору кармап калуу	ooru karmap kaluu
amputazione (f)	кесүү	kesyy
amputare (vt)	кесип таштоо	kesip taʃtoo
coma (m)	кома	koma
essere in coma	комада болуу	komada boluu
rianimazione (f)	реанимация	reanimatsija
guarire (vi)	сакаюу	sakajuu
stato (f) (del paziente)	абал	abal

| conoscenza (f) | эсинде | esinde |
| memoria (f) | эс тутум | es tutum |

estrarre (~ un dente)	тишти жулуу	tiʃti dʒuluu
otturazione (f)	пломба	plomba
otturare (vt)	пломба салуу	plomba saluu

| ipnosi (f) | гипноз | gipnoz |
| ipnotizzare (vt) | гипноз кылуу | gipnoz kıluu |

75. Medici

medico (m)	доктур	doktur
infermiera (f)	медсестра	medsestra
medico (m) personale	жекелик доктур	dʒekelik doktur

dentista (m)	тиш доктур	tiʃ doktur
oculista (m)	көз доктур	køz doktur
internista (m)	терапевт	terapevt
chirurgo (m)	хирург	χirurg

psichiatra (m)	психиатр	psiχiatr
pediatra (m)	педиатр	pediatr
psicologo (m)	психолог	psiχolog
ginecologo (m)	гинеколог	ginekolog
cardiologo (m)	кардиолог	kardiolog

76. Medicinali. Farmaci. Accessori

medicina (f)	дары-дармек	darı-darmek
rimedio (m)	дары	darı
prescrivere (vt)	жазып берүү	dʒazıp beryy
prescrizione (f)	рецепт	retsept

compressa (f)	таблетка	tabletka
unguento (m)	май	maj
fiala (f)	ампула	ampula
pozione (f)	аралашма	aralaʃma
sciroppo (m)	сироп	sirop
pillola (f)	пилюля	piluˡa
polverina (f)	күкүм	kykym

benda (f)	бинт	bint
ovatta (f)	пахта	paχta
iodio (m)	йод	jod

cerotto (m)	лейкопластырь	lejkoplastırˡ
contagocce (m)	дары тамызгыч	darı tamızgıtʃ
termometro (m)	градусник	gradusnik
siringa (f)	шприц	ʃprits
sedia (f) a rotelle	майып арабасы	majıp arabası
stampelle (f pl)	колтук таяк	koltuk tajak

analgesico (m)	оору сездирбөөчү дары	ooru sezdirbøøʧy darı
lassativo (m)	ич алдыруучу дары	iʧ aldıruuʧu darı
alcol (m)	спирт	spirt
erba (f) officinale	дары чөптөр	darı ʧøptør
d'erbe (infuso ~)	чөп чайы	ʧøp ʧajı

77. Fumo. Prodotti di tabaccheria

tabacco (m)	тамеки	tameki
sigaretta (f)	чылым	ʧılım
sigaro (m)	чылым	ʧılım
pipa (f)	трубка	trubka
pacchetto (m) (di sigarette)	пачке	paʧke

fiammiferi (m pl)	ширеңке	ʃireŋke
scatola (f) di fiammiferi	ширеңке кутусу	ʃireŋke kutusu
accendino (m)	зажигалка	zadʒigalka
portacenere (m)	күл салгыч	kyl salgıʧ
portasigarette (m)	портсигар	portsigar

| bocchino (m) | мундштук | mundʃtuk |
| filtro (m) | фильтр | filʲtr |

fumare (vi, vt)	тамеки тартуу	tameki tartuu
accendere una sigaretta	күйгүзүп алуу	kyjgyzyp aluu
fumo (m)	чылым чегүү	ʧılım ʧegyy
fumatore (m)	тамекичи	tamekiʧi

cicca (f), mozzicone (m)	чылым калдыгы	ʧılım kaldıgı
fumo (m)	түтүн	tytyn
cenere (f)	күл	kyl

HABITAT UMANO

Città

78. Città. Vita di città

città (f)	шаар	ʃaar
capitale (f)	борбор	borbor
villaggio (m)	кыштак	kɪʃtak

mappa (f) della città	шаардын планы	ʃaardın planı
centro (m) della città	шаардын борбору	ʃaardın borboru
sobborgo (m)	шаардын чет жакасы	ʃaardın tʃet dʒakası
suburbano (agg)	шаардын чет жакасындагы	ʃaardın tʃet dʒakasındagı

periferia (f)	чет-жака	tʃet-dʒaka
dintorni (m pl)	чет-жака	tʃet-dʒaka
isolato (m)	квартал	kvartal
quartiere residenziale	турак-жай кварталы	turak-dʒaj kvartalı

traffico (m)	кече кыймылы	køtʃø kıjmılı
semaforo (m)	светофор	svetofor
trasporti (m pl) urbani	шаар транспорту	ʃaar transportu
incrocio (m)	кесилиш	kesiliʃ

passaggio (m) pedonale	жөө жүрүүчүлөр жолу	dʒøø dʒyryytʃylør dʒolu
sottopassaggio (m)	жер астындагы жол	dʒer astındagı dʒol
attraversare (vt)	жолду өтүү	dʒoldu øtyy
pedone (m)	жөө жүрүүчү	dʒøø dʒyryytʃy
marciapiede (m)	жанжол	dʒandʒol

ponte (m)	көпүрө	køpyrø
banchina (f)	жээк жол	dʒeek dʒol
fontana (f)	фонтан	fontan

vialetto (m)	аллея	alleja
parco (m)	сейил багы	sejil bagı
boulevard (m)	бульвар	bulʲvar
piazza (f)	аянт	ajant
viale (m), corso (m)	проспект	prospekt
via (f), strada (f)	көчө	køtʃø
vicolo (m)	чолок көчө	tʃolok køtʃø
vicolo (m) cieco	туюк көчө	tujʉk køtʃø

casa (f)	үй	yj
edificio (m)	имарат	imarat
grattacielo (m)	көк тиреген көп кабаттуу үй	køk tiregen køp kabattuu yj

facciata (f)	үйдүн алды	yjdyn aldı
tetto (m)	чатыр	tʃatır
finestra (f)	терезе	tereze
arco (m)	түркүк	tyrkyk
colonna (f)	мамы	mamı
angolo (m)	бурч	burtʃ

vetrina (f)	көрсөтмө айнек үкөк	kørsøtmø ajnek ykøk
insegna (f) (di negozi, ecc.)	көрнөк	kørnøk
cartellone (m)	афиша	afiʃa
cartellone (m) pubblicitario	көрнөк-жарнак	kørnøk-dʒarnak
tabellone (m) pubblicitario	жарнамалык такта	dʒarnamalık takta

pattume (m), spazzatura (f)	таштанды	taʃtandı
pattumiera (f)	таштанды челек	taʃtandı tʃelek
sporcare (vi)	таштоо	taʃtoo
discarica (f) di rifiuti	таштанды үйүлгөн жер	taʃtandı yjylgøn dʒer

cabina (f) telefonica	телефон будкасы	telefon budkası
lampione (m)	чырак мамы	tʃırak mamı
panchina (f)	отургуч	oturgutʃ

poliziotto (m)	полиция кызматкери	politsija kızmatkeri
polizia (f)	полиция	politsija
mendicante (m)	кайырчы	kajırtʃı
barbone (m)	селсаяк	selsajak

79. Servizi cittadini

negozio (m)	дүкөн	dykøn
farmacia (f)	дарыкана	darıkana
ottica (f)	оптика	optika
centro (m) commerciale	соода борбору	sooda borboru
supermercato (m)	супермаркет	supermarket

panetteria (f)	нан дүкөнү	nan dykøny
fornaio (m)	навайчы	navajtʃı
pasticceria (f)	кондитердик дүкөн	konditerdik dykøn
drogheria (f)	азык-түлүк	azık-tylyk
macelleria (f)	эт дүкөнү	et dykøny

| fruttivendolo (m) | жашылча дүкөнү | dʒaʃıltʃa dykøny |
| mercato (m) | базар | bazar |

caffè (m)	кофекана	kofekana
ristorante (m)	ресторан	restoran
birreria (f), pub (m)	сыракана	sırakana
pizzeria (f)	пиццерия	pitserija

salone (m) di parrucchiere	чач тарач	tʃatʃ taratʃ
ufficio (m) postale	почта	potʃta
lavanderia (f) a secco	химиялык тазалоо	χimijalık tazaloo
studio (m) fotografico	фотоателье	fotoatelje
negozio (m) di scarpe	бут кийим дүкөнү	but kijim dykøny

| libreria (f) | китеп дүкөнү | kitep dykøny |
| negozio (m) sportivo | спорт буюмдар дүкөнү | sport bujumdar dykøny |

riparazione (f) di abiti	кийим ондоочу жай	kijim ondootʃu dʒaj
noleggio (m) di abiti	кийимди ижарага берүү	kijimdi idʒaraga beryy
noleggio (m) di film	тасмаларды ижарага берүү	tasmalardı idʒaraga beryy

circo (m)	цирк	tsırk
zoo (m)	зоопарк	zoopark
cinema (m)	кинотеатр	kinoteatr
museo (m)	музей	muzej
biblioteca (f)	китепкана	kitepkana

teatro (m)	театр	teatr
teatro (m) dell'opera	опера	opera
locale notturno (m)	түнкү клуб	tynky klub
casinò (m)	казино	kazino

moschea (f)	мечит	metʃit
sinagoga (f)	синагога	sinagoga
cattedrale (f)	чон чиркөө	tʃoŋ tʃirkøø
tempio (m)	ибадаткана	ibadatkana
chiesa (f)	чиркөө	tʃirkøø

istituto (m)	коллеж	kolledʒ
università (f)	университет	universitet
scuola (f)	мектеп	mektep

prefettura (f)	префектура	prefektura
municipio (m)	мэрия	merija
albergo, hotel (m)	мейманкана	mejmankana
banca (f)	банк	bank

ambasciata (f)	элчилик	eltʃilik
agenzia (f) di viaggi	турагенттиги	turagenttigi
ufficio (m) informazioni	маалымат бюросу	maalımat burosu
ufficio (m) dei cambi	алмаштыруу пункту	almaʃtıruu punktu

| metropolitana (f) | метро | metro |
| ospedale (m) | оорукана | oorukana |

| distributore (m) di benzina | май куюучу станция | maj kujuutʃu stantsija |
| parcheggio (m) | унаа токтоочу жай | unaa toktootʃu dʒaj |

80. Cartelli

insegna (f) (di negozi, ecc.)	көрнөк	kørnøk
iscrizione (f)	жазуу	dʒazuu
cartellone (m)	көрнөк	kørnøk
segnale (m) di direzione	көрсөткүч	kørsøtkytʃ
freccia (f)	жебе	dʒebe
avvertimento (m)	экертме	ekertme
avviso (m)	эскертүү белгиси	eskertyy belgisi

avvertire, avvisare (vt)	эскертүү	eskertyy
giorno (m) di riposo	дем алыш күн	dem alıʃ kyn
orario (m)	ырааттама	ıraattama
orario (m) di apertura	иш сааттары	iʃ saattarı
BENVENUTI!	КОШ КЕЛИҢИЗДЕР!	koʃ keliŋizder!
ENTRATA	КИРҮҮ	kiryy
USCITA	ЧЫГУУ	tʃıguu
SPINGERE	ӨЗҮҢҮЗДӨН ТҮРТҮҢҮЗ	øzyŋyzdøn tyrtyŋyz
TIRARE	ӨЗҮҢҮЗГӨ ТАРТЫҢЫЗ	øzyŋyzgø tartıŋız
APERTO	АЧЫК	atʃık
CHIUSO	ЖАБЫК	dʒabık
DONNE	АЙЫМДАР ҮЧҮН	ajımdar ytʃyn
UOMINI	ЭРКЕКТЕР ҮЧҮН	erkekter ytʃyn
SCONTI	АРЗАНДАТУУЛАР	arzandatuular
SALDI	САТЫП ТҮГӨТҮҮ	satıp tygøtyy
NOVITÀ!	СААМАЛЫК!	saamalık!
GRATIS	БЕКЕР	beker
ATTENZIONE!	КӨҢҮЛ БУРУҢУЗ!	køŋyl buruŋuz!
COMPLETO	ОРУН ЖОК	orun dʒok
RISERVATO	КАМДЫК	kamdık
	БУЙРУТМАЛАГАН	bujrutmalagan
AMMINISTRAZIONE	АДМИНИСТРАЦИЯ	administratsija
RISERVATO	ЖААМАТ ҮЧҮН ГАНА	dʒaamat ytʃyn gana
AL PERSONALE		
ATTENTI AL CANE	КАБАНААК ИТ	kabanaak it
VIETATO FUMARE!	ТАМЕКИ ЧЕГҮҮГӨ	tameki tʃegyygø
	БОЛБОЙТ!	bolbojt!
NON TOCCARE	КОЛУҢАР МЕНЕН	koluŋar menen
	КАРМАБАГЫЛА!	karmabagıla!
PERICOLOSO	КООПТУУ	kooptuu
PERICOLO	КОРКУНУЧ	korkunutʃ
ALTA TENSIONE	ЖОГОРКУ ЧЫҢАЛУУ	dʒogorku tʃıŋaluu
DIVIETO DI BALNEAZIONE	СУУГА ТҮШҮҮГӨ	suuga tyʃyygø
	БОЛБОЙТ	bolbojt
GUASTO	ИШТЕБЕЙТ	iʃtebejt
INFIAMMABILE	ӨРТ ЧЫГУУ КОРКУНУЧУ	ørt tʃıguu korkunutʃu
VIETATO	ТЫЮУ САЛЫНГАН	tıjuu salıngan
VIETATO L'INGRESSO	ӨТҮҮГӨ БОЛБОЙТ	øtyygø bolbojt
VERNICE FRESCA	СЫРДАЛГАН	sırdalgan

81. Mezzi pubblici in città

autobus (m)	автобус	avtobus
tram (m)	трамвай	tramvaj
filobus (m)	троллейбус	trollejbus

| itinerario (m) | каттам | kattam |
| numero (m) | номер | nomer |

andare in ...	... жүрүү	... dʒyryy
salire (~ sull'autobus)	... отуруу	... oturuu
scendere da ...	... түшүп калуу	... tyʃyp kaluu

fermata (f) (~ dell'autobus)	аялдама	ajaldama
prossima fermata (f)	кийинки аялдама	kijinki ajaldama
capolinea (m)	акыркы аялдама	akırkı ajaldama
orario (m)	ырааттама	ıraattama
aspettare (vt)	күтүү	kytyy

| biglietto (m) | билет | bilet |
| prezzo (m) del biglietto | билеттин баасы | bilettin baası |

cassiere (m)	кассир	kassir
controllo (m) dei biglietti	текшерүү	tekʃeryy
bigliettaio (m)	текшерүүчү	tekʃeryytʃy

essere in ritardo	кечигүү	ketʃigyy
perdere (~ il treno)	кечигип калуу	ketʃigip kaluu
avere fretta	шашуу	ʃaʃuu

taxi (m)	такси	taksi
taxista (m)	такси айдоочу	taksi ajdootʃu
in taxi	таксиде	takside
parcheggio (m) di taxi	такси токтоочу жай	taksi toktootʃu dʒaj
chiamare un taxi	такси чакыруу	taksi tʃakıruu
prendere un taxi	такси кармоо	taksi karmoo

traffico (m)	көчө кыймылы	køtʃø kıjmılı
ingorgo (m)	тыгын	tıgın
ore (f pl) di punta	кызуу маал	kızuu maal
parcheggiarsi (vr)	токтотуу	toktotuu
parcheggiare (vt)	машинаны жайлаштыруу	maʃinanı dʒajlaʃtıruu
parcheggio (m)	унаа токтоочу жай	unaa toktootʃu dʒaj

metropolitana (f)	метро	metro
stazione (f)	бекет	beket
prendere la metropolitana	метродо жүрүү	metrodo dʒyryy
treno (m)	поезд	poezd
stazione (f) ferroviaria	вокзал	vokzal

82. Visita turistica

monumento (m)	эстелик	estelik
fortezza (f)	чеп	tʃep
palazzo (m)	сарай	saraj
castello (m)	сепил	sepil
torre (f)	мунара	munara
mausoleo (m)	күмбөз	kymbøz
architettura (f)	архитектура	arχitektura
medievale (agg)	орто кылымдык	orto kılımdık

antico (agg)	байыркы	bajırkı
nazionale (agg)	улуттук	uluttuk
famoso (agg)	таанымал	taanımal

turista (m)	турист	turist
guida (f)	гид	gid
escursione (f)	экскурсия	ekskursija
fare vedere	көрсөтүү	kørsøtyy
raccontare (vt)	айтып берүү	ajtıp beryy

trovare (vt)	табуу	tabuu
perdersi (vr)	адашып кетүү	adaʃıp ketyy
mappa (f) (~ della metropolitana)	схема	sxema
piantina (f) (~ della città)	план	plan

souvenir (m)	асембелек	asembelek
negozio (m) di articoli da regalo	асембелек дүкөнү	asembelek dykøny
fare foto	сүрөткө тартуу	syrøtkø tartuu
fotografarsi	сүрөткө түшүү	syrøtkø tyʃyy

83. Acquisti

comprare (vt)	сатып алуу	satıp aluu
acquisto (m)	сатып алуу	satıp aluu
fare acquisti	сатып алууга чыгуу	satıp aluuga tʃıguu
shopping (m)	базарчылоо	bazartʃıloo

essere aperto (negozio)	иштөө	iʃtøø
essere chiuso	жабылуу	dʒabıluu

calzature (f pl)	бут кийим	but kijim
abbigliamento (m)	кийим-кече	kijim-ketʃe
cosmetica (f)	упа-эндик	upa-endik
alimentari (m pl)	азык-түлүк	azık-tylyk
regalo (m)	белек	belek

commesso (m)	сатуучу	satuutʃu
commessa (f)	сатуучу кыз	satuutʃu kız

cassa (f)	касса	kassa
specchio (m)	күзгү	kyzgy
banco (m)	прилавок	prilavok
camerino (m)	кийим ченөөчү бөлмө	kijim tʃenøøtʃy bølmø

provare (~ un vestito)	кийим ченөө	kijim tʃenøø
stare bene (vestito)	ылайык келүү	ılajık kelyy
piacere (vi)	жактыруу	dʒaktıruu

prezzo (m)	баа	baa
etichetta (f) del prezzo	баа	baa
costare (vt)	туруу	turuu
Quanto?	Канча?	kantʃa?

sconto (m)	арзандатуу	arzandatuu
no muy caro (agg)	кымбат эмес	kımbat emes
a buon mercato	арзан	arzan
caro (agg)	кымбат	kımbat
È caro	Бул кымбат	bul kımbat

noleggio (m)	ижара	idʒara
noleggiare (~ un abito)	ижарага алуу	idʒaraga aluu
credito (m)	насыя	nasıja
a credito	насыяга алуу	nasıjaga aluu

84. Denaro

soldi (m pl)	акча	aktʃa
cambio (m)	алмаштыруу	almaʃtıruu
corso (m) di cambio	курс	kurs
bancomat (m)	банкомат	bankomat
moneta (f)	тыйын	tıjın

dollaro (m)	доллар	dollar
euro (m)	евро	evro

lira (f)	италиялык лира	italijalık lira
marco (m)	немис маркасы	nemis markası
franco (m)	франк	frank
sterlina (f)	фунт стерлинг	funt sterling
yen (m)	йена	jena

debito (m)	карыз	karız
debitore (m)	карыздар	karızdar
prestare (~ i soldi)	карызга берүү	karızga beryy
prendere in prestito	карызга алуу	karızga aluu

banca (f)	банк	bank
conto (m)	эсеп	esep
versare (vt)	салуу	saluu
versare sul conto	эсепке акча салуу	esepke aktʃa saluu
prelevare dal conto	эсептен акча чыгаруу	esepten aktʃa tʃıgaruu

carta (f) di credito	насыя картасы	nasıja kartası
contanti (m pl)	накталай акча	naktalaj aktʃa
assegno (m)	чек	tʃek
emettere un assegno	чек жазып берүү	tʃek dʒazıp beryy
libretto (m) di assegni	чек китепчеси	tʃek kiteptʃesi

portafoglio (m)	намыян	namıjan
borsellino (m)	капчык	kaptʃık
cassaforte (f)	сейф	sejf

erede (m)	мураскер	murasker
eredità (f)	мурас	muras
fortuna (f)	мүлк	mylk
affitto (m), locazione (f)	ижара	idʒara
canone (m) d'affitto	батир акысы	batir akısı

affittare (dare in affitto)	батирге алуу	batirge aluu
prezzo (m)	баа	baa
costo (m)	баа	baa
somma (f)	сумма	summa

spendere (vt)	коротуу	korotuu
spese (f pl)	чыгым	tʃɪgɪm
economizzare (vi, vt)	үнөмдөө	ynømdøø
economico (agg)	сарамжал	saramdʒal

pagare (vi, vt)	төлөө	tøløø
pagamento (m)	акы төлөө	akɪ tøløø
resto (m) (dare il ~)	кайтарылган майда акча	kajtarɪlgan majda aktʃa

imposta (f)	салык	salɪk
multa (f), ammenda (f)	айып	ajɪp
multare (vt)	айып пул салуу	ajɪp pul saluu

85. Posta. Servizio postale

ufficio (m) postale	почта	potʃta
posta (f) (lettere, ecc.)	почта	potʃta
postino (m)	кат ташуучу	kat taʃuutʃu
orario (m) di apertura	иш сааттары	iʃ saattarɪ

lettera (f)	кат	kat
raccomandata (f)	тапшырык кат	tapʃɪrɪk kat
cartolina (f)	открытка	otkrɪtka
telegramma (m)	телеграмма	telegramma
pacco (m) postale	посылка	posɪlka
vaglia (m) postale	акча котору	aktʃa kotoruu

ricevere (vt)	алуу	aluu
spedire (vt)	жөнөтүү	dʒønøtyy
invio (m)	жөнөтүү	dʒønøtyy

| indirizzo (m) | дарек | darek |
| codice (m) postale | индекс | indeks |

| mittente (m) | жөнөтүүчү | dʒønøtyytʃy |
| destinatario (m) | алуучу | aluutʃu |

| nome (m) | аты | atɪ |
| cognome (m) | фамилиясы | familijasɪ |

tariffa (f)	тариф	tarif
ordinario (agg)	жөнөкөй	dʒønøkøj
standard (agg)	үнөмдүү	ynømdyy

peso (m)	салмак	salmak
pesare (vt)	таразалоо	tarazaloo
busta (f)	конверт	konvert
francobollo (m)	марка	marka
affrancare (vt)	марка жабыштыруу	marka dʒabɪʃtɪruu

Abitazione. Casa

86. Casa. Abitazione

casa (f)	үй	yj
a casa	үйүндө	yjyndø
cortile (m)	эшик	eʃik
recinto (m)	тосмо	tosmo
mattone (m)	кыш	kıʃ
di mattoni	кыштан	kıʃtan
pietra (f)	таш	taʃ
di pietra	таш	taʃ
beton (m)	бетон	beton
di beton	бетон	beton
nuovo (agg)	жаңы	dʒaŋı
vecchio (agg)	эски	eski
fatiscente (edificio ~)	эскирген	eskirgen
moderno (agg)	заманбап	zamanbap
a molti piani	көп кабаттуу	køp kabattuu
alto (agg)	бийик	bijik
piano (m)	кабат	kabat
di un piano	бир кабаттуу	bir kabat
pianoterra (m)	ылдыйкы этаж	ıldıjkı etadʒ
ultimo piano (m)	үстүңкү этаж	ystyŋky etadʒ
tetto (m)	чатыр	tʃatır
ciminiera (f)	мор	mor
tegola (f)	чатыр карапа	tʃatır karapa
di tegole	карапалуу	karapaluu
soffitta (f)	чердак	tʃerdak
finestra (f)	терезе	tereze
vetro (m)	айнек	ajnek
davanzale (m)	текче	tektʃe
imposte (f pl)	терезе жапкычы	tereze dʒapkıtʃı
muro (m)	дубал	dubal
balcone (m)	балкон	balkon
tubo (m) pluviale	суу аккан түтүк	suu akkan tytyk
su, di sopra	өйдө	øjdø
andare di sopra	көтөрүлүү	køtørylyy
scendere (vi)	ылдый түшүү	ıldıj tyʃyy
trasferirsi (vr)	көчүү	køtʃyy

87. Casa. Ingresso. Ascensore

entrata (f)	подъезд	podʰjezd
scala (f)	тепкич	tepkitʃ
gradini (m pl)	тепкичтер	tepkitʃter
ringhiera (f)	тосмо	tosmo
hall (f) (atrio d'ingresso)	холл	χoll
cassetta (f) della posta	почта ящиги	potʃta jaʃtʃigi
secchio (m) della spazzatura	таштанды челеги	taʃtandı tʃelegi
scivolo (m) per la spazzatura	таштанды түтүгү	taʃtandı tytygy
ascensore (m)	лифт	lift
montacarichi (m)	жүк ташуучу лифт	dʒyk taʃuutʃu lift
cabina (f) di ascensore	кабина	kabina
prendere l'ascensore	лифтке түшүү	liftke tyʃyy
appartamento (m)	батир	batir
inquilini (m pl)	жашоочулар	dʒaʃootʃular
vicino (m)	кошуна	koʃuna
vicina (f)	кошуна	koʃuna
vicini (m pl)	кошуналар	koʃunalar

88. Casa. Elettricità

elettricità (f)	электр кубаты	elektr kubatı
lampadina (f)	чырак	tʃırak
interruttore (m)	өчүргүч	øtʃyrgytʃ
fusibile (m)	эриме сактагыч	erime saktagıtʃ
filo (m)	зым	zım
impianto (m) elettrico	электр зымы	elektr zımı
contatore (m) dell'elettricità	электр эсептегич	elektr eseptegitʃ
lettura, indicazione (f)	көрсөтүү ченем	kørsøtyy tʃenem

89. Casa. Porte. Serrature

porta (f)	эшик	eʃik
cancello (m)	дарбаза	darbaza
maniglia (f)	тутка	tutka
togliere il catenaccio	кулпусун ачуу	kulpusun atʃuu
aprire (vt)	ачуу	atʃuu
chiudere (vt)	жабуу	dʒabuu
chiave (f)	ачкыч	atʃkıtʃ
mazzo (m)	ачкычтар тизмеси	atʃkıtʃtar tizmesi
cigolare (vi)	кычыратуу	kıtʃıratuu
cigolio (m)	чыйкылдоо	tʃıjkıldoo
cardine (m)	петля	petlʲa
zerbino (m)	килемче	kilemtʃe
serratura (f)	кулпу	kulpu

buco (m) della serratura	кулпу тешиги	kulpu teʃigi
chiavistello (m)	бекитме	bekitme
catenaccio (m)	тээк	teek
lucchetto (m)	асма кулпу	asḿa kulpu

suonare (~ il campanello)	чалуу	tʃaluu
suono (m)	шыӊгыраш	ʃiŋgiraʃ
campanello (m)	конгуроо	konguroo
pulsante (m)	конгуроо баскычы	konguroo baskıtʃı
bussata (f)	такылдатуу	takıldatuu
bussare (vi)	такылдатуу	takıldatuu

codice (m)	код	kod
serratura (f) a codice	код кулпусу	kod kulpusu
citofono (m)	домофон	domofon
numero (m) (~ civico)	номер	nomer
targhetta (f) di porta	тактача	taktatʃa
spioncino (m)	көзчө	køztʃø

90. Casa di campagna

villaggio (m)	кыштак	kıʃtak
orto (m)	чарбак	tʃarbak
recinto (m)	тосмо	tosmo
steccato (m)	кашаа	kaʃaa
cancelletto (m)	каалга	kaalga

granaio (m)	кампа	kampa
cantina (f), scantinato (m)	ороо	oroo
capanno (m)	сарай	saraj
pozzo (m)	кудук	kuduk

stufa (f)	меш	meʃ
attizzare (vt)	меш жагуу	meʃ dʒaguu
legna (f) da ardere	отун	otun
ciocco (m)	бир кертим жыгач	bir kertim dʒıgatʃ

veranda (f)	веранда	veranda
terrazza (f)	терасса	terassa
scala (f) d'ingresso	босого	bosogo
altalena (f)	селкинчек	selkintʃek

91. Villa. Palazzo

casa (f) di campagna	шаар четиндеги үй	ʃaar tʃetindegi yj
villa (f)	вилла	villa
ala (f)	канат	kanat
giardino (m)	бакча	baktʃa
parco (m)	сейил багы	sejil bagı
serra (f)	күнөскана	kynøskana
prendersi cura (~ del giardino)	кароо	karoo

piscina (f)	бассейн	bassejn
palestra (f)	машыгуу залы	maʃɪguu zalɪ
campo (m) da tennis	теннис корту	tennis kortu
home cinema (m)	кинотеатр	kinoteatr
garage (m)	гараж	garadʒ
proprietà (f) privata	жеке менчик	dʒeke mentʃik
terreno (m) privato	жеке ээликте	dʒeke eelikte
avvertimento (m)	эскертүү	eskertyy
cartello (m) di avvertimento	эскертүү белгиси	eskertyy belgisi
sicurezza (f)	күзөт	kyzøt
guardia (f) giurata	кароолчу	karooltʃu
allarme (f) antifurto	сигнализация	signalizaʦija

92. Castello. Reggia

castello (m)	сепил	sepil
palazzo (m)	сарай	saraj
fortezza (f)	чеп	tʃep
muro (m)	дубал	dubal
torre (f)	мунара	munara
torre (f) principale	баш мунара	baʃ munara
saracinesca (f)	көтөрүлүүчү дарбаза	køtørylyytʃy darbaza
tunnel (m)	жер астындагы жол	dʒer astɪndagɪ dʒol
fossato (m)	сепил аңгеги	sepil aŋgegi
catena (f)	чынжыр	tʃɪndʒɪr
feritoia (f)	атуучу тешик	atuutʃu teʃik
magnifico (agg)	сонун	sonun
maestoso (agg)	даңазалуу	daŋazaluu
inespugnabile (agg)	бекем чеп	bekem tʃep
medievale (agg)	орто кылымдык	orto kɪlɪmdɪk

93. Appartamento

appartamento (m)	батир	batir
camera (f), stanza (f)	бөлмө	bølmø
camera (f) da letto	уктоочу бөлмө	uktootʃu bølmø
sala (f) da pranzo	ашкана	aʃkana
salotto (m)	конок үйү	konok yjy
studio (m)	иш бөлмөсү	iʃ bølmøsy
ingresso (m)	кире бериш	kire beriʃ
bagno (m)	ванная	vannaja
gabinetto (m)	даараткана	daaratkana
soffitto (m)	шып	ʃɪp
pavimento (m)	пол	pol
angolo (m)	бурч	burtʃ

94. Appartamento. Pulizie

pulire (vt)	жыйноо	dʒɪjnoo
mettere via	жыйноо	dʒɪjnoo
polvere (f)	чаң	tʃaŋ
impolverato (agg)	чаң баскан	tʃaŋ baskan
spolverare (vt)	чаң сүртүү	tʃaŋ syrtyy
aspirapolvere (m)	чаң соргуч	tʃaŋ sorgutʃ
passare l'aspirapolvere	чаң сордуруу	tʃaŋ sorduruu
spazzare (vi, vt)	шыпыруу	ʃɪpɪruu
spazzatura (f)	шыпырынды	ʃɪpɪrɪndɪ
ordine (m)	иреттелген	irettelgen
disordine (m)	чачылган	tʃatʃɪlgan
frettazzo (m)	швабра	ʃvabra
strofinaccio (m)	чүпүрөк	tʃypyrøk
scopa (f)	шыпыргы	ʃɪpɪrgɪ
paletta (f)	калак	kalak

95. Arredamento. Interno

mobili (m pl)	эмерек	emerek
tavolo (m)	стол	stol
sedia (f)	стул	stul
letto (m)	керебет	kerebet
divano (m)	диван	divan
poltrona (f)	олпок отургуч	olpok oturgutʃ
libreria (f)	китеп шкафы	kitep ʃkafɪ
ripiano (m)	текче	tektʃe
armadio (m)	шкаф	ʃkaf
attaccapanni (m) da parete	кийим илгич	kijim ilgitʃ
appendiabiti (m) da terra	кийим илгич	kijim ilgitʃ
comò (m)	комод	komod
tavolino (m) da salotto	журнал столу	dʒurnal stolu
specchio (m)	күзгү	kyzgy
tappeto (m)	килем	kilem
tappetino (m)	килемче	kilemtʃe
camino (m)	очок	otʃok
candela (f)	шам	ʃam
candeliere (m)	шамдал	ʃamdal
tende (f pl)	парда	parda
carta (f) da parati	туш кагаз	tuʃ kagaz
tende (f pl) alla veneziana	жалюзи	dʒaldʒʉzi
lampada (f) da tavolo	стол чырагы	stol tʃɪragɪ
lampada (f) da parete	чырак	tʃɪrak

lampada (f) a stelo	торшер	torʃer
lampadario (m)	асма шам	asma ʃam

gamba (f)	бут	but
bracciolo (m)	чыканак такооч	tʃıkanak takootʃ
spalliera (f)	жөлөнгүч	dʒøløngytʃ
cassetto (m)	суурма	suurma

96. Biancheria da letto

biancheria (f) da letto	шейшеп	ʃejʃep
cuscino (m)	жаздык	dʒazdık
federa (f)	жаздык кап	dʒazdık kap
coperta (f)	жууркан	dʒuurkan
lenzuolo (m)	шейшеп	ʃejʃep
copriletto (m)	жапкыч	dʒapkıtʃ

97. Cucina

cucina (f)	ашкана	aʃkana
gas (m)	газ	gaz
fornello (m) a gas	газ плитасы	gaz plitası
fornello (m) elettrico	электр плитасы	elektr plitası
forno (m)	духовка	duχovka
forno (m) a microonde	микротолкун меши	mikrotolkun meʃi

frigorifero (m)	муздаткыч	muzdatkıtʃ
congelatore (m)	тоңдургуч	toŋdurgutʃ
lavastoviglie (f)	идиш жуучу машина	idiʃ dʒuutʃu maʃina

tritacarne (m)	эт туурагыч	et tuuragıtʃ
spremifrutta (m)	шире сыккыч	ʃire sıkkıtʃ
tostapane (m)	тостер	toster
mixer (m)	миксер	mikser

macchina (f) da caffè	кофе кайнаткыч	kofe kajnatkıtʃ
caffettiera (f)	кофе кайнатуучу идиш	kofe kajnatuutʃu idiʃ
macinacaffè (m)	кофе майдалагыч	kofe majdalagıtʃ

bollitore (m)	чайнек	tʃajnek
teiera (f)	чайнек	tʃajnek
coperchio (m)	капкак	kapkak
colino (m) da tè	чыпка	tʃıpka

cucchiaio (m)	кашык	kaʃık
cucchiaino (m) da tè	чай кашык	tʃaj kaʃık
cucchiaio (m)	аш кашык	aʃ kaʃık
forchetta (f)	вилка	vilka
coltello (m)	бычак	bıtʃak

stoviglie (f pl)	идиш-аяк	idiʃ-ajak
piatto (m)	табак	tabak

piattino (m)	табак	tabak
cicchetto (m)	рюмка	rumka
bicchiere (m) (~ d'acqua)	ыстакан	ıstakan
tazzina (f)	чөйчөк	tʃøjtʃøk

zuccheriera (f)	кум шекер салгыч	kum ʃeker salgıtʃ
saliera (f)	туз салгыч	tuz salgıtʃ
pepiera (f)	мурч салгыч	murtʃ salgıtʃ
burriera (f)	май салгыч	maj salgıtʃ

pentola (f)	мискей	miskej
padella (f)	табак	tabak
mestolo (m)	чөмүч	tʃømytʃ
colapasta (m)	депкир	depkir
vassoio (m)	батыныс	batınıs

bottiglia (f)	бөтөлкө	bøtølkø
barattolo (m) di vetro	банка	banka
latta, lattina (f)	банка	banka

apribottiglie (m)	ачкыч	atʃkıtʃ
apriscatole (m)	ачкыч	atʃkıtʃ
cavatappi (m)	штопор	ʃtopor
filtro (m)	чыпка	tʃıpka
filtrare (vt)	чыпкалоо	tʃıpkaloo

spazzatura (f)	таштанды	taʃtandı
pattumiera (f)	таштанды чака	taʃtandı tʃaka

98. Bagno

bagno (m)	ванная	vannaja
acqua (f)	суу	suu
rubinetto (m)	чорго	tʃorgo
acqua (f) calda	ысык суу	ısık suu
acqua (f) fredda	муздак суу	muzdak suu

dentifricio (m)	тиш пастасы	tiʃ pastası
lavarsi i denti	тиш жуу	tiʃ dʒuu
spazzolino (m) da denti	тиш щёткасы	tiʃ ʃtʃʼotkası

rasarsi (vr)	кырынуу	kırınuu
schiuma (f) da barba	кырынуу үчүн көбүк	kırınuu ytʃyn købyk
rasoio (m)	устара	ustara

lavare (vt)	жуу	dʒuu
fare un bagno	жуунуу	dʒuunuu
doccia (f)	душ	duʃ
fare una doccia	душка түшүү	duʃka tyʃyy

vasca (f) da bagno	ванна	vanna
water (m)	унитаз	unitaz
lavandino (m)	раковина	rakovina
sapone (m)	самын	samın

porta (m) sapone	самын салгыч	samın salgıtʃ
spugna (f)	губка	gubka
shampoo (m)	шампунь	ʃampunʲ
asciugamano (m)	сүлгү	sylgy
accappatoio (m)	халат	χalat

bucato (m)	кир жуу	kir dʒuu
lavatrice (f)	кир жуучу машина	kir dʒuutʃu maʃina
fare il bucato	кир жуу	kir dʒuu
detersivo (m) per il bucato	кир жуучу порошок	kir dʒuutʃu poroʃok

99. Elettrodomestici

televisore (m)	сыналгы	sınalgı
registratore (m) a nastro	магнитофон	magnitofon
videoregistratore (m)	видеомагнитофон	videomagnitofon
radio (f)	үналгы	ynalgı
lettore (m)	плеер	pleer

videoproiettore (m)	видеопроектор	videoproektor
home cinema (m)	үй кинотеатры	yj kinoteatrı
lettore (m) DVD	DVD ойноткуч	dividi ojnotkutʃ
amplificatore (m)	күчөткүч	kytʃøtkytʃ
console (f) video giochi	оюн приставкасы	ojʉn pristavkası

videocamera (f)	видеокамера	videokamera
macchina (f) fotografica	фотоаппарат	fotoapparat
fotocamera (f) digitale	санарип камерасы	sanarip kamerası

aspirapolvere (m)	чаң соргуч	tʃaŋ sorgutʃ
ferro (m) da stiro	үтүк	ytyk
asse (f) da stiro	үтүктөөчү тактай	ytyktøøtʃy taktaj

telefono (m)	телефон	telefon
telefonino (m)	мобилдик	mobildik
macchina (f) da scrivere	машинка	maʃinka
macchina (f) da cucire	кийим тигүүчү машинка	kijim tigyytʃy maʃinka

microfono (m)	микрофон	mikrofon
cuffia (f)	кулакчын	kulaktʃın
telecomando (m)	пульт	pulʲt

CD (m)	CD, компакт-диск	sidi, kompakt-disk
cassetta (f)	кассета	kasseta
disco (m) (vinile)	пластинка	plastinka

100. Riparazioni. Restauro

lavori (m pl) di restauro	ремонт	remont
rinnovare (ridecorare)	ремонт жасоо	remont dʒasoo
riparare (vt)	оңдоо	oŋdoo
mettere in ordine	иретке келтирүү	iretke keltiryy

rifare (vt)	кайра жасатуу	kajra dʒasatuu
pittura (f)	сыр	sır
pitturare (~ un muro)	боео	boeo
imbianchino (m)	боекчу	boektʃu
pennello (m)	кисть	kistⁱ

imbiancatura (f)	акиташ	akitaʃ
imbiancare (vt)	актоо	aktoo

carta (f) da parati	туш кагаз	tuʃ kagaz
tappezzare (vt)	туш кагаз менен чаптоо	tuʃ kagaz menen tʃaptoo
vernice (f)	лак	lak
verniciare (vt)	лак менен жабуу	lak menen dʒabuu

101. Impianto idraulico

acqua (f)	суу	suu
acqua (f) calda	ысык суу	ısık suu
acqua (f) fredda	муздак суу	muzdak suu
rubinetto (m)	чорго	tʃorgo

goccia (f)	тамчы	tamtʃı
gocciolare (vi)	тамчылоо	tamtʃıloo
perdere (il tubo, ecc.)	агуу	aguu
perdita (f) (~ dai tubi)	суу өтүү	suu øtyy
pozza (f)	көлчүк	køltʃyk

tubo (m)	түтүк	tytyk
valvola (f)	чорго	tʃorgo
intasarsi (vr)	тыгылуу	tıgıluu

strumenti (m pl)	аспаптар	aspaptar
chiave (f) inglese	бурама ачкыч	burama atʃkıtʃ
svitare (vt)	бурап чыгаруу	burap tʃıgaruu
avvitare (stringere)	бурап бекитүү	burap bekityy

stasare (vt)	тазалоо	tazaloo
idraulico (m)	сантехник	santeχnik
seminterrato (m)	жер асты	dʒer astı
fognatura (f)	канализация	kanalizatsija

102. Incendio. Conflagrazione

fuoco (m)	өрт	ørt
fiamma (f)	жалын	dʒalın
scintilla (f)	учкун	utʃkun
fumo (m)	түтүн	tytyn
fiaccola (f)	шамана	ʃamana
falò (m)	от	ot

benzina (f)	күйүүчү май	kyjyytʃy may
cherosene (m)	керосин	kerosin

combustibile (agg)	күйүүчү	kyjyytʃy
esplosivo (agg)	жарылуу коркунучу	dʒarıluu korkunutʃu
VIETATO FUMARE!	ТАМЕКИ ЧЕГҮҮГӨ БОЛБОЙТ!	tameki tʃegyygø bolbojt!

sicurezza (f)	коопсуз	koopsuz
pericolo (m)	коркунуч	korkunutʃ
pericoloso (agg)	кооптуу	kooptuu

prendere fuoco	от алуу	ot aluu
esplosione (f)	жарылуу	dʒarıluu
incendiare (vt)	өрттөө	ørttøø
incendiario (m)	өрттөөчү	ørttøøtʃy
incendio (m) doloso	өрттөө	ørttøø

divampare (vi)	жалындап күйүү	dʒalındap kyjyy
bruciare (vi)	күйүү	kyjyy
bruciarsi (vr)	күйүп кетүү	kyjyp ketyy

chiamare i pompieri	өрт өчүргүчтөрдү чакыруу	ørt øtʃyrgytʃtørdy tʃakıruu
pompiere (m)	өрт өчүргүч	ørt øtʃyrgytʃ
autopompa (f)	өрт өчүрүүчү машина	ørt øtʃyryytʃy maʃina
corpo (m) dei pompieri	өрт өчүрүү командасы	ørt øtʃyryy komandası
autoscala (f) da pompieri	өрт өчүрүүчү шаты	ørt øtʃyryytʃy ʃatı

manichetta (f)	шланг	ʃlang
estintore (m)	өрт өчүргүч	ørt øtʃyrgytʃ
casco (m)	каска	kaska
sirena (f)	сирена	sirena

gridare (vi)	айгай салуу	ajgaj saluu
chiamare in aiuto	жардамга чакыруу	dʒardamga tʃakıruu
soccorritore (m)	куткаруучу	kutkaruutʃu
salvare (vt)	куткаруу	kutkaruu

arrivare (vi)	келүү	kelyy
spegnere (vt)	өчүрүү	øtʃyryy
acqua (f)	суу	suu
sabbia (f)	кум	kum

rovine (f pl)	уранды	urandı
crollare (edificio)	уроо	uroo
cadere (vi)	кулоо	kuloo
collassare (vi)	урап тушүү	urap tuʃyy

| frammento (m) | сынык | sınık |
| cenere (f) | күл | kyl |

| asfissiare (vi) | тумчугуу | tumtʃuguu |
| morire, perire (vi) | өлүү | ølyy |

ATTIVITÀ UMANA

Lavoro. Affari. Parte 1

103. Ufficio. Lavorare in ufficio

uffici (m pl) (gli ~ della società)	офис	ofis
ufficio (m)	кабинет	kabinet
portineria (f)	кабыл алуу катчысы	kabıl aluu kattʃısı
segretario (m)	катчы	kattʃı
segretaria (f)	катчы аял	kattʃı ajal
direttore (m)	директор	direktor
manager (m)	башкаруучу	baʃkaruutʃu
contabile (m)	бухгалтер	buχgalter
impiegato (m)	кызматкер	kızmatker
mobili (m pl)	эмерек	emerek
scrivania (f)	стол	stol
poltrona (f)	кресло	kreslo
cassettiera (f)	үкөк	ykøk
appendiabiti (m) da terra	кийим илгич	kijim ilgitʃ
computer (m)	компьютер	kompjʉter
stampante (f)	принтер	printer
fax (m)	факс	faks
fotocopiatrice (f)	көчүрүүчү аппарат	køtʃyryytʃy apparat
carta (f)	кагаз	kagaz
cancelleria (f)	кеңсе буюмдары	keŋse bujʉmdarı
tappetino (m) del mouse	килемче	kilemtʃe
foglio (m)	баракча	baraktʃa
cartella (f)	папка	papka
catalogo (m)	каталог	katalog
elenco (m) del telefono	абоненттердин тизмеси	abonentterdin tizmesi
documentazione (f)	документтер	dokumentter
opuscolo (m)	китепче	kiteptʃe
volantino (m)	баракча	baraktʃa
campione (m)	үлгү	ylgy
formazione (f)	окутуу	okutuu
riunione (f)	кеңеш	keŋeʃ
pausa (f) pranzo	түшкү танапис	tyʃky tanapis
copiare (vt)	көчүрмө алуу	køtʃyrmø aluu
fare copie	көбөйтүү	købøjtyy
ricevere un fax	факс алуу	faks aluu
spedire un fax	факс жөнөтүү	faks dʒønøtyy

telefonare (vi, vt)	чалуу	tʃaluu
rispondere (vi, vt)	жооп берүү	dʒoop beryy
passare (glielo passo)	байланыштыруу	bajlanıʃtıruu

fissare (organizzare)	уюштуруу	ujuʃturuu
dimostrare (vt)	көрсөтүү	kørsøtyy
essere assente	келбей калуу	kelbej kaluu
assenza (f)	барбай калуу	barbaj kaluu

104. Operazioni d'affari. Parte 1

attività (f)	иш	iʃ
occupazione (f)	жумуш	dʒumuʃ

ditta (f)	фирма	firma
compagnia (f)	компания	kompanija
corporazione (f)	корпорация	korporatsija
impresa (f)	ишкана	iʃkana
agenzia (f)	агенттик	agenttik

accordo (m)	келишим	keliʃim
contratto (m)	контракт	kontrakt
affare (m)	бүтүм	bytym
ordine (m) (ordinazione)	буйрутма	bujrutma
termine (m) dell'accordo	шарт	ʃart

all'ingrosso	дүңү менен	dyŋy menen
all'ingrosso (agg)	дүңүнөн	dyŋynøn
vendita (f) all'ingrosso	дүң соода	dyŋ sooda
al dettaglio (agg)	чекене	tʃekene
vendita (f) al dettaglio	чекене соода	tʃekene sooda

concorrente (m)	атаандаш	ataandaʃ
concorrenza (f)	атаандаштык	ataandaʃtık
competere (vi)	атаандашуу	ataandaʃuu

socio (m), partner (m)	өнөктөш	ønøktøʃ
partenariato (m)	өнөктөштүк	ønøktøʃtyk

crisi (f)	каатчылык	kaattʃılık
bancarotta (f)	кудуретсиздик	kuduretsizdik
fallire (vi)	кудуретсиз калуу	kuduretsiz kaluu
difficoltà (f)	кыйынчылык	kıjıntʃılık
problema (m)	кейгөй	køjgøj
disastro (m)	киши көрбөсүн	kiʃi kørbøsyn

economia (f)	экономика	ekonomika
economico (agg)	экономикалык	ekonomikalık
recessione (f) economica	экономикалык төмөндөө	ekonomikalık tømøndøø

scopo (m), obiettivo (m)	максат	maksat
incarico (m)	маселе	masele
commerciare (vi)	соодалашуу	soodalaʃuu
rete (f) (~ di distribuzione)	тармак	tarmak

giacenza (f)	кампа	kampa
assortimento (m)	ассортимент	assortiment
leader (m), capo (m)	алдыңкы катардагы	aldıŋkı katardagı
grande (agg)	ири	iri
monopolio (m)	монополия	monopolija
teoria (f)	теория	teorija
pratica (f)	тажрыйба	tadʒrıjba
esperienza (f)	тажрыйба	tadʒrıjba
tendenza (f)	умтулуу	umtuluu
sviluppo (m)	өнүгүү	ønygyy

105. Operazioni d'affari. Parte 2

profitto (m)	пайда	pajda
profittevole (agg)	майнаптуу	majnaptuu
delegazione (f)	делегация	delegatsija
stipendio (m)	кызмат акы	kızmat akı
correggere (vt)	түзөтүү	tyzøtyy
viaggio (m) d'affari	иш сапар	iʃ sapar
commissione (f)	комиссия	komissija
controllare (vt)	башкаруу	baʃkaruu
conferenza (f)	иш жыйын	iʃ dʒıjın
licenza (f)	лицензия	litsenzija
affidabile (agg)	ишеничтүү	iʃenitʃtyy
iniziativa (f) (progetto nuovo)	демилге	demilge
norma (f)	стандарт	standart
circostanza (f)	жагдай	dʒagdaj
mansione (f)	милдет	mildet
impresa (f)	уюм	ujʉm
organizzazione (f)	уюштуруу	ujʉʃturuu
organizzato (agg)	уюштурулган	ujʉʃturulgan
annullamento (m)	токтотуу	toktotuu
annullare (vt)	жокко чыгаруу	dʒokko tʃıgaruu
rapporto (m) (~ ufficiale)	отчет	ottʃet
brevetto (m)	патент	patent
brevettare (vt)	патентөө	patentøø
pianificare (vt)	пландаштыруу	plandaʃtıruu
premio (m)	сыйлык	sıjlık
professionale (agg)	кесипкөй	kesipkøj
procedura (f)	тартип	tartip
esaminare (~ un contratto)	карап чыгуу	karap tʃıguu
calcolo (m)	эсеп-кысап	esep-kısap
reputazione (f)	аброй	abroj
rischio (m)	тобокел	tobokel
dirigere (~ un'azienda)	башкаруу	baʃkaruu

informazioni (f pl)	маалымат	maalımat
proprietà (f)	менчик	mentʃik
unione (f) (~ Italiana Vini, ecc.)	бирикме	birikme

assicurazione (f) sulla vita	жашоону камсыздандыруу	dʒaʃoonu kamsızdandıruu
assicurare (vt)	камсыздандыруу	kamsızdandıruu
assicurazione (f)	камсыздандыруу	kamsızdandıruu

asta (f)	тоорук	tooruk
avvisare (informare)	билдирүү	bildiryy
gestione (f)	башкаруу	baʃkaruu
servizio (m)	кызмат	kızmat

forum (m)	форум	forum
funzionare (vi)	иш-милдетти аткаруу	iʃ-mildetti atkaruu
stadio (m) (fase)	кадам	kadam
giuridico (agg)	укуктуу	ukuktuu
esperto (m) legale	юрист	jɯrist

106. Attività produttiva. Lavori

stabilimento (m)	завод	zavod
fabbrica (f)	фабрика	fabrika
officina (f) di produzione	цех	tsex
stabilimento (m)	өндүрүш	øndyryʃ

industria (f)	өнөр-жай	ønør-dʒaj
industriale (agg)	өнөр-жай	ønør-dʒaj
industria (f) pesante	оор өнөр-жай	oor ønør-dʒaj
industria (f) leggera	жеңил өнөр-жай	dʒeɲil ønør-dʒaj

prodotti (m pl)	өндүрүм	øndyrym
produrre (vt)	өндүрүү	øndyryy
materia (f) prima	чийки зат	tʃijki zat

caposquadra (m)	бригадир	brigadir
squadra (f)	бригада	brigada
operaio (m)	жумушчу	dʒumuʃtʃu

giorno (m) lavorativo	иш күнү	iʃ kyny
pausa (f)	тыныгуу	tınıguu
riunione (f)	чогулуш	tʃoguluʃ
discutere (~ di un problema)	талкуулоо	talkuuloo

piano (m)	план	plan
eseguire il piano	планды аткаруу	plandı atkaruu
tasso (m) di produzione	иштеп чыгаруу коюму	iʃtep tʃıgaruu kojɯmu
qualità (f)	сапат	sapat
controllo (m)	текшерүү	tekʃeryy
controllo (m) di qualità	сапат текшерүү	sapat tekʃeryy
sicurezza (f) sul lavoro	эмгек коопсуздугу	emgek koopsuzdugu
disciplina (f)	тартип	tartip

infrazione (f)	бузуу	buzuu
violare (~ le regole)	бузуу	buzuu

sciopero (m)	ишти калтыруу	iʃti kaltıruu
scioperante (m)	иш калтыргыч	iʃ kaltırgıʧ
fare sciopero	ишти калтыруу	iʃti kaltıruu
sindacato (m)	профсоюз	profsojʉz

inventare (vt)	ойлоп табуу	ojlop tabuu
invenzione (f)	ойлоп табылган нерсе	ojlop tabılgan nerse
ricerca (f)	изилдөө	izildøø
migliorare (vt)	жакшыртуу	dʒakʃırtuu
tecnologia (f)	технология	teχnologija
disegno (m) tecnico	чийме	ʧijme

carico (m)	жүк	dʒyk
caricatore (m)	жүк ташуучу	dʒyk taʃuuʧu
caricare (~ un camion)	жүктөө	dʒyktøø
caricamento (m)	жүктөө	dʒyktøø
scaricare (vt)	жүк түшүрүү	dʒyk tyʃuryy
scarico (m)	жүк түшүрүү	dʒyk tyʃyryy

trasporto (m)	транспорт	transport
società (f) di trasporti	транспорттук компания	transporttuk kompanija
trasportare (vt)	транспорт менен ташуу	transport menen taʃuu

vagone (m) merci	вагон	vagon
cisterna (f)	цистерна	tsısterna
camion (m)	жүк ташуучу машина	dʒyk taʃuuʧu maʃina

macchina (f) utensile	станок	stanok
meccanismo (m)	механизм	meχanizm

rifiuti (m pl) industriali	таштандылар	taʃtandılar
imballaggio (m)	таңгактоо	taŋgaktoo
imballare (vt)	таңгактоо	taŋgaktoo

107. Contratto. Accordo

contratto (m)	контракт	kontrakt
accordo (m)	макулдашуу	makuldaʃuu
allegato (m)	тиркеме	tirkeme

firmare un contratto	контракт түзүү	kontrakt tyzyy
firma (f)	кол тамга	kol tamga
firmare (vt)	кол коюу	kol kojʉu
timbro (m) (su documenti)	мөөр	møør

oggetto (m) del contratto	келишимдин предмети	keliʃimdin predmeti
clausola (f)	пункт	punkt
parti (f pl) (in un contratto)	тараптар	taraptar
sede (f) legale	юридикалык дарек	jʉridikalık darek
sciogliere un contratto	контрактты бузуу	kontrakttı buzuu
obbligo (m)	милдеттенме	mildettenme

responsabilità (f)	жоопкерчилик	dʒoopkertʃilik
forza (f) maggiore	форс-мажор	fors-madʒor
discussione (f)	талаш	talaʃ
sanzioni (f pl)	жаза чаралары	dʒaza tʃaraları

108. Import-export

importazione (f)	импорт	import
importatore (m)	импорттоочу	importtootʃu
importare (vt)	импорттоо	importtoo
d'importazione (agg)	импорт	import

esportazione (f)	экспорт	eksport
esportatore (m)	экспорттоочу	eksporttootʃu
esportare (vt)	экспорттоо	eksporttoo
d'esportazione (agg)	экспорт	eksport

| merce (f) | товар | tovar |
| carico (m) | жүк тобу | dʒyk tobu |

peso (m)	салмак	salmak
volume (m)	келем	køløm
metro (m) cubo	куб метр	kub metr

produttore (m)	өндүрүүчү	øndyryytʃy
società (f) di trasporti	транспорттук компания	transporttuk kompanija
container (m)	контейнер	kontejner

frontiera (f)	чек ара	tʃek ara
dogana (f)	бажыкана	badʒıkana
dazio (m) doganale	бажы салык	badʒı salık
doganiere (m)	бажы кызматкери	badʒı kızmatkeri
contrabbando (m)	контрабанда	kontrabanda
merci (f pl) contrabbandate	контрабанда	kontrabanda

109. Mezzi finanziari

azione (f)	акция	aktsija
obbligazione (f)	баалуу кагаздар	baaluu kagazdar
cambiale (f)	вексель	vekselʲ

| borsa (f) | биржа | birdʒa |
| quotazione (f) | акциялар курсу | aktsijalar kursu |

| diminuire di prezzo | арзандоо | arzandoo |
| aumentare di prezzo | кымбаттоо | kımbattoo |

| quota (f) | үлүш | ylyʃ |
| pacchetto (m) di maggioranza | башкаруучу пакет | baʃkaruutʃu paket |

| investimento (m) | салым | salım |
| investire (vt) | салым кылуу | salım kıluu |

percento (m)	пайыз	pajız
interessi (m pl)	пайыз менен пайда	pajız menen pajda
(su investimenti)		

profitto (m)	пайда	pajda
redditizio (agg)	майнаптуу	majnaptuu
imposta (f)	салык	salık

valuta (f) (~ estera)	валюта	valɥta
nazionale (agg)	улуттук	uluttuk
cambio (m) (~ valuta)	алмаштыруу	almaʃtıruu

contabile (m)	бухгалтер	buχgalter
ufficio (m) contabilità	бухгалтерия	buχgalterija

bancarotta (f)	кудуретсиздик	kuduretsizdik
fallimento (m)	кыйроо	kıjroo
rovina (f)	жакырдануу	dʒakırdanuu
andare in rovina	жакырдануу	dʒakırdanuu
inflazione (f)	инфляция	inflʲatsija
svalutazione (f)	девальвация	devalʲvatsija

capitale (m)	капитал	kapital
reddito (m)	киреше	kireʃe
giro (m) di affari	жүгүртүлүш	dʒygyrtylyʃ
risorse (f pl)	такоолдор	takooldor
mezzi (m pl) finanziari	акча каражаттары	aktʃa karadʒattarı

spese (f pl) generali	кошумча чыгашалар	koʃumtʃa tʃıgaʃalar
ridurre (~ le spese)	кыскартуу	kıskartuu

110. Marketing

marketing (m)	базар таануу	bazar taanuu
mercato (m)	базар	bazar
segmento (m) di mercato	базар сегменти	bazar segmenti
prodotto (m)	өнүм	ønym
merce (f)	товар	tovar

marca (f)	соода маркасы	sooda markası
marchio (m) di fabbrica	соода маркасы	sooda markası
logotipo (m)	фирмалык белги	firmalık belgi
logo (m)	логотип	logotip

domanda (f)	талап	talap
offerta (f)	сунуш	sunuʃ
bisogno (m)	керек	kerek
consumatore (m)	керектөөчү	kerektøøtʃy

analisi (f)	талдоо	taldoo
analizzare (vt)	талдоо	taldoo
posizionamento (m)	турак табуу	turak tabuu
posizionare (vt)	турак табуу	turak tabuu
prezzo (m)	баа	baa

| politica (f) dei prezzi | баа саясаты | baa sajasatı |
| determinazione (f) dei prezzi | баа чыгаруу | baa tʃıgaruu |

111. Pubblicità

pubblicità (f)	жарнама	dʒarnama
pubblicizzare (vt)	жарнамалоо	dʒarnamaloo
bilancio (m) (budget)	бюджет	budʒet

annuncio (m)	жарнама	dʒarnama
pubblicità (f) televisiva	теле жарнама	tele dʒarnama
pubblicità (f) radiofonica	радио жарнама	radio dʒarnama
pubblicità (f) esterna	сырткы жарнама	sırtkı dʒarnama

mass media (m pl)	масс медия	mass medija
periodico (m)	мезгилдүү басылма	mezgildyy basılma
immagine (f)	имидж	imidʒ

| slogan (m) | лозунг | lozung |
| motto (m) | ураан | uraan |

campagna (f)	кампания	kampanija
campagna (f) pubblicitaria	жарнамалык кампания	dʒarnamalık kampanija
gruppo (m) di riferimento	максаттуу топ	maksattuu top

biglietto (m) da visita	таанытма	taanıtma
volantino (m)	баракча	baraktʃa
opuscolo (m)	китепче	kiteptʃe
pieghevole (m)	кат-кат китепче	kat-kat kiteptʃe
bollettino (m)	бюллетень	bulletenʲ

insegna (f) (di negozi, ecc.)	көрнөк	kørnøk
cartellone (m)	көрнөк	kørnøk
tabellone (m) pubblicitario	жарнамалык такта	dʒarnamalık takta

112. Attività bancaria

| banca (f) | банк | bank |
| filiale (f) | бөлүм | bølym |

| consulente (m) | кеңешчи | keŋeʃtʃi |
| direttore (m) | башкаруучу | baʃkaruutʃu |

conto (m) bancario	эсеп	esep
numero (m) del conto	эсеп номери	esep nomeri
conto (m) corrente	учурдагы эсеп	utʃurdagı esep
conto (m) di risparmio	топтолмо эсеп	toptolmo esep

aprire un conto	эсеп ачуу	esep atʃuu
chiudere il conto	эсеп жабуу	esep dʒabuu
versare sul conto	эсепке акча салуу	esepke aktʃa saluu
prelevare dal conto	эсептен акча чыгаруу	esepten aktʃa tʃıgaruu

deposito (m)	аманат	amanat
depositare (vt)	аманат кылуу	amanat kıluu
trasferimento (m) telegrafico	акча которуу	aktʃa kotoruu
rimettere i soldi	акча которуу	aktʃa kotoruu

somma (f)	сумма	summa
Quanto?	Канча?	kantʃa?

firma (f)	кол тамга	kol tamga
firmare (vt)	кол коюу	kol kojʉu

carta (f) di credito	насыя картасы	nasıja kartası
codice (m)	код	kod
numero (m) della carta di credito	насыя картанын номери	nasıja kartanın nomeri
bancomat (m)	банкомат	bankomat

assegno (m)	чек	tʃek
emettere un assegno	чек жазып берүү	tʃek dʒazıp beryy
libretto (m) di assegni	чек китепчеси	tʃek kiteptʃesi

prestito (m)	насыя	nasıja
fare domanda per un prestito	насыя үчүн кайрылуу	nasıja ytʃyn kajrıluu
ottenere un prestito	насыя алуу	nasıja aluu
concedere un prestito	насыя берүү	nasıja beryy
garanzia (f)	кепилдик	kepildik

113. Telefono. Conversazione telefonica

telefono (m)	телефон	telefon
telefonino (m)	мобилдик	mobildik
segreteria (f) telefonica	автоматтык жооп берүүчү	avtomattık dʒoop beryytʃy

telefonare (vi, vt)	чалуу	tʃaluu
chiamata (f)	чакыруу	tʃakıruu

comporre un numero	номер терүү	nomer teryy
Pronto!	Алло!	allo!
chiedere (domandare)	суроо	suroo
rispondere (vi, vt)	жооп берүү	dʒoop beryy

udire (vt)	угуу	uguu
bene	жакшы	dʒakʃı
male	жаман	dʒaman
disturbi (m pl)	ызы-чуу	ızı-tʃuu

cornetta (f)	трубка	trubka
alzare la cornetta	трубканы алуу	trubkanı aluu
riattaccare la cornetta	трубканы коюу	trubkanı kojʉu

occupato (agg)	бош эмес	boʃ emes
squillare (del telefono)	шыңгыроо	ʃıŋgıroo
elenco (m) telefonico	телефондук китепче	telefonduk kiteptʃe
locale (agg)	жергиликтүү	dʒergiliktyy

telefonata (f) urbana	жергиликтүү чакыруу	dʒergiliktyy tʃakıruu
interurbano (agg)	шаар аралык	ʃaar aralık
telefonata (f) interurbana	шаар аралык чакыруу	ʃaar aralık tʃakıruu
internazionale (agg)	эл аралык	el aralık
telefonata (f) internazionale	эл аралык чакыруу	el aralık tʃakıruu

114. Telefono cellulare

telefonino (m)	мобилдик	mobildik
schermo (m)	дисплей	displej
tasto (m)	баскыч	baskıtʃ
scheda SIM (f)	SIM-карта	sim-karta
pila (f)	батарея	batareja
essere scarico	зарядканын түгөнүүсү	zarʲadkanın tygønyysy
caricabatteria (m)	заряддоочу шайман	zarʲaddootʃu ʃajman
menù (m)	меню	menʉ
impostazioni (f pl)	орнотуулар	ornotuular
melodia (f)	обон	obon
scegliere (vt)	тандоо	tandoo
calcolatrice (f)	калькулятор	kalʲkulʲator
segreteria (f) telefonica	автоматтык жооп бергич	avtomattık dʒoop bergitʃ
sveglia (f)	ойготкуч	ojgotkutʃ
contatti (m pl)	байланыштар	bajlanıʃtar
messaggio (m) SMS	SMS-кабар	esemes-kabar
abbonato (m)	абонент	abonent

115. Articoli di cancelleria

penna (f) a sfera	калем сап	kalem sap
penna (f) stilografica	калем уч	kalem utʃ
matita (f)	карандаш	karandaʃ
evidenziatore (m)	маркер	marker
pennarello (m)	фломастер	flomaster
taccuino (m)	дептерче	deptertʃe
agenda (f)	күндөлүк	kyndølyk
righello (m)	сызгыч	sızgıtʃ
calcolatrice (f)	калькулятор	kalʲkulʲator
gomma (f) per cancellare	өчүргүч	øtʃyrgytʃ
puntina (f)	кнопка	knopka
graffetta (f)	кыскыч	kıskıtʃ
colla (f)	желим	dʒelim
pinzatrice (f)	степлер	stepler
perforatrice (f)	тешкич	teʃkitʃ
temperamatite (m)	учтагыч	utʃtagıtʃ

116. Diversi tipi di documenti

resoconto (m)	отчет	ottʃet
accordo (m)	макулдашуу	makuldaʃuu
modulo (m) di richiesta	билдирме	bildirme
autentico (agg)	кэзу	køzy
tesserino (m)	тэшбелги	tøʃbelgi
biglietto (m) da visita	тааnыtma	taanıtma

certificato (m)	сертификат	sertifikat
assegno (m) (fare un ~)	чек	tʃek
conto (m) (in un ristorante)	эсеп	esep
costituzione (f)	конституция	konstitutsija

contratto (m)	келишим	keliʃim
copia (f)	кечурме	køtʃyrmø
copia (f) (~ di un contratto)	нуска	nuska

dichiarazione (f)	бажы декларациясы	badʒı deklaratsijası
documento (m)	документ	dokument
patente (f) di guida	айдоочу кубэлугу	ajdootʃu kybølygy
allegato (m)	тиркеме	tirkeme
modulo (m)	форма	forma

carta (f) d'identità	эздук билдиргичи	øzdyk bildirgitʃi
richiesta (f) di informazioni	суроо-талап	suroo-talap
biglietto (m) d'invito	чакыруу билет	tʃakıruu bilet
fattura (f)	фактура	faktura

legge (f)	мыйзам	mıjzam
lettera (f) (missiva)	кат	kat
carta (f) intestata	бланк	blank
lista (f) (~ di nomi, ecc.)	тизме	tizme
manoscritto (m)	кол жазма	kol dʒazma
bollettino (m)	бюллетень	bulletenʲ
appunto (m), nota (f)	кыскача жазуу	kıskatʃa dʒazuu

lasciapassare (m)	эткерме	øtkørmø
passaporto (m)	паспорт	pasport
permesso (m)	уруксат кагазы	uruksat kagazı
curriculum vitae (f)	таржымал	tardʒımal
nota (f) di addebito	тил кат	til kat
ricevuta (f)	дүмүрчек	dymyrtʃøk
scontrino (m)	чек	tʃek
rapporto (m)	рапорт	raport

mostrare (vt)	керсетуу	kørsøtyy
firmare (vt)	кол коюу	kol kojuu
firma (f)	кол тамга	kol tamga
timbro (m) (su documenti)	меер	møør
testo (m)	текст	tekst
biglietto (m)	билет	bilet

cancellare (~ dalla lista)	чийип салуу	tʃijip saluu
riempire (~ un modulo)	толтуруу	tolturuu

| bolla (f) di consegna | коштомо кагаз | koʃtomo kagaz |
| testamento (m) | керээз | kereez |

117. Generi di attività commerciali

servizi (m pl) di contabilità	бухгалтердик кызмат	buxgalterdik kızmat
pubblicità (f)	жарнама	dʒarnama
agenzia (f) pubblicitaria	жарнама агенттиги	dʒarnama agenttigi
condizionatori (m pl) d'aria	аба желдеткичтер	aba dʒeldetkiʧter
compagnia (f) aerea	авиакомпания	aviakompanija

bevande (f pl) alcoliche	алкоголь ичимдиктери	alkogolʲ iʧimdikteri
antiquariato (m)	антиквариат	antikvariat
galleria (f) d'arte	арт-галерея	art-galereja
società (f) di revisione contabile	аудиторлук кызмат	auditorluk kızmat

imprese (f pl) bancarie	банк бизнеси	bank biznesi
bar (m)	бар	bar
salone (m) di bellezza	сулуулук салону	suluuluk salonu
libreria (f)	китеп дүкөнү	kitep dykøny
birreria (f)	сыра чыгаруучу жай	sıra ʧıgaruuʧu dʒaj
business centre (m)	бизнес-борбор	biznes-borbor
scuola (f) di commercio	бизнес-мектеп	biznes-mektep

casinò (m)	казино	kazino
edilizia (f)	курулуш	kuruluʃ
consulenza (f)	консалтинг	konsalting

odontoiatria (f)	стоматология	stomatologija
design (m)	дизайн	dizajn
farmacia (f)	дарыкана	darıkana
lavanderia (f) a secco	химиялык тазалоо	ximijalık tazaloo
agenzia (f) di collocamento	кадрдык агенттиги	kadrdık agenttigi

servizi (m pl) finanziari	каржылык кызматтар	kardʒılık kızmattar
industria (f) alimentare	азык-түлүк	azık-tylyk
agenzia (f) di pompe funebri	ырасым бюросу	ırasım bɵrosu
mobili (m pl)	эмерек	emerek
abbigliamento (m)	кийим	kijim
albergo, hotel (m)	мейманкана	mejmankana

gelato (m)	бал муздак	bal muzdak
industria (f)	өнөр-жай	ønør-dʒaj
assicurazione (f)	камсыздандыруу	kamsızdandıruu
internet (f)	интернет	internet
investimenti (m pl)	салымдар	salımdar

gioielliere (m)	зергер	zerger
gioielli (m pl)	зер буюмдар	zer bujumdar
lavanderia (f)	кир жуу ишканасы	kir dʒuu iʃkanası
consulente (m) legale	юридикалык кызматтар	juridikalık kızmattar
industria (f) leggera	жеңил өнөр-жай	dʒeŋil ønør-dʒaj
rivista (f)	журнал	dʒurnal

vendite (f pl)	каталог боюнча	katalog bojunʧa
per corrispondenza	соода-сатык	sooda-satık
medicina (f)	медицина	meditsina
cinema (m)	кинотеатр	kinoteatr
museo (m)	музей	muzej
agenzia (f) di stampa	жаңылыктар агенттиги	dʒaŋılıktar agenttigi
giornale (m)	гезит	gezit
locale notturno (m)	түнкү клуб	tyŋky klub
petrolio (m)	мунайзат	munajzat
corriere (m) espresso	чабармандык кызматы	ʧabarmandık kızmatı
farmaci (m pl)	фармацевтика	farmatsevtika
stampa (f) (~ di libri)	полиграфия	poligrafija
casa (f) editrice	басмакана	basmakana
radio (f)	уналгы	ynalgı
beni (m pl) immobili	кыймылсыз мүлк	kıjmılsız mylk
ristorante (m)	ресторан	restoran
agenzia (f) di sicurezza	күзөт агенттиги	kyzøt agenttigi
sport (m)	спорт	sport
borsa (f)	биржа	birdʒa
negozio (m)	дүкөн	dykøn
supermercato (m)	супермаркет	supermarket
piscina (f)	бассейн	bassejn
sartoria (f)	ателье	atelje
televisione (f)	телекөрсөтүү	telekørsøtyy
teatro (m)	театр	teatr
commercio (m)	соода	sooda
mezzi (m pl) di trasporto	ташып жеткирүү	taʃıp dʒetkiryy
viaggio (m)	туризм	turizm
veterinario (m)	мал доктуру	mal dokturu
deposito, magazzino (m)	кампа	kampa
trattamento (m) dei rifiuti	таштанды чыгаруу	taʃtandı ʧıgaruu

Lavoro. Affari. Parte 2

118. Spettacolo. Mostra

| fiera (f) | кергезме | kørgøzmø |
| fiera (f) campionaria | соода кергезмесу | sooda kørgøzmøsy |

partecipazione (f)	катышуу	katıʃuu
partecipare (vi)	катышуу	katıʃuu
partecipante (m)	катышуучу	katıʃuutʃu

direttore (m)	директор	direktor
ufficio (m) organizzativo	уюштуруу комитети	ujʉʃturuu komiteti
organizzatore (m)	уюштуруучу	ujʉʃturuutʃu
organizzare (vt)	уюштуруу	ujʉʃturuu

domanda (f) di partecipazione	катышууга ынта билдирмеси	katıʃuuga ınta bildirmesi
riempire (vt)	толтуруу	tolturuu
dettagli (m pl)	ийне-жиби	ijne-dʒibi
informazione (f)	маалымат	maalımat

prezzo (m)	баа	baa
incluso (agg)	кошуп	koʃup
includere (vt)	кошулган	koʃulgan
pagare (vi, vt)	телее	tøløø
quota (f) d'iscrizione	каттоо тегуму	kattoo tøgymy

entrata (f)	кируу	kiryy
padiglione (m)	павильон	pavilʲon
registrare (vt)	каттоо	kattoo
tesserino (m)	тешбелги	tøʃbelgi

| stand (m) | кергезме стенди | kørgøzmø stendi |
| prenotare (riservare) | камдык буйрутмалоо | kamdık bujrutmaloo |

vetrina (f)	айнек стенд	ajnek stend
faretto (m)	чырак	tʃırak
design (m)	дизайн	dizajn
collocare (vt)	жайгаштыруу	dʒajgaʃtıruu
collocarsi (vr)	жайгашуу	dʒajgaʃuu

distributore (m)	дистрибьютор	distribjʉtor
fornitore (m)	жеткирип беруучу	dʒetkirip beryytʃy
fornire (vt)	жеткирип беруу	dʒetkirip beryy

paese (m)	елке	ølkø
straniero (agg)	чет елкелук	tʃet ølkølyk
prodotto (m)	енум	ønym
associazione (f)	ассоциация	assotsiatsija

sala (f) conferenze	конференц-зал	konferents-zal
congresso (m)	конгресс	kongress
concorso (m)	жарыш	dʒarıʃ

visitatore (m)	келүүчү	kelyytʃy
visitare (vt)	баш багуу	baʃ baguu
cliente (m)	кардар	kardar

119. Mezzi di comunicazione di massa

giornale (m)	гезит	gezit
rivista (f)	журнал	dʒurnal
stampa (f) (giornali, ecc.)	пресса	pressa
radio (f)	уналгы	ynalgı
stazione (f) radio	радио толкуну	radio tolkunu
televisione (f)	телекөрсөтүү	telekørsøtyy

presentatore (m)	алып баруучу	alıp baruutʃu
annunciatore (m)	диктор	diktor
commentatore (m)	баяндамачы	bajandamatʃı

giornalista (m)	журналист	dʒurnalist
corrispondente (m)	кабарчы	kabartʃı
fotocronista (m)	фотокорреспондент	fotokorrespondent
cronista (m)	репортёр	reportʲor

| redattore (m) | редактор | redaktor |
| redattore capo (m) | башкы редактор | baʃkı redaktor |

abbonarsi a ...	жазылуу	dʒazıluu
abbonamento (m)	жазылуу	dʒazıluu
abbonato (m)	жазылуучу	dʒazıluutʃu
leggere (vi, vt)	окуу	okuu
lettore (m)	окурман	okurman

tiratura (f)	нуска	nuska
mensile (agg)	ай сайын	aj sajın
settimanale (agg)	жума сайын	dʒuma sajın
numero (m)	номер	nomer
fresco (agg)	жаңы	dʒaŋı

testata (f)	баш аты	baʃ atı
trafiletto (m)	кыскача макала	kıskatʃa makala
rubrica (f)	рубрика	rubrika
articolo (m)	макала	makala
pagina (f)	бет	bet

servizio (m), reportage (m)	репортаж	reportadʒ
evento (m)	окуя	okuja
sensazione (f)	дүң салуу	dyŋ saluu
scandalo (m)	жаңжал	dʒaŋdʒal
scandaloso (agg)	жаңжалчы	dʒaŋdʒaltʃı
enorme (un ~ scandalo)	чуулгандуу	tʃuulganduu
trasmissione (f)	көрсөтүү	kørsøtyy

intervista (f)	интервью	intervjʉ
trasmissione (f) in diretta	түз берүү	tyz beryy
canale (m)	канал	kanal

120. Agricoltura

agricoltura (f)	дыйкан чарбачылык	dıjkan tʃarbatʃılık
contadino (m)	дыйкан	dıjkan
contadina (f)	дыйкан аял	dıjkan ajal
fattore (m)	фермер	fermer
trattore (m)	трактор	traktor
mietitrebbia (f)	комбайн	kombajn
aratro (m)	соко	soko
arare (vt)	жер айдоо	dʒer ajdoo
terreno (m) coltivato	айдоо жер	ajdoo dʒer
solco (m)	жөөк	dʒøøk
seminare (vt)	себүү	sebyy
seminatrice (f)	сеялка	sejalka
semina (f)	эгүү	egyy
falce (f)	чалгы	tʃalgı
falciare (vt)	чабуу	tʃabuu
pala (f)	күрөк	kyrøk
scavare (vt)	казуу	kazuu
zappa (f)	кетмен	ketmen
zappare (vt)	отоо	otoo
erbaccia (f)	отоо чөп	otoo tʃøp
innaffiatoio (m)	гүл челек	gyl tʃelek
innaffiare (vt)	сугаруу	sugaruu
innaffiamento (m)	сугат	sugat
forca (f)	айры	ajrı
rastrello (m)	тырмоо	tırmoo
concime (m)	жер семирткич	dʒer semirtkitʃ
concimare (vt)	жер семиртүү	dʒer semirtyy
letame (m)	кык	kık
campo (m)	талаа	talaa
prato (m)	шалбаа	ʃalbaa
orto (m)	чарбак	tʃarbak
frutteto (m)	бакча	baktʃa
pascolare (vt)	жайуу	dʒadʒʉu
pastore (m)	чабан	tʃaban
pascolo (m)	жайыт	dʒajıt
allevamento (m) di bestiame	мал чарбачылык	mal tʃarbatʃılık
allevamento (m) di pecore	кой чарбачылык	koj tʃarbatʃılık

piantagione (f)	плантация	plantatsija
filare (m) (un ~ di alberi)	жөөк	dʒøøk
serra (f) da orto	күнөскана	kynøskana
siccità (f)	кургакчылык	kurgaktʃılık
secco, arido (un'estate ~a)	кургак	kurgak
grano (m)	дан эгиндери	dan eginderi
cereali (m pl)	дан эгиндери	dan eginderi
raccogliere (vt)	чаап алуу	tʃaap aluu
mugnaio (m)	тегирменчи	tegirmentʃi
mulino (m)	тегирмен	tegirmen
macinare (~ il grano)	майдалоо	majdaloo
farina (f)	ун	un
paglia (f)	саман	saman

121. Edificio. Attività di costruzione

cantiere (m) edile	курулуш	kuruluʃ
costruire (vt)	куруу	kuruu
operaio (m) edile	куруучу	kuruutʃu
progetto (m)	долбоор	dolboor
architetto (m)	архитектор	arχitektor
operaio (m)	жумушчу	dʒumuʃtʃu
fondamenta (f pl)	пайдубал	pajdubal
tetto (m)	чатыр	tʃatır
palo (m) di fondazione	казык	kazık
muro (m)	дубал	dubal
barre (f pl) di rinforzo	арматура	armatura
impalcatura (f)	куруучу тепкичтер	kuruutʃu tepkitʃter
beton (m)	бетон	beton
granito (m)	гранит	granit
pietra (f)	таш	taʃ
mattone (m)	кыш	kıʃ
sabbia (f)	кум	kum
cemento (m)	цемент	tsement
intonaco (m)	шыбак	ʃibak
intonacare (vt)	шыбоо	ʃiboo
pittura (f)	сыр	sır
pitturare (vt)	боео	boeo
botte (f)	бочка	botʃka
gru (f)	кран	kran
sollevare (vt)	көтөрүү	køtøryy
abbassare (vt)	түшүрүү	tyʃyryy
bulldozer (m)	бульдозер	bulʲdozer
scavatrice (f)	экскаватор	ekskavator

cucchiaia (f)	ковш	kovʃ
scavare (vt)	казуу	kazuu
casco (m) (~ di sicurezza)	каска	kaska

122. Scienza. Ricerca. Scienziati

scienza (f)	илим	ilim
scientifico (agg)	илимий	ilimij
scienziato (m)	илимпоз	ilimpoz
teoria (f)	теория	teorija

assioma (m)	аксиома	aksioma
analisi (f)	талдоо	taldoo
analizzare (vt)	талдоо	taldoo
argomento (m)	далил	dalil
sostanza, materia (f)	зат	zat

ipotesi (f)	гипотеза	gipoteza
dilemma (m)	дилемма	dilemma
tesi (f)	диссертация	dissertatsija
dogma (m)	догма	dogma

dottrina (f)	доктрина	doktrina
ricerca (f)	изилдөө	izildøø
fare ricerche	изилдөө	izildøø
prova (f)	сынак	sınak
laboratorio (m)	лаборатория	laboratorija

metodo (m)	ыкма	ıkma
molecola (f)	молекула	molekula
monitoraggio (m)	бейлөө	bejløø
scoperta (f)	таап ачуу	taap atʃuu

postulato (m)	постулат	postulat
principio (m)	усул	usul
previsione (f)	божомол	boʤomol
fare previsioni	алдын ала айтуу	aldın ala ajtuu

sintesi (f)	синтез	sintez
tendenza (f)	умтулуу	umtuluu
teorema (m)	теорема	teorema

| insegnamento (m) | окуу | okuu |
| fatto (m) | далил | dalil |

| spedizione (f) | экспедиция | ekspeditsija |
| esperimento (m) | тажрыйба | taʤrıjba |

accademico (m)	академик	akademik
laureato (m)	бакалавр	bakalavr
dottore (m)	доктор	doktor
professore (m) associato	доцент	dotsent
Master (m)	магистр	magistr
professore (m)	профессор	professor

Professioni e occupazioni

123. Ricerca di un lavoro. Licenziamento

lavoro (m)	иш	iʃ
organico (m)	жамаат	dʒamaat
personale (m)	жамаат курамы	dʒamaat kuramı
carriera (f)	мансап	mansap
prospettiva (f)	перспектива	perspektiva
abilità (f pl)	чеберчилик	ʧeberʧilik
selezione (f) (~ del personale)	тандоо	tandoo
agenzia (f) di collocamento	кадрдык агенттиги	kadrdık agenttigi
curriculum vitae (f)	таржымал	tardʒımal
colloquio (m)	аҥгемелешүү	aŋgemeleʃyy
posto (m) vacante	жумуш орун	dʒumuʃ orun
salario (m)	эмгек акы	emgek akı
stipendio (m) fisso	маяна	majana
compenso (m)	акысын төлөө	akısın tøløø
carica (f), funzione (f)	кызмат орун	kızmat orun
mansione (f)	милдет	mildet
mansioni (f pl) di lavoro	милдеттенмелер	mildettenmeler
occupato (agg)	бош эмес	boʃ emes
licenziare (vt)	бошотуу	boʃotuu
licenziamento (m)	бошотуу	boʃotuu
disoccupazione (f)	жумушсуздук	dʒumuʃsuzduk
disoccupato (m)	жумушсуз	dʒumuʃsuz
pensionamento (m)	бааракы	baarakı
andare in pensione	ардактуу эс алууга чыгуу	ardaktuu es aluuga ʧiguu

124. Gente d'affari

direttore (m)	директор	direktor
dirigente (m)	башкаруучу	baʃkaruuʧu
capo (m)	башкаруучу	baʃkaruuʧu
superiore (m)	башчы	baʃʧı
capi (m pl)	башчылар	baʃʧılar
presidente (m)	президент	prezident
presidente (m) (impresa)	төрага	tøraga
vice (m)	орун басар	orun basar
assistente (m)	жардамчы	dʒardamʧı

segretario (m)	катчы	kattʃı
assistente (m) personale	жеке катчы	dʒeke kattʃı
uomo (m) d'affari	бизнесмен	biznesmen
imprenditore (m)	ишкер	iʃker
fondatore (m)	негиздөөчү	negizdøøtʃy
fondare (vt)	негиздөө	negizdøø
socio (m)	уюмдаштыруучу	ujɨmdaʃtıruutʃu
partner (m)	өнөктөш	ønøktøʃ
azionista (m)	акция кармоочу	aktsija karmootʃu
milionario (m)	миллионер	millioner
miliardario (m)	миллиардер	milliarder
proprietario (m)	ээси	eesi
latifondista (m)	жер ээси	dʒer eesi
cliente (m) (di professionista)	кардар	kardar
cliente (m) abituale	туруктуу кардар	turuktuu kardar
compratore (m)	сатып алуучу	satıp aluutʃu
visitatore (m)	келүүчү	kelyytʃy
professionista (m)	кесипкөй	kesipkøj
esperto (m)	ишбилги	iʃbilgi
specialista (m)	адис	adis
banchiere (m)	банкир	bankir
broker (m)	далдалчы	daldaltʃı
cassiere (m)	кассир	kassir
contabile (m)	бухгалтер	buχgalter
guardia (f) giurata	кароолчу	karooltʃu
investitore (m)	салым кошуучу	salım koʃuutʃu
debitore (m)	карыздар	karızdar
creditore (m)	насыя алуучу	nasıja aluutʃu
mutuatario (m)	карызга алуучу	karızga aluutʃu
importatore (m)	импорттоочу	importtootʃu
esportatore (m)	экспорттоочу	eksporttootʃu
produttore (m)	өндүрүүчү	øndyryytʃy
distributore (m)	дистрибьютор	distribjɨtor
intermediario (m)	ортомчу	ortomtʃu
consulente (m)	кеңешчи	keŋeʃtʃi
rappresentante (m)	сатуу агенти	satuu agenti
agente (m)	агент	agent
assicuratore (m)	камсыздандыруучу агент	kamsızdandıruutʃu agent

125. Professioni amministrative

cuoco (m)	ашпозчу	aʃpoztʃu
capocuoco (m)	башкы ашпозчу	baʃkı aʃpoztʃu

fornaio (m)	навайчы	navajʧı
barista (m)	бармен	barmen
cameriere (m)	официант	ofitsiant
cameriera (f)	официант кыз	ofitsiant kız

avvocato (m)	жактоочу	dʒaktooʧu
esperto (m) legale	юрист	jurist
notaio (m)	нотариус	notarius

elettricista (m)	электрик	elektrik
idraulico (m)	сантехник	santeχnik
falegname (m)	жыгач уста	dʒıgaʧ usta

massaggiatore (m)	укалоочу	ukalooʧu
massaggiatrice (f)	укалоочу	ukalooʧu
medico (m)	доктур	doktur

taxista (m)	такси айдоочу	taksi ajdooʧu
autista (m)	айдоочу	ajdooʧu
fattorino (m)	жеткиргүүчү	dʒetkiryyʧy

cameriera (f)	үй кызматкери	yj kızmatkeri
guardia (f) giurata	кароолчу	karoolʧu
hostess (f)	стюардесса	stuardessa

insegnante (m, f)	мугалим	mugalim
bibliotecario (m)	китепканачы	kitepkanaʧı
traduttore (m)	котормочу	kotormoʧu
interprete (m)	оозеки котормочу	oozeki kotormoʧu
guida (f)	гид	gid

parrucchiere (m)	чач тарач	ʧaʧ taraʧ
postino (m)	кат ташуучу	kat taʃuuʧu
commesso (m)	сатуучу	satuuʧu

giardiniere (m)	багбанчы	bagbanʧı
domestico (m)	үй кызматчы	yj kızmatʧı
domestica (f)	үй кызматчы аял	yj kızmatʧı ajal
donna (f) delle pulizie	тазалагыч	tazalagıʧ

126. Professioni militari e gradi

soldato (m) semplice	катардагы жоокер	katardagı dʒooker
sergente (m)	сержант	serdʒant
tenente (m)	лейтенант	lejtenant
capitano (m)	капитан	kapitan

maggiore (m)	майор	major
colonnello (m)	полковник	polkovnik
generale (m)	генерал	general
maresciallo (m)	маршал	marʃal
ammiraglio (m)	адмирал	admiral
militare (m)	аскер кызматчысы	asker kızmatʧısı
soldato (m)	аскер	asker

ufficiale (m)	офицер	ofitser
comandante (m)	командир	komandir
guardia (f) di frontiera	чек арачы	tʃek aratʃı
marconista (m)	радист	radist
esploratore (m)	чалгынчы	tʃalgıntʃı
geniere (m)	сапёр	sapʲor
tiratore (m)	аткыч	atkıtʃ
navigatore (m)	штурман	ʃturman

127. Funzionari. Sacerdoti

re (m)	король, падыша	korolʲ, padıʃa
regina (f)	ханыша	χanıʃa
principe (m)	канзаада	kanzaada
principessa (f)	ханбийке	χanbijke
zar (m)	падыша	padıʃa
zarina (f)	ханыша	χanıʃa
presidente (m)	президент	prezident
ministro (m)	министр	ministr
primo ministro (m)	премьер-министр	premjer-ministr
senatore (m)	сенатор	senator
diplomatico (m)	дипломат	diplomat
console (m)	консул	konsul
ambasciatore (m)	элчи	eltʃi
consigliere (m)	кеңешчи	keŋeʃtʃi
funzionario (m)	аткаминер	atkaminer
prefetto (m)	префект	prefekt
sindaco (m)	мэр	mer
giudice (m)	сот	sot
procuratore (m)	прокурор	prokuror
missionario (m)	миссионер	missioner
monaco (m)	кечил	ketʃil
abate (m)	аббат	abbat
rabbino (m)	раввин	ravvin
visir (m)	визирь	vizirʲ
scià (m)	шах	ʃaχ
sceicco (m)	шейх	ʃejχ

128. Professioni agricole

apicoltore (m)	балчы	baltʃı
pastore (m)	чабан	tʃaban
agronomo (m)	агроном	agronom

| allevatore (m) di bestiame | малчы | maltʃı |
| veterinario (m) | мал доктуру | mal dokturu |

fattore (m)	фермер	fermer
vinificatore (m)	вино жасоочу	vino dʒasootʃu
zoologo (m)	зоолог	zoolog
cowboy (m)	ковбой	kovboj

129. Professioni artistiche

| attore (m) | актёр | aktʲor |
| attrice (f) | актриса | aktrisa |

| cantante (m) | ырчы | ırtʃı |
| cantante (f) | ырчы кыз | ırtʃı kız |

| danzatore (m) | бийчи жигит | bijtʃi dʒigit |
| ballerina (f) | бийчи кыз | bijtʃi kız |

| artista (m) | аткаруучу | atkaruutʃu |
| artista (f) | аткаруучу | atkaruutʃu |

musicista (m)	музыкант	muzıkant
pianista (m)	пианист	pianist
chitarrista (m)	гитарист	gitarist

direttore (m) d'orchestra	дирижёр	diridʒʲor
compositore (m)	композитор	kompozitor
impresario (m)	импресарио	impresario

regista (m)	режиссёр	redʒissʲor
produttore (m)	продюсер	produser
sceneggiatore (m)	сценарист	stsenarist
critico (m)	сынчы	sıntʃı

scrittore (m)	жазуучу	dʒazuutʃu
poeta (m)	акын	akın
scultore (m)	бедизчи	bediztʃi
pittore (m)	сүрөтчү	syrøtʃy

giocoliere (m)	жонглёр	dʒonglʲor
pagliaccio (m)	маскарапоз	maskarapoz
acrobata (m)	акробат	akrobat
prestigiatore (m)	көз боечу	køz boetʃu

130. Professioni varie

medico (m)	доктур	doktur
infermiera (f)	медсестра	medsestra
psichiatra (m)	психиатр	psiχiatr
dentista (m)	тиш доктур	tiʃ doktur
chirurgo (m)	хирург	χirurg

astronauta (m)	астронавт	astronavt
astronomo (m)	астроном	astronom
pilota (m)	учкуч	utʃkutʃ

autista (m)	айдоочу	ajdootʃu
macchinista (m)	машинист	maʃinist
meccanico (m)	механик	meχanik

minatore (m)	кенчи	kentʃi
operaio (m)	жумушчу	dʒumuʃtʃu
operaio (m) metallurgico	слесарь	slesarⁱ
falegname (m)	жыгач уста	dʒɪgatʃ usta
tornitore (m)	токарь	tokarⁱ
operaio (m) edile	куруучу	kuruutʃu
saldatore (m)	ширеткич	ʃiretkitʃ

professore (m)	профессор	professor
architetto (m)	архитектор	arχitektor
storico (m)	тарыхчы	tarıχtʃı
scienziato (m)	илимпоз	ilimpoz
fisico (m)	физик	fizik
chimico (m)	химик	χimik

archeologo (m)	археолог	arχeolog
geologo (m)	геолог	geolog
ricercatore (m)	изилдөөчү	izildøøtʃy

| baby-sitter (m, f) | бала баккыч | bala bakkıtʃ |
| insegnante (m, f) | мугалим | mugalim |

redattore (m)	редактор	redaktor
redattore capo (m)	башкы редактор	baʃkı redaktor
corrispondente (m)	кабарчы	kabartʃı
dattilografa (f)	машинистка	maʃinistka

designer (m)	дизайнер	dizajner
esperto (m) informatico	компьютер адиси	kompjuter adisi
programmatore (m)	программист	programmist
ingegnere (m)	инженер	indʒener

marittimo (m)	деңизчи	deŋiztʃi
marinaio (m)	матрос	matros
soccorritore (m)	куткаруучу	kutkaruutʃu

pompiere (m)	өрт өчүргүч	ørt øtʃyrgytʃ
poliziotto (m)	полиция кызматкери	politsija kızmatkeri
guardiano (m)	кароолчу	karooltʃu
detective (m)	аңдуучу	aŋduutʃu

doganiere (m)	бажы кызматкери	badʒı kızmatkeri
guardia (f) del corpo	жан сакчы	dʒan saktʃı
guardia (f) carceraria	күзөтчү	kyzøttʃy
ispettore (m)	инспектор	inspektor

| sportivo (m) | спортчу | sporttʃu |
| allenatore (m) | машыктыруучу | maʃıktıruutʃu |

macellaio (m)	касапчы	kasapʧı
calzolaio (m)	өтүкчү	øtykʧy
uomo (m) d'affari	жеке соодагер	ʤeke soodager
caricatore (m)	жүк ташуучу	ʤyk taʃuuʧu
stilista (m)	модельер	modeljer
modella (f)	модель	modelʲ

131. Attività lavorative. Condizione sociale

scolaro (m)	окуучу	okuuʧu
studente (m)	студент	student
filosofo (m)	философ	filosof
economista (m)	экономист	ekonomist
inventore (m)	ойлоп табуучу	ojlop tabuuʧu
disoccupato (m)	жумушсуз	ʤumuʃsuz
pensionato (m)	бааргер	baarger
spia (f)	тыңчы	tıŋʧı
detenuto (m)	камактагы адам	kamaktagı adam
scioperante (m)	иш калтыргыч	iʃ kaltırgıʧ
burocrate (m)	бюрократ	bʉrokrat
viaggiatore (m)	саякатчы	sajakatʧı
omosessuale (m)	гомосексуалист	gomoseksualist
hacker (m)	хакер	χaker
hippy (m, f)	хиппи	χippi
bandito (m)	ууру-кески	uuru-keski
sicario (m)	жалданма киши өлтүргүч	ʤaldanma kiʃi øltyrgyʧ
drogato (m)	баңги	baŋgi
trafficante (m) di droga	баңгизат сатуучу	baŋgizat satuuʧu
prostituta (f)	сойку	sojku
magnaccia (m)	жан бакты	ʤan baktı
stregone (m)	жадыгөй	ʤadıgøj
strega (f)	жадыгөй	ʤadıgøj
pirata (m)	деңиз каракчысы	deŋiz karakʧısı
schiavo (m)	кул	kul
samurai (m)	самурай	samuraj
selvaggio (m)	жапайы	ʤapajı

Sport

132. Tipi di sport. Sportivi

sportivo (m)	спортчу	sporttʃu
sport (m)	спорттун түрү	sporttun tyry
pallacanestro (m)	баскетбол	basketbol
cestista (m)	баскетбол ойноочу	basketbol ojnootʃu
baseball (m)	бейсбол	bejsbol
giocatore (m) di baseball	бейсбол ойноочу	bejsbol ojnootʃu
calcio (m)	футбол	futbol
calciatore (m)	футбол ойноочу	futbol ojnootʃu
portiere (m)	дарбазачы	darbazatʃı
hockey (m)	хоккей	χokkej
hockeista (m)	хоккей ойноочу	χokkej ojnootʃu
pallavolo (m)	волейбол	volejbol
pallavolista (m)	волейбол ойноочу	volejbol ojnootʃu
pugilato (m)	бокс	boks
pugile (m)	бокс мушташуучу	boks muʃtaʃuutʃu
lotta (f)	күрөш	kyrøʃ
lottatore (m)	күрөшчү	kyrøʃtʃy
karate (m)	карате	karate
karateka (m)	карате мушташуучу	karate muʃtaʃuutʃu
judo (m)	дзюдо	dzᵾdo
judoista (m)	дзюдо чалуучу	dzᵾdo tʃaluutʃu
tennis (m)	теннис	tennis
tennista (m)	теннис ойноочу	tennis ojnootʃu
nuoto (m)	сүзүү	syzyy
nuotatore (m)	сүзүүчү	syzyytʃy
scherma (f)	кылычташуу	kılıtʃtaʃuu
schermitore (m)	кылычташуучу	kılıtʃtaʃuutʃu
scacchi (m pl)	шахмат	ʃaχmat
scacchista (m)	шахмат ойноочу	ʃaχmat ojnootʃu
alpinismo (m)	альпинизм	alʲpinizm
alpinista (m)	альпинист	alʲpinist
corsa (f)	чуркоо	tʃurkoo

corridore (m)	жөө күлүк	dʒøø kylyk
atletica (f) leggera	жеңил атлетика	dʒeŋil atletika
atleta (m)	атлет	atlet

| ippica (f) | ат спорту | at sportu |
| fantino (m) | чабандес | ʧabandes |

pattinaggio (m) artistico	муз бийи	muz biji
pattinatore (m)	муз бийчи	muz bijʧi
pattinatrice (f)	муз бийчи	muz bijʧi

| pesistica (f) | оор атлетика | oor atletika |
| pesista (m) | оор атлет | oor atlet |

| automobilismo (m) | авто жарыш | avto dʒarıʃ |
| pilota (m) | гонщик | gonʃʧik |

| ciclismo (m) | велоспорт | velosport |
| ciclista (m) | велосипед тебүүчү | velosiped tebyyʧy |

salto (m) in lungo	узундукка секирүү	uzundukka sekiryy
salto (m) con l'asta	шырык менен секирүү	ʃırık menen sekiryy
saltatore (m)	секирүүчү	sekiryyʧy

133. Tipi di sport. Varie

football (m) americano	американский футбол	amerikanskij futbol
badminton (m)	бадминтон	badminton
biathlon (m)	биатлон	biatlon
biliardo (m)	бильярд	biljard

bob (m)	бобслей	bobslej
culturismo (m)	бодибилдинг	bodibilding
pallanuoto (m)	суу полосу	suu polosu
pallamano (m)	гандбол	gandbol
golf (m)	гольф	golʲf

canottaggio (m)	калакты уруу	kalaktı uruu
immersione (f) subacquea	сууга чөмүүчү	suuga ʧømyyʧy
sci (m) di fondo	чаңгы жарышы	ʧaŋgı dʒarıʃı
tennis (m) da tavolo	стол тенниси	stol tennisi

vela (f)	парус астында сызуу	parus astında sızuu
rally (m)	ралли	ralli
rugby (m)	регби	regbi
snowboard (m)	сноуборд	snoubord
tiro (m) con l'arco	жаа атуу	dʒaa atuu

134. Palestra

| bilanciere (m) | штанга | ʃtanga |
| manubri (m pl) | гантелдер | gantelder |

attrezzo (m) sportivo	машыгуу машине	maʃiguu maʃine
cyclette (f)	велотренажёр	velotrenadʒior
tapis roulant (m)	тегеретме	tegeretme
sbarra (f)	көпүрө жыгач	køpyrø dʒigatʃ
parallele (f pl)	брусдар	brusdar
cavallo (m)	ат	at
materassino (m)	мат	mat
corda (f) per saltare	секиргич	sekirgitʃ
aerobica (f)	аэробика	aerobika
yoga (m)	йога	joga

135. Hockey

hockey (m)	хоккей	χokkej
hockeista (m)	хоккей ойноочу	χokkej ojnootʃu
giocare a hockey	хоккей ойноо	χokkej ojnoo
ghiaccio (m)	муз	muz
disco (m)	шайба	ʃajba
bastone (m) da hockey	иймек таяк	ijmek tajak
pattini (m pl)	коньки	koniki
bordo (m)	тосмо	tosmo
tiro (m)	сокку	sokku
portiere (m)	дарбазачы	darbazatʃı
gol (m)	гол	gol
segnare un gol	гол киргизүү	gol kirgizyy
tempo (m)	мезгил	mezgil
secondo tempo (m)	экинчи мезгил	ekintʃi mezgil
panchina (f)	кезек отургучу	kezek oturgutʃu

136. Calcio

calcio (m)	футбол	futbol
calciatore (m)	футбол ойноочу	futbol ojnootʃu
giocare a calcio	футбол ойноо	futbol ojnoo
La Prima Divisione	жогорку лига	dʒogorku liga
società (f) calcistica	футбол клубу	futbol klubu
allenatore (m)	машыктыруучу	maʃıktıruutʃu
proprietario (m)	ээси	eesi
squadra (f)	топ	top
capitano (m) di squadra	топтун капитаны	toptun kapitanı
giocatore (m)	оюнчу	ojʉntʃu
riserva (f)	кезектеги оюнчу	kezektegi ojʉntʃu
attaccante (m)	чабуулчу	tʃabuultʃu
centrocampista (m)	борбордук чабуулчу	borborduk tʃabuultʃu

bomber (m)	жаадыргыч	dʒaadırgıtʃ
terzino (m)	коргоочу	korgootʃu
mediano (m)	жарым коргоочу	dʒarım korgootʃu

partita (f)	матч	mattʃ
incontrarsi (vr)	жолугушуу	dʒoluguʃuu
finale (m)	финал	final
semifinale (m)	жарым финал	dʒarım final
campionato (m)	чемпионат	tʃempionat

tempo (m)	тайм	tajm
primo tempo (m)	биринчи тайм	birintʃi tajm
intervallo (m)	тыныгуу	tınıguu

porta (f)	дарбаза	darbaza
portiere (m)	дарбазачы	darbazatʃı
palo (m)	штанга	ʃtanga
traversa (f)	көпүрө жыгач	køpyrø dʒıgatʃ
rete (f)	тор	tor
subire un gol	гол киргизил алуу	gol kirgizip aluu

pallone (m)	топ	top
passaggio (m)	топ узатуу	top uzatuu
calcio (m), tiro (m)	сокку	sokku
tirare un calcio	сокку берүү	sokku beryy
calcio (m) di punizione	жаза сокку	dʒaza sokku
calcio (m) d'angolo	бурчтан сокку	burtʃtan sokku

attacco (m)	чабуул	tʃabuul
contrattacco (m)	каршы чабуул	karʃı tʃabuul
combinazione (f)	комбинация	kombinatsija

arbitro (m)	арбитр	arbitr
fischiare (vi)	ышкыруу	ıʃkıruu
fischio (m)	ышкырык	ıʃkırık
fallo (m)	бузуу	buzuu
fare un fallo	бузуу	buzuu
espellere dal campo	оюн талаасынан чыгаруу	ojʉn talaasınan tʃıgaruu

cartellino (m) giallo	сары карточка	sarı kartotʃka
cartellino (m) rosso	кызыл карточка	kızıl kartotʃka
squalifica (f)	дисквалификация	diskvalifikatsija
squalificare (vt)	дисквалифициялоо	diskvalifitsijaloo

rigore (m)	пенальти	penalʲti
barriera (f)	дубал	dubal
segnare (~ un gol)	жаадыруу	dʒaadıruu
gol (m)	гол	gol
segnare un gol	гол киргизүү	gol kirgizyy

sostituzione (f)	алмаштыруу	almaʃtıruu
sostituire (vt)	алмаштыруу	almaʃtıruu
regole (f pl)	эрежелер	eredʒeler
tattica (f)	тактика	taktika
stadio (m)	стадион	stadion
tribuna (f)	трибуна	tribuna

tifoso, fan (m)	куйөрман	kyjørman
gridare (vi)	кыйкыруу	kıjkıruu

tabellone (m) segnapunti	табло	tablo
punteggio (m)	эсеп	esep

sconfitta (f)	утулуу	utuluu
subire una sconfitta	жеңилүү	dʒeŋilyy
pareggio (m)	теңме-тең	teŋme-teŋ
pareggiare (vi)	теңме-тең бүтүрүү	teŋme-teŋ bytyryy

vittoria (f)	жеңиш	dʒeŋiʃ
vincere (vi)	жеңүү	dʒeŋyy

campione (m)	чемпион	tʃempion
migliore (agg)	эң жакшы	eŋ dʒakʃı
congratularsi (con qn per qc)	куттуктоо	kuttuktoo

commentatore (m)	баяндамачы	bajandamatʃı
commentare (vt)	баяндоо	bajandoo
trasmissione (f)	берүү	beryy

137. Sci alpino

sci (m pl)	чаңгы	tʃaŋgı
sciare (vi)	чаңгы тебүү	tʃaŋgı tebyy
stazione (f) sciistica	тоо лыжа курорту	too lıdʒa kurortu
sciovia (f)	көтөргүч	køtørgytʃ

bastoni (m pl) da sci	таякчалар	tajaktʃalar
pendio (m)	эңкейиш	eŋkejiʃ
slalom (m)	слалом	slalom

138. Tennis. Golf

golf (m)	гольф	golʲf
golf club (m)	гольф-клуб	golʲf-klub
golfista (m)	гольф оюнчу	golʲf ojuntʃu

buca (f)	тешикче	teʃiktʃe
mazza (f) da golf	иймек таяк	ijmek tajak
carrello (m) da golf	иймек таяк үчүн арабача	ijmek tajak ytʃyn arabatʃa

tennis (m)	теннис	tennis
campo (m) da tennis	корт	kort

battuta (f)	кийирүү	kijiryy
servire (vt)	кийирүү	kijiryy

racchetta (f)	ракетка	raketka
rete (f)	тор	tor
palla (f)	топ	top

139. Scacchi

scacchi (m pl)	шахмат	ʃaχmat
pezzi (m pl) degli scacchi	шахмат фигурасы	ʃaχmat figurası
scacchista (m)	шахмат ойноочу	ʃaχmat ojnootʃu
scacchiera (f)	шахмат тактасы	ʃaχmat taktası
pezzo (m)	фигура	figura

| Bianchi (m pl) | актар | aktar |
| Neri (m pl) | каралар | karalar |

pedina (f)	пешка	peʃka
alfiere (m)	пил	pil
cavallo (m)	ат	at
torre (f)	ладья	ladja
regina (f)	ферзь	ferzⁱ
re (m)	король	korolʲ

mossa (m)	жүрүш	dʒyryʃ
muovere (vt)	жүрүү	dʒyryy
sacrificare (vt)	курман кылуу	kurman kıluu
arrocco (m)	рокировка	rokirovka
scacco (m)	шах	ʃaχ
scacco matto (m)	мат	mat

torneo (m) di scacchi	шахмат турнири	ʃaχmat turniri
gran maestro (m)	гроссмейстер	grossmejster
combinazione (f)	комбинация	kombinatsija
partita (f) (~ a scacchi)	партия	partija
dama (f)	шашкалар	ʃaʃkalar

140. Pugilato

pugilato (m), boxe (f)	бокс	boks
incontro (m)	мушташ	muʃtaʃ
incontro (m) di boxe	жекеме-жеке мушташ	dʒekeme-dʒeke muʃtaʃ
round (m)	раунд	raund

| ring (m) | ринг | ring |
| gong (m) | гонг | gong |

| pugno (m) | сокку | sokku |
| knock down (m) | нокдаун | nokdaun |

| knock-out (m) | нокаут | nokaut |
| mettere knock-out | нокаутка жиберүү | nokautka dʒiberyy |

| guantone (m) da pugile | бокс колкабы | boks kolkabı |
| arbitro (m) | рефери | referi |

peso (m) leggero	жеңил салмак	dʒeŋil salmak
peso (m) medio	орто салмак	orto salmak
peso (m) massimo	оор салмак	oor salmak

141. Sport. Varie

Giochi (m pl) Olimpici	Олимпиада Оюндары	olimpiada ojɵndarı
vincitore (m)	жеңүүчү	dʒeŋyytʃy
ottenere la vittoria	жеңүү	dʒeŋyy
vincere (vi)	утуу	utuu
leader (m), capo (m)	топ башы	top baʃı
essere alla guida	топ башында болуу	top baʃında boluu
primo posto (m)	биринчи орун	birintʃi orun
secondo posto (m)	экинчи орун	ekintʃi orun
terzo posto (m)	үчүнчү орун	ytʃyntʃy orun
medaglia (f)	медаль	medalʲ
trofeo (m)	трофей	trofej
coppa (f) (trofeo)	кубок	kubok
premio (m)	байге	bajge
primo premio (m)	баш байге	baʃ bajge
record (m)	рекорд	rekord
stabilire un record	рекорд коюу	rekord kojɵu
finale (m)	финал	final
finale (agg)	финалдык	finaldık
campione (m)	чемпион	tʃempion
campionato (m)	чемпионат	tʃempionat
stadio (m)	стадион	stadion
tribuna (f)	трибуна	tribuna
tifoso, fan (m)	күйөрман	kyjɵrman
avversario (m)	каршылаш	karʃılaʃ
partenza (f)	старт	start
traguardo (m)	маара	maara
sconfitta (f)	утулуу	utuluu
perdere (vt)	жеңилүү	dʒeŋilyy
arbitro (m)	судья	sudja
giuria (f)	калыстар	kalıstar
punteggio (m)	эсеп	esep
pareggio (m)	теңме-тең	teŋme-teŋ
pareggiare (vi)	теңме-тең бүтүрүү	teŋme-teŋ bytyryy
punto (m)	упай	upaj
risultato (m)	натыйжа	natıjdʒa
tempo (primo ~)	убак	ubak
intervallo (m)	тыныгуу	tınıguu
doping (m)	допинг	doping
penalizzare (vt)	жазалоо	dʒazaloo
squalificare (vt)	дисквалификиялоо	diskvalifitsijaloo
attrezzatura (f)	снаряд	snarʲad

giavellotto (m)	найза	najza
peso (m) (sfera metallica)	ядро	jadro
biglia (f) (palla)	бильярд шары	biljard ʃarı

obiettivo (m)	бута	buta
bersaglio (m)	бута	buta
sparare (vi)	атуу	atuu
preciso (agg)	таамай	taamaj

allenatore (m)	машыктыруучу	maʃiktıruutʃu
allenare (vt)	машыктыруу	maʃiktıruu
allenarsi (vr)	машыгуу	maʃiguu
allenamento (m)	машыгуу	maʃiguu

palestra (f)	спортзал	sportzal
esercizio (m)	көнүгүү	kønygyy
riscaldamento (m)	дене керүү	dene keryy

Istruzione

142. Scuola

scuola (f)	мектеп	mektep
direttore (m) di scuola	мектеп директору	mektep direktoru
allievo (m)	окуучу бала	okuutʃu bala
allieva (f)	окуучу кыз	okuutʃu kız
scolaro (m)	окуучу	okuutʃu
scolara (f)	окуучу кыз	okuutʃu kız
insegnare (qn)	окутуу	okutuu
imparare (una lingua)	окуу	okuu
imparare a memoria	жаттоо	dʒattoo
studiare (vi)	үйрөнүү	yjrønyy
frequentare la scuola	мектепке баруу	mektepke baruu
andare a scuola	окууга баруу	okuuga baruu
alfabeto (m)	алфавит	alfavit
materia (f)	сабак	sabak
classe (f)	класс	klass
lezione (f)	сабак	sabak
ricreazione (f)	танапис	tanapis
campanella (f)	коңгуроо	koŋguroo
banco (m)	парта	parta
lavagna (f)	такта	takta
voto (m)	баа	baa
voto (m) alto	жакшы баа	dʒakʃı baa
voto (m) basso	жаман баа	dʒaman baa
dare un voto	баа коюу	baa kojʉu
errore (m)	ката	kata
fare errori	ката кетирүү	kata ketiryy
correggere (vt)	түзөтүү	tyzøtyy
bigliettino (m)	шпаргалка	ʃpargalka
compiti (m pl)	үй иши	yj iʃi
esercizio (m)	көнүгүү	kønygyy
essere presente	катышуу	katıʃuu
essere assente	келбей калуу	kelbej kaluu
mancare le lezioni	сабактарды калтыруу	sabaktardı kaltıruu
punire (vt)	жазалоо	dʒazaloo
punizione (f)	жаза	dʒaza
comportamento (m)	жүрүм-турум	dʒyrym-turum

pagella (f)	күндөлүк	kyndølyk
matita (f)	карандаш	karandaʃ
gomma (f) per cancellare	өчүргүч	øtʃyrgytʃ
gesso (m)	бор	bor
astuccio (m) portamatite	калем салгыч	kalem salgıtʃ

cartella (f)	портфель	portfelʲ
penna (f)	калем сап	kalem sap
quaderno (m)	дептер	depter
manuale (m)	китеп	kitep
compasso (m)	циркуль	tsırkulʲ

| disegnare (tracciare) | чийүү | tʃijyy |
| disegno (m) tecnico | чийме | tʃijme |

poesia (f)	ыр сап	ır sap
a memoria	жатка	dʒatka
imparare a memoria	жаттоо	dʒattoo

vacanze (f pl) scolastiche	эс алуу	es aluu
essere in vacanza	эс алууда болуу	es aluuda boluu
passare le vacanze	эс алууну өткөзүү	es aluunu øtkøzyy

prova (f) scritta	текшерүү иш	tekʃeryy iʃ
composizione (f)	дил баян	dil bajan
dettato (m)	жат жаздыруу	dʒat dʒazdıruu
esame (m)	экзамен	ekzamen
sostenere un esame	экзамен тапшыруу	ekzamen tapʃiruu
esperimento (m)	тажрыйба	tadʒrıjba

143. Istituto superiore. Università

accademia (f)	академия	akademija
università (f)	университет	universitet
facoltà (f)	факультет	fakulʲtet

studente (m)	студент бала	student bala
studentessa (f)	студент кыз	student kız
docente (m, f)	мугалим	mugalim

| aula (f) | дарскана | darskana |
| diplomato (m) | окуу жайды бүтүрүүчү | okuu dʒajdı bytyryytʃy |

| diploma (m) | диплом | diplom |
| tesi (f) | диссертация | dissertatsija |

| ricerca (f) | изилдөө | izildøø |
| laboratorio (m) | лаборатория | laboratorija |

| lezione (f) | лекция | lektsija |
| compagno (m) di corso | курсташ | kurstaʃ |

| borsa (f) di studio | стипендия | stipendija |
| titolo (m) accademico | илимий даража | ilimij daradʒa |

144. Scienze. Discipline

matematica (f)	математика	matematika
algebra (f)	алгебра	algebra
geometria (f)	геометрия	geometrija
astronomia (f)	астрономия	astronomija
biologia (f)	биология	biologija
geografia (f)	география	geografija
geologia (f)	геология	geologija
storia (f)	тарых	tarıχ
medicina (f)	медицина	meditsina
pedagogia (f)	педагогика	pedagogika
diritto (m)	укук	ukuk
fisica (f)	физика	fizika
chimica (f)	химия	χimija
filosofia (f)	философия	filosofija
psicologia (f)	психология	psiχologija

145. Sistema di scrittura. Ortografia

grammatica (f)	грамматика	grammatika
lessico (m)	лексика	leksika
fonetica (f)	фонетика	fonetika
sostantivo (m)	зат атооч	zat atootʃ
aggettivo (m)	сын атооч	sın atootʃ
verbo (m)	этиш	etiʃ
avverbio (m)	тактооч	taktootʃ
pronome (m)	ат атооч	at atootʃ
interiezione (f)	сырдык сөз	sırdık søz
preposizione (f)	препозиция	prepozitsija
radice (f)	сөздүн уңгусу	søzdyn uŋgusu
desinenza (f)	жалгоо	dʒalgoo
prefisso (m)	префикс	prefiks
sillaba (f)	муун	muun
suffisso (m)	суффикс	suffiks
accento (m)	басым	basım
apostrofo (m)	апостроф	apostrof
punto (m)	чекит	tʃekit
virgola (f)	үтүр	ytyr
punto (m) e virgola	чекитүү үтүр	tʃekityy ytyr
due punti	кош чекит	koʃ tʃekit
puntini di sospensione	көп чекит	køp tʃekit
punto (m) interrogativo	суроо белгиси	suroo belgisi
punto (m) esclamativo	илеп белгиси	ilep belgisi

virgolette (f pl)	тырмакча	tırmaktʃa
tra virgolette	тырмакчага алынган	tırmaktʃaga alıngan
parentesi (f pl)	кашаа	kaʃaa
tra parentesi	кашаага алынган	kaʃaaga alıngan
trattino (m)	дефис	defis
lineetta (f)	тире	tire
spazio (m) (tra due parole)	аралык	aralık
lettera (f)	тамга	tamga
lettera (f) maiuscola	баш тамга	baʃ tamga
vocale (f)	үндүү тыбыш	yndyy tıbıʃ
consonante (f)	үнсүз тыбыш	ynsyz tıbıʃ
proposizione (f)	сүйлөм	syjløm
soggetto (m)	сүйлөмдүн ээси	syjlømdyn eesi
predicato (m)	баяндооч	bajandootʃ
riga (f)	сап	sap
a capo	жаңы сап	dʒaŋı sap
capoverso (m)	абзац	abzats
parola (f)	сөз	søz
gruppo (m) di parole	сөз айкашы	søz ajkaʃı
espressione (f)	түюнтма	tujʉntma
sinonimo (m)	синоним	sinonim
antonimo (m)	антоним	antonim
regola (f)	эреже	eredʒe
eccezione (f)	чектен чыгаруу	tʃekten tʃıgaruu
giusto (corretto)	туура	tuura
coniugazione (f)	жактоо	dʒaktoo
declinazione (f)	жөндөлүш	dʒøndølyʃ
caso (m) nominativo	жөндөмө	dʒøndømø
domanda (f)	суроо	suroo
sottolineare (vt)	баса белгилөө	basa belgiløø
linea (f) tratteggiata	пунктир	punktir

146. Lingue straniere

lingua (f)	тил	til
straniero (agg)	чет	tʃet
lingua (f) straniera	чет тил	tʃet til
studiare (vt)	окуу	okuu
imparare (una lingua)	үйрөнүү	yjrønyy
leggere (vi, vt)	окуу	okuu
parlare (vi, vt)	сүйлөө	syjløø
capire (vt)	түшүнүү	tyʃynyy
scrivere (vi, vt)	жазуу	dʒazuu
rapidamente	тез	tez
lentamente	жай	dʒaj

correntemente	эркин	erkin
regole (f pl)	эрежелер	eredʒeler
grammatica (f)	грамматика	grammatika
lessico (m)	лексика	leksika
fonetica (f)	фонетика	fonetika

manuale (m)	китеп	kitep
dizionario (m)	сөздүк	søzdyk
manuale (m) autodidattico	өзү үйрөткүч	øzy yjrøtkytʃ
frasario (m)	тилачар	tilatʃar

cassetta (f)	кассета	kasseta
videocassetta (f)	видеокассета	videokasseta
CD (m)	CD, компакт-диск	sidi, kompakt-disk
DVD (m)	DVD-диск	dividi-disk

alfabeto (m)	алфавит	alfavit
compitare (vt)	эжелеп айтуу	edʒelep ajtuu
pronuncia (f)	айтылышы	ajtılıʃı

accento (m)	акцент	aktsent
con un accento	акцент менен	aktsent menen
senza accento	акцентсиз	aktsentsiz

| vocabolo (m) | сөз | søz |
| significato (m) | маани | maani |

corso (m) (~ di francese)	курстар	kurstar
iscriversi (vr)	курска жазылуу	kurska dʒazıluu
insegnante (m, f)	окутуучу	okutuutʃu

traduzione (f) (fare una ~)	которуу	kotoruu
traduzione (f) (un testo)	котормо	kotormo
traduttore (m)	котормочу	kotormotʃu
interprete (m)	оозеки котормочу	oozeki kotormotʃu

| poliglotta (m) | полиглот | poliglot |
| memoria (f) | эс тутум | es tutum |

147. Personaggi delle fiabe

Babbo Natale (m)	Санта Клаус	santa klaus
Cenerentola (f)	Кулала кыз	kylala kız
sirena (f)	суу периси	suu perisi
Nettuno (m)	Нептун	neptun

mago (m)	сыйкырчы	sıjkırtʃı
fata (f)	сыйкырчы	sıjkırtʃı
magico (agg)	сыйкырдуу	sıjkırduu
bacchetta (f) magica	сыйкырлуу таякча	sıjkırluu tajaktʃa

fiaba (f), favola (f)	жомок	dʒomok
miracolo (m)	керемет	keremet
nano (m)	эргежээл	ergedʒeel

129

trasformarsi in ...	...га айлануу	...ga ajlanuu
fantasma (m)	көрүнчү	kørynʧy
spettro (m)	арбак	arbak
mostro (m)	желмогуз	ʤelmoguz
drago (m)	ажыдаар	aʤɪdaar
gigante (m)	дөө	døø

148. Segni zodiacali

Ariete (m)	Кой	koj
Toro (m)	Букачар	bukaʧar
Gemelli (m pl)	Эгиздер	egizder
Cancro (m)	Рак	rak
Leone (m)	Арстан	arstan
Vergine (f)	Суу пери	suu peri

Bilancia (f)	Тараза	taraza
Scorpione (m)	Чаян	ʧajan
Sagittario (m)	Жаачы	ʤaaʧɪ
Capricorno (m)	Текечер	teketʃer
Acquario (m)	Суу куяр	suu kujar
Pesci (m pl)	Балыктар	balɪktar

carattere (m)	мүнөз	mynøz
tratti (m pl) del carattere	мүнөздүн түрү	mynøzdyn tyry
comportamento (m)	жүрүм-турум	ʤyrym-turum
predire il futuro	төлгө ачуу	tølgø atʃuu
cartomante (f)	көз ачык	køz atʃɪk
oroscopo (m)	жылдыз төлгө	ʤɪldɪz tølgø

Arte

149. Teatro

teatro (m)	театр	teatr
opera (f)	опера	opera
operetta (f)	оперетта	operetta
balletto (m)	балет	balet

cartellone (m)	афиша	afiʃa
compagnia (f) teatrale	труппа	truppa
tournée (f)	гастрольго чыгуу	gastrolʲgo ʧɩguu
andare in tourn?e	гастрольдо жүрүү	gastrolʲdo ʤyryy
fare le prove	репетиция кылуу	repetitsija kıluu
prova (f)	репетиция	repetitsija
repertorio (m)	репертуар	repertuar

rappresentazione (f)	көрсөтүү	kørsøtyy
spettacolo (m)	спектакль	spektaklʲ
opera (f) teatrale	пьеса	pjesa

biglietto (m)	билет	bilet
botteghino (m)	билет кассасы	bilet kassası
hall (f)	холл	χoll
guardaroba (f)	гардероб	garderob
cartellino (m) del guardaroba	номерок	nomerok
binocolo (m)	дүрбү	dyrby
maschera (f)	текшерүүчү	tekʃeryyʧy

platea (f)	партер	parter
balconata (f)	балкон	balkon
prima galleria (f)	бельэтаж	beljetadʒ
palco (m)	ложа	lodʒa
fila (f)	катар	katar
posto (m)	орун	orun

pubblico (m)	эл	el
spettatore (m)	көрүүчү	køryyʧy
battere le mani	кол чабуу	kol ʧabuu
applauso (m)	кол чабуулар	kol ʧabuular
ovazione (f)	дүркүрөгөн кол чабуулар	dyrkyrøgøn kol ʧabuular

palcoscenico (m)	сахна	saχna
sipario (m)	көшөгө	køʃøgø
scenografia (f)	декорация	dekoratsija
quinte (f pl)	көшөгө артында	køʃøgø artında

scena (f) (l'ultima ~)	көрсөтмө	kørsøtmø
atto (m)	окуя	okuja
intervallo (m)	антракт	antrakt

150. Cinema

attore (m)	актёр	aktіor
attrice (f)	актриса	aktrisa
cinema (m) (industria)	кино	kino
film (m)	тасма	tasma
puntata (f)	серия	serija
film (m) giallo	детектив	detektiv
film (m) d'azione	салгылаш тасмасы	salgılaſ tasması
film (m) d'avventure	укмуштуу окуялуу тасма	ukmuſtuu okujaluu tasma
film (m) di fantascienza	билим-жалган аралаш тасмасы	bilim-dʒalgan aralaſ tasması
film (m) d'orrore	коркутуу тасмасы	korkutuu tasması
film (m) comico	күлкүлүү кино	kylkylyy kino
melodramma (m)	ый менен кайгы аралаш	ıy menen kajgı aralaſ
dramma (m)	драма	drama
film (m) a soggetto	көркөм тасма	kørkøm tasma
documentario (m)	документүү тасма	dokumentyy tasma
cartoni (m pl) animati	мультфильм	mulіtfilіm
cinema (m) muto	үнсүз кино	ynsyz kino
parte (f)	роль	rolі
parte (f) principale	башкы роль	baſkı rolі
recitare (vi, vt)	ойноо	ojnoo
star (f), stella (f)	кино жылдызы	kino dʒıldızı
noto (agg)	белгилүү	belgilyy
famoso (agg)	атактуу	ataktuu
popolare (agg)	даңазалуу	daŋazaluu
sceneggiatura (m)	сценарий	stsenarij
sceneggiatore (m)	сценарист	stsenarist
regista (m)	режиссёр	redʒissіor
produttore (m)	продюсер	produser
assistente (m)	ассистент	assistent
cameraman (m)	оператор	operator
cascatore (m)	айлагер	ajlager
controfigura (f)	кейпин кийүүчү	kejpin kijyytſy
girare un film	тасма тартуу	tasma tartuu
provino (m)	сыноо	sınoo
ripresa (f)	тартуу	tartuu
troupe (f) cinematografica	тартуу группасы	tartuu gruppası
set (m)	тартуу аянты	tartuu ajantı
cinepresa (f)	кинокамера	kinokamera
cinema (m) (~ all'aperto)	кинотеатр	kinoteatr
schermo (m)	экран	ekran
proiettare un film	тасманы көрсөтүү	tasmanı kørsøtyy
colonna (f) sonora	үн нугу	yn nugu
effetti (m pl) speciali	атайын эффектер	atajın effekter

sottotitoli (m pl)	субтитрлер	subtitrler
titoli (m pl) di coda	титрлер	titrler
traduzione (f)	которуу	kotoruu

151. Pittura

arte (f)	керкем енер	kørkøm ønør
belle arti (f pl)	керкем чеберчилик	kørkøm tʃebertʃilik
galleria (f) d'arte	арт-галерея	art-galereja
mostra (f)	сурет кергезмесу	syrøt kørgøzmøsy

pittura (f)	живопись	dʒivopisʲ
grafica (f)	графика	grafika
astrattismo (m)	абстракционизм	abstraktsionizm
impressionismo (m)	импрессионизм	impressionizm

quadro (m)	сурет	syrøt
disegno (m)	сурет	syrøt
cartellone, poster (m)	кернек	kørnøk

illustrazione (f)	иллюстрация	illustratsija
miniatura (f)	миниатюра	miniatura
copia (f)	кечурме	køtʃyrmø
riproduzione (f)	репродукция	reproduktsija

mosaico (m)	мозаика	mozaika
vetrata (f)	витраж	vitradʒ
affresco (m)	фреска	freska
incisione (f)	гравюра	gravura

busto (m)	бюст	bust
scultura (f)	айкел	ajkel
statua (f)	айкел	ajkel
gesso (m)	гипс	gips
in gesso	гипстен	gipsten

ritratto (m)	портрет	portret
autoritratto (m)	автопортрет	avtoportret
paesaggio (m)	теребел сурету	terebel syrøty
natura (f) morta	буюмдар сурету	bujumdar syrøty
caricatura (f)	карикатура	karikatura
abbozzo (m)	сомо	somo

colore (m)	боек	boek
acquerello (m)	акварель	akvarelʲ
olio (m)	майбоёк	majbojok
matita (f)	карандаш	karandaʃ
inchiostro (m) di china	тушь	tuʃ
carbone (m)	кемур	kømyr

disegnare (a matita)	тартуу	tartuu
dipingere (un quadro)	боёк менен тартуу	bojok menen tartuu
posare (vi)	атайын туруу	atajın turuu
modello (m)	атайын туруучу	atajın turuutʃu

modella (f)	атайын туруучу	atajın turuutʃu
pittore (m)	сүрөтчү	syrøttʃy
opera (f) d'arte	чыгарма	tʃıgarma
capolavoro (m)	чеберчиликтин чокусу	tʃebertʃiliktin tʃokusu
laboratorio (m) (di artigiano)	устакана	ustakana

tela (f)	кендир	kendir
cavalletto (m)	мольберт	molʲbert
tavolozza (f)	палитра	palitra

cornice (f) (~ di un quadro)	алкак	alkak
restauro (m)	калыбына келтирүү	kalıbına keltiryy
restaurare (vt)	калыбына келтирүү	kalıbına keltiryy

152. Letteratura e poesia

letteratura (f)	адабият	adabijat
autore (m)	автор	avtor
pseudonimo (m)	лакап ат	lakap at

libro (m)	китеп	kitep
volume (m)	том	tom
sommario (m), indice (m)	мазмун	mazmun
pagina (f)	бет	bet
protagonista (m)	башкы каарман	baʃkı kaarman
autografo (m)	кол тамга	kol tamga

racconto (m)	окуя	okuja
romanzo (m) breve	аңгеме	angeme
romanzo (m)	роман	roman
opera (f) (~ letteraria)	дил баян	dil bajan
favola (f)	тамсил	tamsil
giallo (m)	детектив	detektiv

verso (m)	ыр сап	ır sap
poesia (f) (~ lirica)	поэзия	poezija
poema (m)	поэма	poema
poeta (m)	акын	akın

narrativa (f)	сулуулатып жазуу	suluulatıp dʒazuu
fantascienza (f)	билим-жалган аралаш	bilim-dʒalgan aralaʃ
avventure (f pl)	укмуштуу окуялар	ukmuʃtuu okujalar
letteratura (f) formativa	билим берүү адабияты	bilim beryy adabijatı
libri (m pl) per l'infanzia	балдар адабияты	baldar adabijatı

153. Circo

circo (m)	цирк	tsırk
tendone (m) del circo	цирк-шапито	tsırk-ʃapito
programma (m)	программа	programma
spettacolo (m)	көрсөтүү	kørsøtyy
numero (m)	номер	nomer

arena (f)	арена	arena
pantomima (m)	пантомима	pantomima
pagliaccio (m)	маскарапоз	maskarapoz
acrobata (m)	акробат	akrobat
acrobatica (f)	акробатика	akrobatika
ginnasta (m)	гимнаст	gimnast
ginnastica (m)	гимнастика	gimnastika
salto (m) mortale	тоӊкочуктап атуу	toŋkotʃuktap atuu
forzuto (m)	атлет	atlet
domatore (m)	ыкка көндүрүүчү	ıkka køndyryytʃy
cavallerizzo (m)	чабандес	tʃabandes
assistente (m)	жардамчы	dʒardamtʃı
acrobazia (f)	ыкма	ıkma
gioco (m) di prestigio	көз боемо	køz boemo
prestigiatore (m)	көз боемочу	køz boemotʃu
giocoliere (m)	жонглёр	dʒonglʲor
giocolare (vi)	жонглёрлук кылуу	dʒonglʲorluk kıluu
ammaestratore (m)	үйрөтүүчү	yjrøtyytʃy
ammaestramento (m)	үйрөтүү	yjrøtyy
ammaestrare (vt)	үйрөтүү	yjrøtyy

154. Musica. Musica pop

musica (f)	музыка	muzıka
musicista (m)	музыкант	muzıkant
strumento (m) musicale	музыка аспабы	muzıka aspabı
suonare ...	...да ойноо	...da ojnoo
chitarra (f)	гитара	gitara
violino (m)	скрипка	skripka
violoncello (m)	виолончель	violontʃelʲ
contrabbasso (m)	контрабас	kontrabas
arpa (f)	арфа	arfa
pianoforte (m)	пианино	pianino
pianoforte (m) a coda	рояль	rojalʲ
organo (m)	орган	organ
strumenti (m pl) a fiato	үйлө аспаптары	yjlø aspaptarı
oboe (m)	гобой	goboj
sassofono (m)	саксофон	saksofon
clarinetto (m)	кларнет	klarnet
flauto (m)	флейта	flejta
tromba (f)	сурнай	surnaj
fisarmonica (f)	аккордеон	akkordeon
tamburo (m)	добулбас	dobulbas
duetto (m)	дуэт	duet
trio (m)	трио	trio

quartetto (m)	квартет	kvartet
coro (m)	хор	χor
orchestra (f)	оркестр	orkestr
musica (f) pop	поп-музыка	pop-muzıka
musica (f) rock	рок-музыка	rok-muzıka
gruppo (m) rock	рок-группа	rok-gruppa
jazz (m)	джаз	ʤaz
idolo (m)	аздек	azdek
ammiratore (m)	күйөрман	kyjørman
concerto (m)	концерт	kontsert
sinfonia (f)	симфония	simfonija
composizione (f)	чыгарма	ʧıgarma
comporre (vt), scrivere (vt)	чыгаруу	ʧıgaruu
canto (m)	ырдоо	ırdoo
canzone (f)	ыр	ır
melodia (f)	обон	obon
ritmo (m)	ыргак	ırgak
blues (m)	блюз	blʉz
note (f pl)	ноталар	notalar
bacchetta (f)	таякча	tajakʧa
arco (m)	кылдуу таякча	kılduu tajakʧa
corda (f)	кыл	kıl
custodia (f) (~ della chitarra)	куту	kutu

Ristorante. Intrattenimento. Viaggi

155. Escursione. Viaggio

turismo (m)	туризм	turizm
turista (m)	турист	turist
viaggio (m) (all'estero)	саякат	sajakat
avventura (f)	укмуштуу окуя	ukmuʃtuu okuja
viaggio (m) (corto)	сапар	sapar
vacanza (f)	дем алыш	dem alıʃ
essere in vacanza	дем алышка чыгуу	dem alıʃka ʧıguu
riposo (m)	эс алуу	es aluu
treno (m)	поезд	poezd
in treno	поезд менен	poezd menen
aereo (m)	учак	uʧak
in aereo	учакта	uʧakta
in macchina	автомобилде	avtomobilde
in nave	кемеде	kemede
bagaglio (m)	жүк	dʒyk
valigia (f)	чемодан	ʧemodan
carrello (m)	араба	araba
passaporto (m)	паспорт	pasport
visto (m)	виза	viza
biglietto (m)	билет	bilet
biglietto (m) aereo	авиабилет	aviabilet
guida (f)	жол көрсөткүч	dʒol kørsøtkyʧ
carta (f) geografica	карта	karta
località (f)	жай	dʒaj
luogo (m)	жер	dʒer
ogetti (m pl) esotici	экзотика	ekzotika
esotico (agg)	экзотикалуу	ekzotikaluu
sorprendente (agg)	ажайып	adʒajıp
gruppo (m)	топ	top
escursione (f)	экскурсия	ekskursija
guida (f) (cicerone)	экскурсия жетекчиси	ekskursija dʒetekʧisi

156. Hotel

albergo, hotel (m)	мейманкана	mejmankana
motel (m)	мотель	motelʲ
tre stelle	үч жылдыздуу	yʧ dʒıldızduu

cinque stelle	беш жылдыздуу	beʃ dʒɪldɪzduu
alloggiare (vi)	токтоо	toktoo

camera (f)	номер	nomer
camera (f) singola	бир орундуу	bir orunduu
camera (f) doppia	эки орундуу	eki orunduu
prenotare una camera	номерди камдык буйрутмалоо	nomerdi kamdık bujrutmaloo

mezza pensione (f)	жарым пансион	dʒarım pansion
pensione (f) completa	толук пансион	toluk pansion

con bagno	ваннасы менен	vannası menen
con doccia	душ менен	duʃ menen
televisione (f) satellitare	спутник	sputnik
condizionatore (m)	аба желдеткич	aba dʒeldetkiʧ
asciugamano (m)	сүлгү	sylgy
chiave (f)	ачкыч	aʧkıʧ

amministratore (m)	администратор	administrator
cameriera (f)	үй кызматкери	yj kızmatkeri
portabagagli (m)	жук ташуучу	dʒyk taʃuuʧu
portiere (m)	эшик ачуучу	eʃik aʧuuʧu

ristorante (m)	ресторан	restoran
bar (m)	бар	bar
colazione (f)	таңкы тамак	taŋkı tamak
cena (f)	кечки тамак	keʧki tamak
buffet (m)	шведче стол	ʃvedʧe stol

hall (f) (atrio d'ingresso)	вестибюль	vestibulʲ
ascensore (m)	лифт	lift

NON DISTURBARE	ТЫНЧЫБЫЗДЫ АЛБАГЫЛА!	tınʧıbızdı albagıla!
VIETATO FUMARE!	ТАМЕКИ ЧЕГҮҮГӨ БОЛБОЙТ!	tameki ʧegyygø bolbojt!

157. Libri. Lettura

libro (m)	китеп	kitep
autore (m)	автор	avtor
scrittore (m)	жазуучу	dʒazuuʧu
scrivere (vi, vt)	жазуу	dʒazuu

lettore (m)	окурман	okurman
leggere (vi, vt)	окуу	okuu
lettura (f) (sala di ~)	окуу	okuu

in silenzio (leggere ~)	үн чыгарбай	yn ʧıgarbaj
ad alta voce	үн чыгарып	yn ʧıgarıp

pubblicare (vt)	басып чыгаруу	basıp ʧıgaruu
pubblicazione (f)	басып чыгаруу	basıp ʧıgaruu

| editore (m) | басып чыгаруучу | basıp tʃıgaruutʃu |
| casa (f) editrice | басмакана | basmakana |

uscire (vi)	жарык көрүү	dʒarık køryy
uscita (f)	чыгуу	tʃıguu
tiratura (f)	нуска	nuska

| libreria (f) | китеп дүкөнү | kitep dykøny |
| biblioteca (f) | китепкана | kitepkana |

romanzo (m) breve	аңгеме	aŋgeme
racconto (m)	окуя	okuja
romanzo (m)	роман	roman
giallo (m)	детектив	detektiv

memorie (f pl)	эсте калгандары	este kalgandarı
leggenda (f)	уламыш	ulamıʃ
mito (m)	миф	mif

poesia (f), versi (m pl)	ыр	ır
autobiografia (f)	автобиография	avtobiografija
opere (f pl) scelte	тандалма	tandalma
fantascienza (f)	билим-жалган аралаш	bilim-dʒalgan aralaʃ

titolo (m)	аталышы	atalıʃı
introduzione (f)	кириш сөз	kiriʃ søz
frontespizio (m)	наам барагы	naam baragı

capitolo (m)	бөлум	bølum
frammento (m)	үзүндү	yzyndy
episodio (m)	эпизод	epizod

soggetto (m)	сюжет	sudʒet
contenuto (m)	мазмун	mazmun
sommario (m)	мазмун	mazmun
protagonista (m)	башкы каарман	baʃkı kaarman

volume (m)	том	tom
copertina (f)	мукаба	mukaba
rilegatura (f)	мукабалоо	mukabaloo
segnalibro (m)	чөп кат	tʃøp kat

pagina (f)	бет	bet
sfogliare (~ le pagine)	барактоо	baraktoo
margini (m pl)	талаа	talaa
annotazione (f)	белги	belgi
nota (f) (a fondo pagina)	эскертүү	eskertyy

testo (m)	текст	tekst
carattere (m)	шрифт	ʃrift
refuso (m)	ката	kata

traduzione (f)	котормо	kotormo
tradurre (vt)	которуу	kotoruu
originale (m) (leggere l'~)	түпнуска	typnuska
famoso (agg)	атактуу	ataktuu

sconosciuto (agg)	белгисиз	belgisiz
interessante (agg)	кызыктуу	kızıktuu
best seller (m)	талашып сатып алынган	talaʃıp satıp alıngan

dizionario (m)	сөздүк	søzdyk
manuale (m)	китеп	kitep
enciclopedia (f)	энциклопедия	entsiklopedija

158. Caccia. Pesca

caccia (f)	аңчылык	aŋʧılık
cacciare (vt)	аңчылык кылуу	aŋʧılık kıluu
cacciatore (m)	аңчы	aŋʧı

sparare (vi)	атуу	atuu
fucile (m)	мылтык	mıltık
cartuccia (f)	ок	ok
pallini (m pl) da caccia	чачма	ʧaʧma

tagliola (f) (~ per orsi)	капкан	kapkan
trappola (f) (~ per uccelli)	тузак	tuzak
cadere in trappola	капканга түшүү	kapkanga tyʃyy
tendere una trappola	капкан коюу	kapkan kojuu

bracconiere (m)	браконьер	brakonjer
cacciagione (m)	илбээсин	ilbeesin
cane (m) da caccia	тайган	tajgan
safari (m)	сафари	safari
animale (m) impagliato	кеп	kep
pescatore (m)	балыкчы	balıkʧı
pesca (f)	балык улоо	balık uloo
pescare (vi)	балык улоо	balık uloo

canna (f) da pesca	кайырмак	kajırmak
lenza (f)	кайырмак жиби	kajırmak dʒibi
amo (m)	илгич	ilgiʧ
galleggiante (m)	калкыма	kalkıma
esca (f)	жем	dʒem

lanciare la canna	кайырмак таштоо	kajırmak taʃtoo
abboccare (pesce)	чокулоо	ʧokuloo
pescato (m)	кармалган балык	karmalgan balık
buco (m) nel ghiaccio	муздагы оюк	muzdagı ojuk

rete (f)	тор	tor
barca (f)	кайык	kajık
prendere con la rete	тор менен кармоо	tor menen karmoo
gettare la rete	тор таштоо	tor taʃtoo
tirare le reti	торду чыгаруу	tordu ʧıgaruu
cadere nella rete	торго түшүү	torgo tyʃyy

baleniere (m)	кит уулоочу	kit uulooʧu
baleniera (f) (nave)	кит уулоочу кеме	kit uulooʧu keme
rampone (m)	гарпун	garpun

159. Ciochi. Biliardo

biliardo (m)	бильярд	biljard
sala (f) da biliardo	бильярдкана	biljardkana
bilia (f)	бильярд шары	biljard ʃarı
imbucare (vt)	шарды киргизүү	ʃardı kirgizyy
stecca (f) da biliardo	кий	kij
buca (f)	луза	luza

160. Giochi. Carte da gioco

quadri (m pl)	момун	momun
picche (f pl)	карга	karga
cuori (m pl)	кызыл ача	kızıl atʃa
fiori (m pl)	чырым	tʃırım
asso (m)	туз	tuz
re (m)	король	korolʲ
donna (f)	матке	matke
fante (m)	балта	balta
carta (f) da gioco	оюн картасы	ojʉn kartası
carte (f pl)	карталар	kartalar
briscola (f)	козур	køzyr
mazzo (m) di carte	колода	koloda
punto (m)	очко	otʃko
dare le carte	таратуу	taratuu
mescolare (~ le carte)	аралаштыруу	aralaʃtıruu
turno (m)	жүрүү	dʒyryy
baro (m)	шумпай	ʃumpaj

161. Casinò. Roulette

casinò (m)	казино	kazino
roulette (f)	рулетка	ruletka
puntata (f)	коюм	kojʉm
puntare su ...	коюм коюу	kojʉm kojʉu
rosso (m)	кызыл	kızıl
nero (m)	кара	kara
puntare sul rosso	кызылга коюу	kızılga kojʉu
puntare sul nero	карага коюу	karaga kojʉu
croupier (m)	крупье	krupje
far girare la ruota	барабанды айлантуу	barabandı ajlantuu
regole (f pl) del gioco	оюн эрежеси	ojʉn eredʒesi
fiche (f)	фишка	fiʃka
vincere (vi, vt)	утуу	utuu
vincita (f)	утуу	utuu

| perdere (vt) | жеңилүү | ʤeŋilyy |
| perdita (f) | уткузуу | utkuzuu |

giocatore (m)	оюнчу	ojʉntʃu
black jack (m)	блэк джек	blek ʤek
gioco (m) dei dadi	сөөк оюну	søøk ojʉnu
dadi (m pl)	сөөктөр	søøktør
slot machine (f)	оюн автоматы	ojʉn avtomatı

162. Riposo. Giochi. Varie

passeggiare (vi)	сейилдөө	sejildøø
passeggiata (f)	жөө сейилдөө	ʤøø sejildøø
gita (f)	саякат	sajakat
avventura (f)	укмуштуу окуя	ukmuʃtuu okuja
picnic (m)	пикник	piknik

gioco (m)	оюн	ojʉn
giocatore (m)	оюнчу	ojʉntʃu
partita (f) (~ a scacchi)	партия	partija

collezionista (m)	жыйнакчы	ʤıjnaktʃı
collezionare (vt)	жыйноо	ʤıjnoo
collezione (f)	жыйнак	ʤıjnak

cruciverba (m)	кроссворд	krossvord
ippodromo (m)	ат майданы	at majdanı
discoteca (f)	дискотека	diskoteka

| sauna (f) | сауна | sauna |
| lotteria (f) | лотерея | lotereja |

campeggio (m)	жөө сапар	ʤøø sapar
campo (m)	лагерь	lagerʲ
tenda (f) da campeggio	чатыр	tʃatır
bussola (f)	компас	kompas
campeggiatore (m)	турист	turist

guardare (~ un film)	көрүү	køryy
telespettatore (m)	телекөрүүчү	telekøryytʃy
trasmissione (f)	теле көрсөтүү	tele kørsøtyy

163. Fotografia

| macchina (f) fotografica | фотоаппарат | fotoapparat |
| fotografia (f) | фото | foto |

fotografo (m)	сүрөтчү	syrøttʃy
studio (m) fotografico	фотостудия	fotostudija
album (m) di fotografie	фотоальбом	fotoalʲbom
obiettivo (m)	объектив	obʰjektiv
teleobiettivo (m)	телеобъектив	teleobʰjektiv

filtro (m)	фильтр	filʲtr
lente (f)	линза	linza

ottica (f)	оптика	optika
diaframma (m)	диафрагма	diafragma
tempo (m) di esposizione	тушугуу	tuʃuguu
mirino (m)	көрүнүш табуучу	kørynyʃ tabuutʃu

fotocamera (f) digitale	санарип камерасы	sanarip kamerası
cavalletto (m)	үч бут	ytʃ but
flash (m)	жарк этүү	dʒark etyy

fotografare (vt)	сүрөткө тартуу	syrøtkø tartuu
fare foto	тартуу	tartuu
fotografarsi	сүрөткө түшүү	syrøtkø tyʃyy

fuoco (m)	фокус	fokus
mettere a fuoco	фокусту оңдоо	fokustu oŋdoo
nitido (agg)	фокуста	fokusta
nitidezza (f)	дааналык	daanalık

contrasto (m)	контраст	kontrast
contrastato (agg)	контрасттагы	kontrasttagı

foto (f)	сүрөт	syrøt
negativa (f)	негатив	negativ
pellicola (f) fotografica	фотоплёнка	fotoplʲonka
fotogramma (m)	кадр	kadr
stampare (~ le foto)	басып чыгаруу	basıp tʃıgaruu

164. Spiaggia. Nuoto

spiaggia (f)	суу жээги	suu dʒeegi
sabbia (f)	кум	kum
deserto (agg)	ээн суу жээги	een suu dʒeegi

abbronzatura (f)	күнгө күйүү	kyngø kyjyy
abbronzarsi (vr)	күнгө кактануу	kyngø kaktanuu
abbronzato (agg)	күнгө күйгөн	kyngø kyjgøn
crema (f) solare	күнгө күйүш үчүн крем	kyngø kyjyʃ ytʃyn krem

bikini (m)	бикини	bikini
costume (m) da bagno	купальник	kupalʲnik
slip (m) da bagno	плавки	plavki

piscina (f)	бассейн	bassejn
nuotare (vi)	сүзүү	syzyy
doccia (f)	душ	duʃ
cambiarsi (~ i vestiti)	кийим алмаштыруу	kijim almaʃtıruu
asciugamano (m)	сүлгү	sylgy

barca (f)	кайык	kajık
motoscafo (m)	катер	kater
sci (m) nautico	суу чаңгысы	suu tʃaŋgısı

pedalò (m)	суу велосипеди	suu velosipedi
surf (m)	тактай тебүү	taktaj tebyy
surfista (m)	тактай тебүүчү	taktaj tebyytʃy

autorespiratore (m)	акваланг	akvalang
pinne (f pl)	ласты	lastı
maschera (f)	маска	maska
subacqueo (m)	сууга сүңгүү	suuga syngyy
tuffarsi (vr)	сүңгүү	syngyy
sott'acqua	суу астында	suu astında

ombrellone (m)	зонт	zont
sdraio (f)	шезлонг	ʃezlong
occhiali (m pl) da sole	көз айнек	køz ajnek
materasso (m) ad aria	сүзүү үчүн матрас	syzyy ytʃyn matras

| giocare (vi) | ойноо | ojnoo |
| fare il bagno | сууга түшүү | suuga tyʃyy |

pallone (m)	топ	top
gonfiare (vt)	үйлөө	yjløø
gonfiabile (agg)	үйлөнмө	yjlønmø

onda (f)	толкун	tolkun
boa (f)	буй	buj
annegare (vi)	чөгүү	tʃøgyy

salvare (vt)	куткаруу	kutkaruu
giubbotto (m) di salvataggio	куткаруучу күрмө	kutkaruutʃu kyrmø
osservare (vt)	байкоо	bajkoo
bagnino (m)	куткаруучу	kutkaruutʃu

ATTREZZATURA TECNICA. MEZZI DI TRASPORTO

Attrezzatura tecnica

165. Computer

computer (m)	компьютер	kompjuter
computer (m) portatile	ноутбук	noutbuk
accendere (vt)	күйгүзүү	kyjgyzyy
spegnere (vt)	өчүрүү	øtʃyryy
tastiera (f)	ариптакта	ariptakta
tasto (m)	баскыч	baskıtʃ
mouse (m)	чычкан	tʃɪtʃkan
tappetino (m) del mouse	килемче	kilemtʃe
tasto (m)	баскыч	baskıtʃ
cursore (m)	курсор	kursor
monitor (m)	монитор	monitor
schermo (m)	экран	ekran
disco (m) rigido	катуу диск	katuu disk
spazio (m) sul disco rigido	катуу дисктин көлөмү	katuu disktin kølømy
memoria (f)	эс тутум	es tutum
memoria (f) operativa	оперативдик эс тутум	operativdik es tutum
file (m)	файл	fajl
cartella (f)	папка	papka
aprire (vt)	ачуу	atʃuu
chiudere (vt)	жабуу	dʒabuu
salvare (vt)	сактоо	saktoo
eliminare (vt)	жок кылуу	dʒok kıluu
copiare (vt)	көчүрүү	køtʃyryy
ordinare (vt)	иреттөө	irettøø
trasferire (vt)	өткөрүү	øtkøryy
programma (m)	программа	programma
software (m)	программалык	programmalık
programmatore (m)	программист	programmist
programmare (vt)	программалаштыруу	programmalaʃtıruu
hacker (m)	хакер	χaker
password (f)	сырсөз	sırsøz
virus (m)	вирус	virus
trovare (un virus, ecc.)	издеп табуу	izdep tabuu
byte (m)	байт	bajt

megabyte (m)	мегабайт	megabajt
dati (m pl)	маалыматтар	maalımattar
database (m)	маалымат базасы	maalımat bazası

cavo (m)	кабель	kabelʲ
sconnettere (vt)	ажыратуу	adʒıratuu
collegare (vt)	туташтыруу	tutaʃtıruu

166. Internet. Posta elettronica

internet (f)	интернет	internet
navigatore (m)	браузер	brauzer
motore (m) di ricerca	издөө аспабы	izdøø aspabı
provider (m)	провайдер	provajder

webmaster (m)	веб-мастер	web-master
sito web (m)	веб-сайт	web-sajt
pagina web (f)	веб-баракча	web-baraktʃa

indirizzo (m)	дарек	darek
rubrica (f) indirizzi	дарек китепчеси	darek kiteptʃesi

casella (f) di posta	почта ящиги	potʃta jaʃtʃigi
posta (f)	почта	potʃta
troppo piena (agg)	толуп калган	tolup kalgan

messaggio (m)	кабар	kabar
messaggi (m pl) in arrivo	келген кабарлар	kelgen kabarlar
messaggi (m pl) in uscita	жөнөтүлгөн кабарлар	dʒønøtylgøn kabarlar

mittente (m)	жөнөтүүчү	dʒønøtyytʃy
inviare (vt)	жөнөтүү	dʒønøtyy
invio (m)	жөнөтүү	dʒønøtyy

destinatario (m)	алуучу	aluutʃu
ricevere (vt)	алуу	aluu

corrispondenza (f)	жазышуу	dʒazıʃuu
essere in corrispondenza	жазышуу	dʒazıʃuu

file (m)	файл	fajl
scaricare (vt)	жүктөө	dʒyktøø
creare (vt)	жаратуу	dʒaratuu
eliminare (vt)	жок кылуу	dʒok kıluu
eliminato (agg)	жок кылынган	dʒok kılıngan

connessione (f)	байланыш	bajlanıʃ
velocità (f)	ылдамдык	ıldamdık
modem (m)	модем	modem
accesso (m)	жеткирилүү	dʒetkirilyy
porta (f)	порт	port

collegamento (m)	туташуу	tutaʃuu
collegarsi a …	… туташуу	… tutaʃuu

| scegliere (vt) | тандоо | tandoo |
| cercare (vt) | ... издее | ... izdøø |

167. Elettricità

elettricità (f)	электр кубаты	elektr kubatı
elettrico (agg)	электрикалык	elektrikalık
centrale (f) elettrica	электростанция	elektrostantsija
energia (f)	энергия	energija
energia (f) elettrica	электр кубаты	elektr kubatı

lampadina (f)	лампочка	lampotʃka
torcia (f) elettrica	шам	ʃam
lampione (m)	шам	ʃam

luce (f)	жарык	dʒarık
accendere (luce)	күйгүзүү	kyjgyzyy
spegnere (vt)	өчүрүү	øtʃyryy
spegnere la luce	жарыкты өчүрүү	dʒarıktı øtʃyryy

fulminarsi (vr)	күйүп кетүү	kyjyp ketyy
corto circuito (m)	кыска туташуу	kıska tutaʃuu
rottura (f) (~ di un cavo)	үзүлүү	yzylyy
contatto (m)	контакт	kontakt

interruttore (m)	өчүргүч	øtʃyrgytʃ
presa (f) elettrica	розетка	rozetka
spina (f)	сайгыч	sajgıtʃ
prolunga (f)	узарткыч	uzartkıtʃ

fusibile (m)	эриме сактагыч	erime saktagıtʃ
filo (m)	зым	zım
impianto (m) elettrico	электр зымы	elektr zımı

ampere (m)	ампер	amper
intensità di corrente	токтун күчү	toktun kytʃy
volt (m)	вольт	volʲt
tensione (f)	чыңалуу	tʃıŋaluu

| apparecchio (m) elettrico | электр алет | elektr alet |
| indicatore (m) | көрсөткүч | kørsøtkytʃ |

elettricista (m)	электрик	elektrik
saldare (vt)	кандоо	kaŋdoo
saldatoio (m)	кандагыч аспап	kaŋdagıtʃ aspap
corrente (f)	электр тогу	elektr togu

168. Utensili

utensile (m)	аспап	aspap
utensili (m pl)	аспаптар	aspaptar
impianto (m)	жабдуу	dʒabduu

martello (m)	балка	balka
giravite (m)	бурагыч	buragıʧ
ascia (f)	балта	balta
sega (f)	араа	araa
segare (vt)	аралоо	araloo
pialla (f)	тактай сүргүч	taktaj syrgyʧ
piallare (vt)	сүргүү	syryy
saldatoio (m)	кандагыч аспап	kaŋdagıʧ aspap
saldare (vt)	кандоо	kaŋdoo
lima (f)	өгөө	øgøø
tenaglie (f pl)	аттиш	attiʃ
pinza (f) a punte piatte	жалпак тиштүү кычкач	dʒalpak tiʃtyy kıʧkaʧ
scalpello (m)	тешкич	teʃkiʧ
punta (f) da trapano	бургу	burgu
trapano (m) elettrico	үшкү	yʃky
trapanare (vt)	бургулап тешүү	burgulap teʃyy
coltello (m)	бычак	bıʧak
coltello (m) da tasca	чөнтөк бычак	ʧøntøk bıʧak
lama (f)	миз	miz
affilato (coltello ~)	курч	kurʧ
smussato (agg)	мокок	mokok
smussarsi (vr)	мокотулуу	mokotuluu
affilare (vt)	курчутуу	kurʧutuu
bullone (m)	буроо	buroo
dado (m)	бурама	burama
filettatura (f)	бураманын сайы	buramanın sajı
vite (f)	буроо мык	buroo mık
chiodo (m)	мык	mık
testa (f) di chiodo	баш	baʃ
regolo (m)	сызгыч	sızgıʧ
nastro (m) metrico	рулетка	ruletka
livella (f)	деңгээл	deŋgeel
lente (f) d'ingradimento	чоңойтуч	ʧoŋojtuʧ
strumento (m) di misurazione	ченөөчү аспап	ʧenøøʧy aspap
misurare (vt)	ченөө	ʧenøø
scala (f) graduata	шкала	ʃkala
lettura, indicazione (f)	көрсөтүү ченем	kørsøtyy ʧenem
compressore (m)	компрессор	kompressor
microscopio (m)	микроскоп	mikroskop
pompa (f) (~ dell'acqua)	соргу	sorgu
robot (m)	робот	robot
laser (m)	лазер	lazer
chiave (f)	гайка ачкычы	gajka aʧkıʧı
nastro (m) adesivo	жабышкак тасма	dʒabıʃkak tasma

colla (f)	желим	dʒelim
carta (f) smerigliata	кум кагаз	kum kagaz
molla (f)	серпилгич	serpilgiʧ
magnete (m)	магнит	magnit
guanti (m pl)	колкап	kolkap
corda (f)	аркан	arkan
cordone (m)	жип	dʒip
filo (m) (~ del telefono)	зым	zım
cavo (m)	кабель	kabelʲ
mazza (f)	барскан	barskan
palanchino (m)	лом	lom
scala (f) a pioli	шаты	ʃatı
scala (m) a libretto	кичинекей шаты	kiʧinekej ʃatı
avvitare (stringere)	бурап бекитүү	burap bekityy
svitare (vt)	бурап чыгаруу	burap ʧıgaruu
stringere (vt)	кысуу	kısuu
incollare (vt)	жабыштыруу	dʒabıʃtıruu
tagliare (vt)	кесүү	kesyy
guasto (m)	бузулгандык	buzulgandık
riparazione (f)	оңдоо	oŋdoo
riparare (vt)	оңдоо	oŋdoo
regolare (~ uno strumento)	тууралоо	tuuraloo
verificare (ispezionare)	текшерүү	tekʃeryy
controllo (m)	текшерүү	tekʃeryy
lettura, indicazione (f)	көрсөтүү ченем	kørsøtyy ʧenem
sicuro (agg)	ишеничтүү	iʃeniʧtyy
complesso (agg)	кыйын	kıjın
arrugginire (vi)	дат басуу	dat basuu
arrugginito (agg)	дат баскан	dat baskan
ruggine (f)	дат	dat

Mezzi di trasporto

169. Aeroplano

aereo (m)	учак	utʃak
biglietto (m) aereo	авиабилет	aviabilet
compagnia (f) aerea	авиакомпания	aviakompanija
aeroporto (m)	аэропорт	aeroport
supersonico (agg)	сверхзвуковой	sverχzvukovoj
comandante (m)	кеме командири	keme komandiri
equipaggio (m)	экипаж	ekipadʒ
pilota (m)	учкуч	utʃkutʃ
hostess (f)	стюардесса	stʉardessa
navigatore (m)	штурман	ʃturman
ali (f pl)	канаттар	kanattar
coda (f)	куйрук	kujruk
cabina (f)	кабина	kabina
motore (m)	кыймылдаткыч	kɪjmɪldatkɪtʃ
carrello (m) d'atterraggio	шасси	ʃassi
turbina (f)	турбина	turbina
elica (f)	пропеллер	propeller
scatola (f) nera	кара куту	kara kutu
barra (f) di comando	штурвал	ʃturval
combustibile (m)	күйүүчү май	kyjyytʃy may
safety card (f)	коопсуздук көрсөтмөсү	koopsuzduk kørsøtmøsy
maschera (f) ad ossigeno	кислород чумбөтү	kislorod tʃymbøty
uniforme (f)	бир беткей кийим	bir betkey kijim
giubbotto (m) di salvataggio	куткаруучу күрмө	kutkaruutʃu kyrmø
paracadute (m)	парашют	paraʃʉt
decollo (m)	учуп көтөрүлүү	utʃup køtørylyy
decollare (vi)	учуп көтөрүлүү	utʃup køtørylyy
pista (f) di decollo	учуп чыгуу тилкеси	utʃup tʃɪguu tilkesi
visibilità (f)	көрүнүш	kørynyʃ
volo (m)	учуу	utʃuu
altitudine (f)	бийиктик	bijiktik
vuoto (m) d'aria	аба чуңкуру	aba tʃyŋkuru
posto (m)	орун	orun
cuffia (f)	кулакчын	kulaktʃɪn
tavolinetto (m) pieghevole	бүктөлмө стол	byktølmø stol
oblò (m), finestrino (m)	иллюминатор	illʉminator
corridoio (m)	өтмөк	øtmøk

170. Treno

treno (m)	поезд	poezd
elettrotreno (m)	электричка	elektritʃka
treno (m) rapido	бат журуучу поезд	bat dʒyryytʃy poezd
locomotiva (f) diesel	тепловоз	teplovoz
locomotiva (f) a vapore	паровоз	parovoz
carrozza (f)	вагон	vagon
vagone (m) ristorante	вагон-ресторан	vagon-restoran
rotaie (f pl)	рельсалар	relʲsalar
ferrovia (f)	темир жолу	temir dʒolu
traversa (f)	шпала	ʃpala
banchina (f) (~ ferroviaria)	платформа	platforma
binario (m) (~ 1, 2)	жол	dʒol
semaforo (m)	семафор	semafor
stazione (f)	бекет	beket
macchinista (m)	машинист	maʃinist
portabagagli (m)	жук ташуучу	dʒuk taʃuutʃu
cuccettista (m, f)	проводник	provodnik
passeggero (m)	жургунчу	dʒyrgyntʃy
controllore (m)	текшерүүчү	tekʃeryytʃy
corridoio (m)	коридор	koridor
freno (m) di emergenza	стоп-кран	stop-kran
scompartimento (m)	купе	kupe
cuccetta (f)	текче	tektʃe
cuccetta (f) superiore	үстүңкү текче	ystyŋky tektʃe
cuccetta (f) inferiore	ылдыйкы текче	ıldıjkı tektʃe
biancheria (f) da letto	жууркан-төшөк	dʒuurkan-tøʃøk
biglietto (m)	билет	bilet
orario (m)	ырааттама	ıraattama
tabellone (m) orari	табло	tablo
partire (vi)	жөнөө	dʒønøø
partenza (f)	жөнөө	dʒønøø
arrivare (di un treno)	келүү	kelyy
arrivo (m)	келүү	kelyy
arrivare con il treno	поезд менен келүү	poezd menen kelyy
salire sul treno	поездге отуруу	poezdge oturuu
scendere dal treno	поездден түшүү	poezdden tyʃyy
deragliamento (m)	кыйроо	kıjroo
deragliare (vi)	рельсадан чыгып кетүү	relʲsadan tʃıgıp ketyy
locomotiva (f) a vapore	паровоз	parovoz
fuochista (m)	от жагуучу	ot dʒaguutʃu
forno (m)	меш	meʃ
carbone (m)	көмүр	kømyr

171. Nave

nave (f)	кеме	keme
imbarcazione (f)	кеме	keme
piroscafo (m)	пароход	paroχod
barca (f) fluviale	теплоход	teploχod
transatlantico (m)	лайнер	lajner
incrociatore (m)	крейсер	krejser
yacht (m)	яхта	jaχta
rimorchiatore (m)	буксир	buksir
chiatta (f)	баржа	bardʒa
traghetto (m)	паром	parom
veliero (m)	парус	parus
brigantino (m)	бригантина	brigantina
rompighiaccio (m)	муз жаргыч кеме	muz dʒargıʧ keme
sottomarino (m)	суу астында жүрүүчү кеме	suu astında dʒyryyʧy keme
barca (f)	кайык	kajık
scialuppa (f)	шлюпка	ʃʉpka
scialuppa (f) di salvataggio	куткаруу шлюпкасы	kutkaruu ʃʉpkası
motoscafo (m)	катер	kater
capitano (m)	капитан	kapitan
marittimo (m)	матрос	matros
marinaio (m)	деңизчи	deŋizʧi
equipaggio (m)	экипаж	ekipadʒ
nostromo (m)	боцман	boʦman
mozzo (m) di nave	юнга	jʉnga
cuoco (m)	кок	kok
medico (m) di bordo	кеме доктуру	keme dokturu
ponte (m)	палуба	paluba
albero (m)	мачта	maʧta
vela (f)	парус	parus
stiva (f)	трюм	trʉm
prua (f)	тумшук	tumʃuk
poppa (f)	кеменин арткы бөлүгү	kemenin artkı bølygy
remo (m)	калак	kalak
elica (f)	винт	vint
cabina (f)	каюта	kajʉta
quadrato (m) degli ufficiali	кают-компания	kajʉt-kompanija
sala (f) macchine	машина бөлүгү	maʃina bølygy
ponte (m) di comando	капитан мостиги	kapitan mostigi
cabina (f) radiotelegrafica	радиорубка	radiorubka
onda (f)	толкун	tolkun
giornale (m) di bordo	кеме журналы	keme dʒurnalı
cannocchiale (m)	дүрбү	dyrby

| campana (f) | конгуроо | konguroo |
| bandiera (f) | байрак | bajrak |

| cavo (m) (~ d'ormeggio) | аркан | arkan |
| nodo (m) | түйүн | tyjyn |

| ringhiera (f) | туткуч | tutkutʃ |
| passerella (f) | трап | trap |

ancora (f)	кеме казык	keme kazık
levare l'ancora	кеме казыкты көтөрүү	keme kazıktı køtøryy
gettare l'ancora	кеме казыкты таштоо	keme kazıktı taʃtoo
catena (f) dell'ancora	казык чынжыры	kazık tʃındʒırı

porto (m)	порт	port
banchina (f)	причал	pritʃal
ormeggiarsi (vr)	келип токтоо	kelip toktoo
salpare (vi)	жээктен алыстоо	dʒeekten alıstoo

viaggio (m)	саякат	sajakat
crociera (f)	деңиз саякаты	deŋiz sajakatı
rotta (f)	курс	kurs
itinerario (m)	каттам	kattam

tratto (m) navigabile	фарватер	farvater
secca (f)	тайыз жер	tajız dʒer
arenarsi (vr)	тайыз жерге отуруу	tajız dʒerge oturuu

tempesta (f)	бороон чапкын	boroon tʃapkın
segnale (m)	сигнал	signal
affondare (andare a fondo)	чөгүү	tʃøgyy
Uomo in mare!	Сууда адам бар!	suuda adam bar!
SOS	SOS	sos
salvagente (m) anulare	куткаруучу тегерек	kutkaruutʃu tegerek

172. Aeroporto

aeroporto (m)	аэропорт	aeroport
aereo (m)	учак	utʃak
compagnia (f) aerea	авиакомпания	aviakompanija
controllore (m) di volo	авиадиспетчер	aviadispettʃer

partenza (f)	учуп кетүү	utʃup ketyy
arrivo (m)	учуп келүү	utʃup kelyy
arrivare (vi)	учуп келүү	utʃup kelyy

| ora (f) di partenza | учуп кетүү убактысы | utʃup ketyy ubaktısı |
| ora (f) di arrivo | учуп келүү убактысы | utʃup kelyy ubaktısı |

| essere ritardato | кармалуу | karmaluu |
| volo (m) ritardato | учуп кетүүнүн кечигиши | utʃup ketyynyn ketʃigiʃi |

| tabellone (m) orari | маалымат таблосу | maalımat tablosu |
| informazione (f) | маалымат | maalımat |

annunciare (vt)	кулактандыруу	kulaktandıruu
volo (m)	рейс	rejs
dogana (f)	бажыкана	badʒıkana
doganiere (m)	бажы кызматкери	badʒı kızmatkeri
dichiarazione (f)	бажы декларациясы	badʒı deklaratsijası
riempire	толтуруу	tolturuu
(~ una dichiarazione)		
riempire una dichiarazione	декларация толтуруу	deklaratsija tolturuu
controllo (m) passaporti	паспорт текшерүү	pasport tekʃeryy
bagaglio (m)	жүк	dʒyk
bagaglio (m) a mano	кол жүгү	kol dʒygy
carrello (m)	араба	araba
atterraggio (m)	конуу	konuu
pista (f) di atterraggio	конуу тилкеси	konuu tilkesi
atterrare (vi)	конуу	konuu
scaletta (f) dell'aereo	трап	trap
check-in (m)	катталуу	kattaluu
banco (m) del check-in	каттоо стойкасы	kattoo stojkası
fare il check-in	катталуу	kattaluu
carta (f) d'imbarco	отуруу үчүн талон	oturuu ytʃyn talon
porta (f) d'imbarco	чыгуу	tʃıguu
transito (m)	транзит	tranzit
aspettare (vt)	күтүү	kytyy
sala (f) d'attesa	күтүү залы	kutyy zalı
accompagnare (vt)	узатуу	uzatuu
congedarsi (vr)	коштошуу	koʃtoʃuu

173. Bicicletta. Motocicletta

bicicletta (f)	велосипед	velosiped
motorino (m)	мотороллер	motoroller
motocicletta (f)	мотоцикл	mototsikl
andare in bicicletta	велосипедде жүрүү	velosipedde dʒyryy
manubrio (m)	руль	rulʲ
pedale (m)	педаль	pedalʲ
freni (m pl)	тормоз	tormoz
sellino (m)	отургуч	oturgutʃ
pompa (f)	соркыскыч	sorkıskıtʃ
portabagagli (m)	багажник	bagadʒnik
fanale (m) anteriore	фонарь	fonarʲ
casco (m)	шлем	ʃlem
ruota (f)	дөңгөлөк	døŋgøløk
parafango (m)	калкан	kalkan
cerchione (m)	дөңгөлөктүн алкагы	døŋgøløktyn alkagı
raggio (m)	чабак	tʃabak

Automobili

174. Tipi di automobile

automobile (f)	автоунаа	avtounaa
auto (f) sportiva	спорттук автоунаа	sporttuk avtounaa
limousine (f)	лимузин	limuzin
fuoristrada (m)	жолтандабас	dʒoltandabas
cabriolet (m)	кабриолет	kabriolet
pulmino (m)	микроавтобус	mikroavtobus
ambulanza (f)	тез жардам	tez dʒardam
spazzaneve (m)	кар күрөөчү машина	kar kyrøøtʃy maʃina
camion (m)	жүк ташуучу машина	dʒyk taʃuutʃu maʃina
autocisterna (f)	бензовоз	benzovoz
furgone (m)	фургон	furgon
motrice (f)	тягач	tʲagatʃ
rimorchio (m)	чиркегич	tʃirkegitʃ
confortevole (agg)	жайлуу	dʒajluu
di seconda mano	колдонулган	koldonulgan

175. Automobili. Carrozzeria

cofano (m)	капот	kapot
parafango (m)	калкан	kalkan
tetto (m)	үстү	ysty
parabrezza (m)	шамалдан тоскон айнек	ʃamaldan toskon ajnek
retrovisore (m)	арткы күзгү	artkı kyzgy
lavacristallo (m)	айнек жуугуч	ajnek dʒuugutʃ
tergicristallo (m)	щётка	ʃtʲʲotka
finestrino (m) laterale	каптал айнек	kaptal ajnek
alzacristalli (m)	айнек көтөргүч	ajnek køtørgytʃ
antenna (f)	антенна	antenna
tettuccio (m) apribile	люк	lʉk
paraurti (m)	бампер	bamper
bagagliaio (m)	жүк салгыч	dʒyk salgıtʃ
portapacchi (m)	жүк салгыч	dʒyk salgıtʃ
portiera (f)	эшик	eʃik
maniglia (f)	кармагыч	karmagıtʃ
serratura (f)	кулпу	kulpu
targa (f)	номер	nomer
marmitta (f)	глушитель	gluʃitelʲ

| serbatoio (m) della benzina | бензобак | benzobak |
| tubo (m) di scarico | калдыктар түтүгү | kaldıktar tytygy |

acceleratore (m)	газ	gaz
pedale (m)	педаль	pedalı
pedale (m) dell'acceleratore	газ педали	gaz pedali

freno (m)	тормоз	tormoz
pedale (m) del freno	тормоздун педалы	tormozdun pedalı
frenare (vi)	тормоз басуу	tormoz basuu
freno (m) a mano	токтомо тормозу	toktomo tormozu

frizione (f)	илиштирүү	iliʃtiryy
pedale (m) della frizione	илиштирүү педали	iliʃtiryy pedali
disco (m) della frizione	илиштирүү диски	iliʃtiryy diski
ammortizzatore (m)	амортизатор	amortizator

ruota (f)	дөңгөлөк	døŋgøløk
ruota (f) di scorta	запас дөңгөлөгү	zapas døŋgøløgy
pneumatico (m)	покрышка	pokrıʃka
copriruota (m)	жапкыч	dʒapkıtʃ

ruote (f pl) motrici	салма дөңгөлөктөр	salma døŋgøløktør
a trazione anteriore	алдыңкы дөңгөлөк салмалуу	aldıŋkı døŋgøløk salmaluu
a trazione posteriore	арткы дөңгөлөк салмалуу	artkı døŋgøløk salmaluu
a trazione integrale	бардык дөңгөлөк салмалуу	bardık døŋgøløk salmaluu

scatola (f) del cambio	бергилик куту	bergilik kutu
automatico (agg)	автоматтык	avtomattık
meccanico (agg)	механикалуу	meχanikaluu
leva (f) del cambio	бергилик кутунун жылышуусу	bergilik kutunun dʒılıʃuusu

| faro (m) | фара | fara |
| luci (f pl), fari (m pl) | фаралар | faralar |

luci (f pl) anabbaglianti	жакынкы чырак	dʒakınkı tʃırak
luci (f pl) abbaglianti	алыскы чырак	alıskı tʃırak
luci (f pl) di arresto	стоп-сигнал	stop-signal

luci (f pl) di posizione	габарит чырактары	gabarit tʃıraktarı
luci (f pl) di emergenza	авария чырактары	avarija tʃıraktarı
fari (m pl) antinebbia	туманга каршы чырактар	tumanga karʃı tʃıraktar
freccia (f)	бурулуш чырагы	buruluʃ tʃıragı
luci (f pl) di retromarcia	арткы чырак	artkı tʃırak

176. Automobili. Vano passeggeri

abitacolo (m)	салон	salon
di pelle	тери	teri
in velluto	велюр	velʉr
rivestimento (m)	каптоо	kaptoo

strumento (m) di bordo	алет	alet
cruscotto (m)	алет панели	alet paneli
tachimetro (m)	спидометр	spidometr
lancetta (f)	жебе	dʒebe

contachilometri (m)	эсептегич	eseptegitʃ
indicatore (m)	көрсөткүч	kørsøtkytʃ
livello (m)	деңгээл	deŋgeel
spia (f) luminosa	көрсөткүч	kørsøtkytʃ

volante (m)	руль	rulʲ
clacson (m)	сигнал	signal
pulsante (m)	баскыч	baskɪtʃ
interruttore (m)	которгуч	kotorgutʃ

sedile (m)	орун	orun
spalliera (f)	жөлөнгүч	dʒøløngytʃ
appoggiatesta (m)	баш жөлөгүч	baʃ dʒøløgytʃ
cintura (f) di sicurezza	орундук куру	orunduk kuru
allacciare la cintura	курду тагынуу	kurdu tagɪnuu
regolazione (f)	жөндөө	dʒøndøø

airbag (m)	аба жаздыкчасы	aba dʒazdɪktʃası
condizionatore (m)	аба желдеткич	aba dʒeldetkitʃ

radio (f)	үналгы	ynalgı
lettore (m) CD	CD-ойноткуч	sidi-ojnotkutʃ
accendere (vt)	жүргүзүү	dʒyrgyzyy
antenna (f)	антенна	antenna
vano (m) portaoggetti	колкап бөлүмү	kolkap bølymy
portacenere (m)	күл салгыч	kyl salgɪtʃ

177. Automobili. Motore

motore (m)	кыймылдаткыч	kɪjmɪldatkɪtʃ
motore (m)	мотор	motor
a diesel	дизель менен	dizelʲ menen
a benzina	бензин менен	benzin menen

cilindrata (f)	кыймылдаткычтын көлөмү	kɪjmɪldatkɪtʃtın kølømy
potenza (f)	кубатуулугу	kubatuulugu
cavallo vapore (m)	ат кучу	at kytʃy
pistone (m)	бишкек	biʃkek
cilindro (m)	цилиндр	tsɪlindr
valvola (f)	сарпкапкак	sarpkapkak

iniettore (m)	бүрккүч	byrkkytʃ
generatore (m)	генератор	generator
carburatore (m)	карбюратор	karbʉrator
olio (m) motore	мотор майы	motor majı

radiatore (m)	радиатор	radiator
liquido (m) di raffreddamento	суутуучу суюктук	suutuutʃu sujʉktuk

ventilatore (m)	желдеткич	dʒeldetkitʃ
batteria (m)	аккумулятор	akkumulʲator
motorino (m) d'avviamento	стартер	starter
accensione (f)	от алдыруу	ot aldıruu
candela (f) d'accensione	от алдыруу шамы	ot aldıruu ʃamı

morsetto (m)	клемма	klemma
più (m)	плюс	plʉs
meno (m)	минус	minus
fusibile (m)	эриме сактагыч	erime saktagıtʃ

filtro (m) dell'aria	аба чыпкасы	aba tʃıpkası
filtro (m) dell'olio	май чыпкасы	maj tʃıpkası
filtro (m) del carburante	күйүүчү май чыпкасы	kyjyytʃy may tʃıpkası

178. Automobili. Incidente. Riparazione

incidente (m)	авто урунушу	avto urunuʃu
incidente (m) stradale	жол кырсыгы	dʒol kırsıgı
sbattere contro ...	урунуу	urunuu
avere un incidente	талкалануу	talkalanuu
danno (m)	бузулуу	buzuluu
illeso (agg)	бүтүн	bytyn

guasto (m), avaria (f)	бузулуу	buzuluu
essere rotto	бузулуп калуу	buzulup kaluu
cavo (m) di rimorchio	сүйрөө арканы	syjrøø arkanı

foratura (f)	тешилип калуу	teʃilip kaluu
essere a terra	желин чыгаруу	dʒelin tʃıgaruu
gonfiare (vt)	үйлөтүү	yjløtyy
pressione (f)	басым	basım
controllare (verificare)	текшерүү	tekʃeryy

riparazione (f)	оңдоо	oŋdoo
officina (f) meccanica	автосервис	avtoservis
pezzo (m) di ricambio	белен тетик	belen tetik
pezzo (m)	тетик	tetik

bullone (m)	буроо	buroo
bullone (m) a vite	буралма	buralma
dado (m)	бурама	burama
rondella (f)	эбелек	ebelek
cuscinetto (m)	мунакжаздам	munakdʒazdam

tubo (m)	түтүк	tytyk
guarnizione (f)	төшөм	tøʃøm
filo (m), cavo (m)	зым	zım

cric (m)	домкрат	domkrat
chiave (f)	гайка ачкычы	gajka atʃkıtʃı
martello (m)	балка	balka
pompa (f)	соркыскыч	sorkıskıtʃ
giravite (m)	бурагыч	buragıtʃ

estintore (m)	өрт өчүргүч	ørt øt͡ʃyrgyt͡ʃ
triangolo (m) di emergenza	эскертүү үчбурчтук	eskertyy yt͡ʃburt͡ʃtuk

spegnersi (vr)	өчүп калуу	øt͡ʃyp kaluu
spegnimento (m) motore	иштебей калуу	iʃtebej kaluu
essere rotto	бузулуп калуу	buzulup kaluu

surriscaldarsi (vr)	кайнап кетүү	kajnap ketyy
intasarsi (vr)	тыгылуу	tɪgɪluu
ghiacciarsi (di tubi, ecc.)	тоңуп калуу	toŋup kaluu
spaccarsi (vr)	жарылып кетүү	d͡ʒarɪlɪp ketyy

pressione (f)	басым	basɪm
livello (m)	деңгээл	deŋgeel
lento (cinghia ~a)	бош	boʃ

ammaccatura (f)	кабырылуу	kabɪrɪluu
battito (m) (nel motore)	такылдоо	takɪldoo
fessura (f)	жарака	d͡ʒaraka
graffiatura (f)	чийилип калуу	t͡ʃijilip kaluu

179. Automobili. Strada

strada (f)	жол	d͡ʒol
autostrada (f)	кан жол	kan d͡ʒol
superstrada (f)	шоссе	ʃosse
direzione (f)	багыт	bagɪt
distanza (f)	аралык	aralɪk

ponte (m)	көпүрө	køpyrø
parcheggio (m)	унаа токтоочу жай	unaa toktoot͡ʃu d͡ʒaj
piazza (f)	аянт	ajant
svincolo (m)	баштан өйдө өткөн жол	baʃtan øjdø øtkøn d͡ʒol
galleria (f), tunnel (m)	тоннель	tonnelʲ

distributore (m) di benzina	май куюучу станция	maj kujuut͡ʃu stantsija
parcheggio (m)	унаа токтоочу жай	unaa toktoot͡ʃu d͡ʒaj
pompa (f) di benzina	колонка	kolonka
officina (f) meccanica	автосервис	avtoservis
fare benzina	май куюу	maj kujuu
carburante (m)	күйүүчү май	kyjyyt͡ʃy may
tanica (f)	канистра	kanistra

asfalto (m)	асфальт	asfalʲt
segnaletica (f) stradale	салынган тамга	salɪngan tamga
cordolo (m)	бордюр	bordur
barriera (f) di sicurezza	тосмо	tosmo
fosso (m)	арык	arɪk
ciglio (m) della strada	жол чети	d͡ʒol t͡ʃeti
lampione (m)	чырак мамы	t͡ʃɪrak mamɪ

guidare (~ un veicolo)	айдоо	ajdoo
girare (~ a destra)	бурулуу	buruluu
fare un'inversione a U	артка кайтуу	artka kajtuu

retromarcia (m)	артка айдоо	artka ajdoo
suonare il clacson	сигнал берүү	signal beryy
colpo (m) di clacson	дабыш сигналы	dabıʃ signalı
incastrarsi (vr)	тыгылып калуу	tıgılıp kaluu
impantanarsi (vr)	сүйрөө	syjrøø
spegnere (~ il motore)	басаңдатуу	basaŋdatuu

velocità (f)	ылдамдык	ıldamdık
superare i limiti di velocità	ылдамдыктан ашуу	ıldamdıktan aʃuu
multare (vt)	айып салуу	ajıp saluu
semaforo (m)	светофор	svetofor
patente (f) di guida	айдоочу күбөлүгү	ajdootʃu kybølygy

passaggio (m) a livello	кесип өтмө	kesip øtmø
incrocio (m)	кесилиш	kesiliʃ
passaggio (m) pedonale	жөө жүрүүчүлөр жолу	dʒøø dʒyryytʃylør dʒolu
curva (f)	бурулуш	buruluʃ
zona (f) pedonale	жөө жүрүүчүлөр алкагы	dʒøø dʒyryytʃylør alkagı

180. Segnaletica stradale

codice (m) stradale	жол эрежеси	dʒol eredʒesi
segnale (m) stradale	белги	belgi
sorpasso (m)	озуп өтүү	ozup øtyy
curva (f)	бурулуш	buruluʃ
inversione ad U	артка кайтуу	artka kajtuu
rotatoria (f)	айланма кыймыл	ajlanma kıjmıl

divieto d'accesso	кирүүгө болбойт	kiryygø bolbojt
divieto di transito	жол кыймылы жок	dʒol kıjmılı dʒok
divieto di sorpasso	озуп өтүү жок	ozup øtyy dʒok
divieto di sosta	унаа токтотуу жок	unaa toktotuu dʒok
divieto di fermata	токтолуу жок	toktoluu dʒok

curva (f) pericolosa	кескин бурулуш	keskin buruluʃ
discesa (f) ripida	тик эңкейиш	tik eŋkejiʃ
senso (m) unico	бир тараптуу	bir taraptuu
passaggio (m) pedonale	жөө жүрүүчүлөр жолу	dʒøø dʒyryytʃylør dʒolu
strada (f) scivolosa	тайгалак жол	tajgalak dʒol
dare la precedenza	жолду бер	dʒoldu ber

GENTE. SITUAZIONI QUOTIDIANE

Situazioni quotidiane

181. Vacanze. Evento

festa (f)	майрам	majram
festa (f) nazionale	улуттук	uluttuk
festività (f) civile	майрам күнү	majram kyny
festeggiare (vt)	майрамдоо	majramdoo
avvenimento (m)	окуя	okuja
evento (m) (organizzare un ~)	иш-чара	iʃ-tʃara
banchetto (m)	банкет	banket
ricevimento (m)	кабыл алуу	kabıl aluu
festino (m)	той	toj
anniversario (m)	жылдык	dʒıldık
giubileo (m)	юбилей	jʉbilej
festeggiare (vt)	белгилөө	belgiløø
Capodanno (m)	Жаны жыл	dʒanı dʒıl
Buon Anno!	Жаны Жылыңар менен!	dʒanı dʒılıŋar menen!
Babbo Natale (m)	Аяз ата, Санта Клаус	ajaz ata, santa klaus
Natale (m)	Рождество	rodʒdestvo
Buon Natale!	Рождество майрамыңыз менен!	rodʒdestvo majramıŋız menen!
Albero (m) di Natale	Жаңы жылдык балаты	dʒaŋı dʒıldık balatı
fuochi (m pl) artificiali	салют	salʉt
nozze (f pl)	үйлөнүү той	yjlønyy toy
sposo (m)	күйөө	kyjøø
sposa (f)	колукту	koluktu
invitare (vt)	чакыруу	tʃakıruu
invito (m)	чакыруу	tʃakıruu
ospite (m)	конок	konok
andare a trovare	конокко баруу	konokko baruu
accogliere gli invitati	конок тосуу	konok tosuu
regalo (m)	белек	belek
offrire (~ un regalo)	белек берүү	belek beryy
ricevere i regali	белек алуу	belek aluu
mazzo (m) di fiori	десте	deste
auguri (m pl)	куттуктоо	kuttuktoo
augurare (vt)	куттуктоо	kuttuktoo

cartolina (f)	куттуктоо ачык каты	kuttuktoo atʃık katı
mandare una cartolina	ачык катты жөнөтүү	atʃık kattı dʒønøtyy
ricevere una cartolina	ачык катты алуу	atʃık kattı aluu

brindisi (m)	каалоо тилек	kaaloo tilek
offrire (~ qualcosa da bere)	ооз тийгизүү	ooz tijgizyy
champagne (m)	шампан	ʃampan

divertirsi (vr)	көңүл ачуу	køŋyl atʃuu
allegria (f)	көңүлдүүлүк	køŋyldyylyk
gioia (f)	кубаныч	kubanıtʃ

| danza (f), ballo (m) | бий | bij |
| ballare (vi, vt) | бийлөө | bijløø |

| valzer (m) | вальс | valʲs |
| tango (m) | танго | tango |

182. Funerali. Sepoltura

cimitero (m)	мүрзө	myrzø
tomba (f)	мүрзө	myrzø
croce (f)	крест	krest
pietra (f) tombale	мүрзө үстүндөгү жазуу	myrzø ystyndøgy dʒazuu
recinto (m)	тосмо	tosmo
cappella (f)	кичинекей чиркөө	kitʃinekej tʃirkøø

morte (f)	өлүм	ølym
morire (vi)	өлүү	ølyy
defunto (m)	маркум	markum
lutto (m)	аза	aza

seppellire (vt)	көмүү	kømyy
sede (f) di pompe funebri	ырасым бюросу	ırasım burosu
funerale (m)	сөөк узатуу жана көмүү	søøk uzatuu dʒana kømyy
corona (f) di fiori	гүлчамбар	gyltʃambar
bara (f)	табыт	tabıt
carro (m) funebre	катафалк	katafalk
lenzuolo (m) funebre	кепин	kepin

corteo (m) funebre	узатуу жүрүшү	uzatuu dʒyryʃy
urna (f) funeraria	сөөк күлдүн кутусу	søøk kyldyn kutusu
crematorio (m)	крематорий	krematorij

necrologio (m)	некролог	nekrolog
piangere (vi)	ыйлоо	ıjloo
singhiozzare (vi)	боздоп ыйлоо	bozdop ıjloo

183. Guerra. Soldati

| plotone (m) | взвод | vzvod |
| compagnia (f) | рота | rota |

reggimento (m)	полк	polk
esercito (m)	армия	armija
divisione (f)	дивизия	divizija
distaccamento (m)	отряд	otrˈad
armata (f)	куралдуу аскер	kuralduu asker
soldato (m)	аскер	asker
ufficiale (m)	офицер	ofitser
soldato (m) semplice	катардагы жоокер	katardagı dʒooker
sergente (m)	сержант	serdʒant
tenente (m)	лейтенант	lejtenant
capitano (m)	капитан	kapitan
maggiore (m)	майор	major
colonnello (m)	полковник	polkovnik
generale (m)	генерал	general
marinaio (m)	деңизчи	deŋiztʃi
capitano (m)	капитан	kapitan
nostromo (m)	боцман	botsman
artigliere (m)	артиллерист	artillerist
paracadutista (m)	десантник	desantnik
pilota (m)	учкуч	utʃkutʃ
navigatore (m)	штурман	ʃturman
meccanico (m)	механик	meҳanik
geniere (m)	сапёр	sapjor
paracadutista (m)	парашютист	paraʃutist
esploratore (m)	чалгынчы	tʃalgıntʃı
cecchino (m)	көзатар	køzatar
pattuglia (f)	жол-күзөт	dʒol-kyzøt
pattugliare (vt)	жол-күзөткө чыгуу	dʒol-kyzøtkø tʃıguu
sentinella (f)	сакчы	saktʃı
guerriero (m)	жоокер	dʒooker
patriota (m)	мекенчил	mekentʃil
eroe (m)	баатыр	baatır
eroina (f)	баатыр айым	baatır ajım
traditore (m)	чыккынчы	tʃıkkıntʃı
tradire (vt)	кыянаттык кылуу	kıjanattık kıluu
disertore (m)	качкын	katʃkın
disertare (vi)	качуу	katʃuu
mercenario (m)	жалданма	dʒaldanma
recluta (f)	жаңы алынган аскер	dʒaŋı alıngan asker
volontario (m)	ыктыярчы	ıktıjartʃı
ucciso (m)	өлтүрүлгөн	øltyrylgøn
ferito (m)	жарадар	dʒaradar
prigioniero (m) di guerra	туткун	tutkun

184. Guerra. Azioni militari. Parte 1

guerra (f)	согуш	soguʃ
essere in guerra	согушуу	soguʃuu
guerra (f) civile	жарандык согуш	dʒarandık soguʃ
perfidamente	жүзү каралык менен кол салуу	dʒyzy karalık menen kol saluu
dichiarazione (f) di guerra	согушту жарыялоо	soguʃtu dʒarıjaloo
dichiarare (~ guerra)	согуш жарыялоо	soguʃ dʒarıjaloo
aggressione (f)	агрессия	agressija
attaccare (vt)	кол салуу	kol saluu
invadere (vt)	басып алуу	basıp aluu
invasore (m)	баскынчы	baskıntʃı
conquistatore (m)	басып алуучу	basıp aluutʃu
difesa (f)	коргонуу	korgonuu
difendere (~ un paese)	коргоо	korgoo
difendersi (vr)	коргонуу	korgonuu
nemico (m)	душман	duʃman
avversario (m)	каршылаш	karʃılaʃ
ostile (agg)	душмандын	duʃmandın
strategia (f)	стратегия	strategija
tattica (f)	тактика	taktika
ordine (m)	буйрук	bujruk
comando (m)	команда	komanda
ordinare (vt)	буйрук берүү	bujruk beryy
missione (f)	тапшырма	tapʃırma
segreto (agg)	жашыруун	dʒaʃıruun
battaglia (f)	салгылаш	salgılaʃ
battaglia (f)	согуш	soguʃ
combattimento (m)	салгылаш	salgılaʃ
attacco (m)	чабуул	tʃabuul
assalto (m)	чабуул	tʃabuul
assalire (vt)	чабуул жасоо	tʃabuul dʒasoo
assedio (m)	тегеректеп курчоо	tegerektep kurtʃoo
offensiva (f)	чабуул	tʃabuul
passare all'offensiva	чабуул салуу	tʃabuul saluu
ritirata (f)	чегинүү	tʃeginyy
ritirarsi (vr)	чегинүү	tʃeginyy
accerchiamento (m)	курчоо	kurtʃoo
accerchiare (vt)	курчоого алуу	kurtʃoogo aluu
bombardamento (m)	бомба жаадыруу	bomba dʒaadıruu
lanciare una bomba	бомба таштоо	bomba taʃtoo
bombardare (vt)	бомба жаадыруу	bomba dʒaadıruu

esplosione (f)	жарылуу	dʒarıluu
sparo (m)	атылуу	atıluu
sparare un colpo	атуу	atuu
sparatoria (f)	атуу	atuu

puntare su ...	мээлөө	meeløø
puntare (~ una pistola)	мээлөө	meeløø
colpire (~ il bersaglio)	тийүү	tijyy

affondare (mandare a fondo)	чөктүрүү	tʃøktyryy
falla (f)	тешик	teʃik
affondare (andare a fondo)	суу астына кетүү	suu astına ketyy

fronte (m) (~ di guerra)	майдан	majdan
evacuazione (f)	эвакуация	evakuaʦija
evacuare (vt)	эвакуациялоо	evakuaʦijaloo

trincea (f)	окоп	okop
filo (m) spinato	тикендүү зым	tikendyy zım
sbarramento (m)	тосмо	tosmo
torretta (f) di osservazione	мунара	munara

ospedale (m) militare	госпиталь	gospitalʲ
ferire (vt)	жарадар кылуу	dʒaradar kıluu
ferita (f)	жара	dʒara
ferito (m)	жарадар	dʒaradar
rimanere ferito	жаракат алуу	dʒarakat aluu
grave (ferita ~)	оор жаракат	oor dʒarakat

185.   Guerra. Azioni militari. Parte 2

prigionia (f)	туткун	tutkun
fare prigioniero	туткунга алуу	tutkunga aluu
essere prigioniero	туткунда болуу	tutkunda boluu
essere fatto prigioniero	туткунга түшүү	tutkunga tyʃyy

campo (m) di concentramento	концлагерь	konʦlagerʲ
prigioniero (m) di guerra	туткун	tutkun
fuggire (vi)	качуу	katʃuu

tradire (vt)	кыянаттык кылуу	kıjanattık kıluu
traditore (m)	чыккынчы	tʃıkkıntʃı
tradimento (m)	чыккынчылык	tʃıkkıntʃılık

fucilare (vt)	атып өлтүрүү	atıp øltyryy
fucilazione (f)	атып өлтүрүү	atıp øltyryy

divisa (f) militare	аскер кийими	asker kijimi
spallina (f)	погон	pogon
maschera (f) antigas	противогаз	protivogaz

radiotrasmettitore (m)	рация	raʦija
codice (m)	шифр	ʃifr
complotto (m)	жекеликте сактоо	dʒekelikte saktoo

parola (f) d'ordine	сырсөз	sırsøz
mina (f)	мина	mina
minare (~ la strada)	миналоо	minaloo
campo (m) minato	мина талаасы	mina talaası
allarme (m) aereo	аба айгайы	aba ajgajı
allarme (m)	айгай	ajgaj
segnale (m)	сигнал	signal
razzo (m) di segnalazione	сигнал ракетасы	signal raketası

quartier (m) generale	штаб	ʃtab
esplorazione (m)	чалгын	tʃalgın
situazione (f)	кырдаал	kırdaal
rapporto (m)	рапорт	raport
agguato (m)	буктурма	bukturma
rinforzo (m)	кошумча күч	koʃumtʃa kytʃ

bersaglio (m)	бута	buta
terreno (m) di caccia	полигон	poligon
manovre (f pl)	манервлер	manervler

panico (m)	дүрбөлөң	dyrbøløŋ
devastazione (f)	кыйроо	kıjroo
distruzione (m)	кыйроо	kıjroo
distruggere (vt)	кыйратуу	kıjratuu

sopravvivere (vi, vt)	тирүү калуу	tiryy kaluu
disarmare (vt)	куралсыздандыруу	kuralsızdandıruu
maneggiare (una pistola, ecc.)	мамиле кылуу	mamile kıluu
Attenti!	Түз тур!	tyz tur!
Riposo!	Эркин!	erkin!

atto (m) eroico	эрдик	erdik
giuramento (m)	ант	ant
giurare (vi)	ант берүү	ant beryy

decorazione (f)	сыйлык	sıjlık
decorare (qn)	сыйлоо	sıjloo
medaglia (f)	медаль	medalʲ
ordine (m) (~ al Merito)	орден	orden

vittoria (f)	жеңиш	dʒeŋiʃ
sconfitta (m)	жеңилүү	dʒeŋilyy
armistizio (m)	жарашуу	dʒaraʃuu

bandiera (f)	байрак	bajrak
gloria (f)	даңк	daŋk
parata (f)	парад	parad
marciare (in parata)	маршта басуу	marʃta basuu

186. Armi

armi (f pl)	курал	kural
arma (f) da fuoco	курал жарак	kural dʒarak

arma (f) bianca	атылбас курал	atılbas kural
armi (f pl) chimiche	химиялык курал	χimijalık kural
nucleare (agg)	ядерлүү	jaderlyy
armi (f pl) nucleari	ядерлүү курал	jaderlyy kural
bomba (f)	бомба	bomba
bomba (f) atomica	атом бомбасы	atom bombası
pistola (f)	тапанча	tapantʃa
fucile (m)	мылтык	mıltık
mitra (m)	автомат	avtomat
mitragliatrice (f)	пулемёт	pulemʲot
bocca (f)	мылтыктын оозу	mıltıktın oozu
canna (f)	ствол	stvol
calibro (m)	калибр	kalibr
grilletto (m)	курок	kurok
mirino (m)	кароолго алуу	karoolgo aluu
caricatore (m)	магазин	magazin
calcio (m)	күндак	kyndak
bomba (f) a mano	граната	granata
esplosivo (m)	жарылуучу зат	dʒarıluutʃu zat
pallottola (f)	ок	ok
cartuccia (f)	патрон	patron
carica (f)	дүрмөк	dyrmøk
munizioni (f pl)	ок-дары	ok-darı
bombardiere (m)	бомбалоочу	bombalootʃu
aereo (m) da caccia	кыйраткыч учак	kıjratkıtʃ utʃak
elicottero (m)	вертолёт	vertolʲot
cannone (m) antiaereo	зенитка	zenitka
carro (m) armato	танк	tank
cannone (m)	замбирек	zambirek
artiglieria (f)	артиллерия	artillerija
cannone (m)	замбирек	zambirek
mirare a ...	мээлөө	meeløø
proiettile (m)	снаряд	snarʲad
granata (f) da mortaio	мина	mina
mortaio (m)	миномёт	minomʲot
scheggia (f)	сыныктар	sınıktar
sottomarino (m)	суу астында жүрүүчү кеме	suu astında dʒyryytʃy keme
siluro (m)	торпеда	torpeda
missile (m)	ракета	raketa
caricare (~ una pistola)	октоо	oktoo
sparare (vi)	атуу	atuu
puntare su ...	мээлөө	meeløø
baionetta (f)	найза	najza

spada (f)	шпага	ʃpaga
sciabola (f)	кылыч	kılıtʃ
lancia (f)	найза	najza
arco (m)	жаа	dʒaa
freccia (f)	жебе	dʒebe
moschetto (m)	мушкет	muʃket
balestra (f)	арбалет	arbalet

187. Gli antichi

primitivo (agg)	алгачкы	algatʃkı
preistorico (agg)	тарыхтан илгери	tarıxtan ilgeri
antico (agg)	байыркы	bajırkı

Età (f) della pietra	Таш доору	taʃ dooru
Età (f) del bronzo	Коло доору	kolo dooru
epoca (f) glaciale	Муз доору	muz dooru

tribù (f)	уруу	uruu
cannibale (m)	адам жегич	adam dʒegitʃ
cacciatore (m)	аңчы	aŋtʃı
cacciare (vt)	аңчылык кылуу	aŋtʃılık kıluu
mammut (m)	мамонт	mamont

caverna (f), grotta (f)	үңкүр	yŋkyr
fuoco (m)	от	ot
falò (m)	от	ot
pittura (f) rupestre	ташка чегерилген сүрөт	taʃka tʃegerilgen syrøt

strumento (m) di lavoro	эмгек куралы	emgek kuralı
lancia (f)	найза	najza
ascia (f) di pietra	таш балта	taʃ balta
essere in guerra	согушуу	soguʃuu
addomesticare (vt)	колго көндүрүү	kolgo køndyryy

idolo (m)	бут	but
idolatrare (vt)	сыйынуу	sıjınuu
superstizione (f)	жок нерсеге ишенүү	dʒok nersege iʃenyy
rito (m)	ырым-жырым	ırım-dʒırım

| evoluzione (f) | эволюция | evolʉtsija |
| sviluppo (m) | өнүгүү | ønygyy |

| estinzione (f) | жок болуу | dʒok boluu |
| adattarsi (vr) | ылайыкташуу | ılajıktaʃuu |

archeologia (f)	археология	arxeologija
archeologo (m)	археолог	arxeolog
archeologico (agg)	археологиялык	arxeologijalık

sito (m) archeologico	казуу жери	kazuu dʒeri
scavi (m pl)	казуу иштери	kazuu iʃteri
reperto (m)	табылга	tabılga
frammento (m)	фрагмент	fragment

188. Il Medio Evo

popolo (m)	эл	el
popoli (m pl)	элдер	elder
tribù (f)	уруу	uruu
tribù (f pl)	уруулар	uruular
barbari (m pl)	варварлар	varvarlar
galli (m pl)	галлдар	galldar
goti (m pl)	готтор	gottor
slavi (m pl)	славяндар	slavʲandar
vichinghi (m pl)	викингдер	vikingder
romani (m pl)	римдиктер	rimdikter
romano (agg)	римдик	rimdik
bizantini (m pl)	византиялыктар	vizantijalıktar
Bisanzio (m)	Византия	vizantija
bizantino (agg)	византиялык	vizantijalık
imperatore (m)	император	imperator
capo (m)	башчы	baʃʧı
potente (un re ~)	кудуреттүү	kudurettyy
re (m)	король, падыша	korolʲ, padıʃa
governante (m) (sovrano)	башкаруучу	baʃkaruutʃu
cavaliere (m)	рыцарь	rıtsarʲ
feudatario (m)	феодал	feodal
feudale (agg)	феодалдуу	feodalduu
vassallo (m)	вассал	vassal
duca (m)	герцог	gertsog
conte (m)	граф	graf
barone (m)	барон	baron
vescovo (m)	епископ	episkop
armatura (f)	курал жана соот-шайман	kural dʒana soot-ʃajman
scudo (m)	калкан	kalkan
spada (f)	кылыч	kılıʧ
visiera (f)	туулганын бет калканы	tuulganın bet kalkanı
cotta (f) di maglia	зоот	zoot
crociata (f)	крест астындагы черүү	krest astındagı ʧeryy
crociato (m)	черүүгө чыгуучу	ʧeryygø ʧıguutʃu
territorio (m)	аймак	ajmak
attaccare (vt)	кол салуу	kol saluu
conquistare (vt)	ээ болуу	ee boluu
occupare (invadere)	басып алуу	basıp aluu
assedio (m)	тегеректеп курчоо	tegerektep kurʧoo
assediato (agg)	курчалган	kurʧalgan
assediare (vt)	курчоого алуу	kurʧoogo aluu
inquisizione (f)	инквизиция	inkvizitsija
inquisitore (m)	инквизитор	inkvizitor

169

tortura (f)	кыйноо	kıjnoo
crudele (agg)	ырайымсыз	ırajımsız
eretico (m)	еретик	eretik
eresia (f)	ересь	eresʲ

navigazione (f)	деңизде сүзүү	deŋizde syzyy
pirata (m)	деңиз каракчысы	deŋiz karaktʃısı
pirateria (f)	деңиз каракчылыгы	deŋiz karaktʃılıgı
arrembaggio (m)	абордаж	abordadʒ
bottino (m)	олжо	oldʒo
tesori (m)	казына	kazına

scoperta (f)	ачылыш	atʃılıʃ
scoprire (~ nuove terre)	таап ачуу	taap atʃuu
spedizione (f)	экспедиция	ekspeditsija

moschettiere (m)	мушкетёр	muʃketʲor
cardinale (m)	кардинал	kardinal
araldica (f)	геральдика	geralʲdika
araldico (agg)	гералдык	geraldık

189. Leader. Capo. Le autorità

re (m)	король, падыша	korolʲ, padıʃa
regina (f)	ханыша	χanıʃa
reale (agg)	падышалык	padıʃalık
regno (m)	падышалык	padıʃalık

principe (m)	канзаада	kanzaada
principessa (f)	ханбийке	χanbijke

presidente (m)	президент	prezident
vicepresidente (m)	вице-президент	vitse-prezident
senatore (m)	сенатор	senator

monarca (m)	монарх	monarχ
governante (m) (sovrano)	башкаруучу	baʃkaruutʃu
dittatore (m)	диктатор	diktator
tiranno (m)	зулум	zulum
magnate (m)	магнат	magnat

direttore (m)	директор	direktor
capo (m)	башчы	baʃtʃı
dirigente (m)	башкаруучу	baʃkaruutʃu
capo (m)	шеф	ʃef
proprietario (m)	кожоюн	kodʒodʒɥn

leader (m)	алдыңкы катардагы	aldıŋkı katardagı
capo (m) (~ delegazione)	башчы	baʃtʃı
autorità (f pl)	бийликтер	bijlikter
superiori (m pl)	башчылар	baʃtʃılar

governatore (m)	губернатор	gubernator
console (m)	консул	konsul

diplomatico (m)	дипломат	diplomat
sindaco (m)	мэр	mer
sceriffo (m)	шериф	ʃerif

imperatore (m)	император	imperator
zar (m)	падыша	padıʃa
faraone (m)	фараон	faraon
khan (m)	хан	χan

190. Strada. Via. Indicazioni

| strada (f) | жол | dʒol |
| cammino (m) | жол | dʒol |

superstrada (f)	шоссе	ʃosse
autostrada (f)	кан жол	kan dʒol
strada (f) statale	улуттук жол	uluttuk dʒol

| strada (f) principale | негизги жол | negizgi dʒol |
| strada (f) sterrata | кыштактар арасындагы жол | kıʃtaktar arasındagı dʒol |

| viottolo (m) | чыйыр жол | tʃıjır dʒol |
| sentiero (m) | чыйыр жол | tʃıjır dʒol |

Dove? (~ è?)	Каерде?	kaerde?
Dove? (~ vai?)	Каяка?	kajaka?
Di dove?, Da dove?	Каяктан?	kajaktan?

| direzione (f) | багыт | bagıt |
| indicare (~ la strada) | көрсөтүү | kørsøtyy |

a sinistra (girare ~)	солго	solgo
a destra (girare ~)	оңго	oŋgo
dritto (avv)	түз	tyz
indietro (tornare ~)	артка	artka

curva (f)	бурулуш	buruluʃ
girare (~ a destra)	бурулуу	buruluu
fare un'inversione a U	артка кайтуу	artka kajtuu

| essere visibile | көрүнүп туруу | kørynyp turuu |
| apparire (vi) | көрүнүү | kørynyy |

sosta (f) (breve fermata)	токтоо	toktoo
riposarsi, fermarsi (vr)	эс алуу	es aluu
riposo (m)	эс алуу	es aluu

perdersi (vr)	адашып кетүү	adaʃıp ketyy
portare verso ...	...га алып баруу	...ga alıp baruu
raggiungere (arrivare a)	...га чыгуу	...ga tʃıguu
tratto (m) di strada	жолдун бир бөлүгү	dʒoldun bir bølygy
asfalto (m)	асфальт	asfalʲt
cordolo (m)	бордюр	bordʉr

fosso (m)	арык	arık
tombino (m)	люк	lʉk
ciglio (m) della strada	жол чети	dʒol tʃeti
buca (f)	чуңкур	tʃuŋkur

andare (a piedi)	жөө басуу	dʒøø basuu
sorpassare (vt)	ашып кетүү	aʃıp ketyy

passo (m)	кадам	kadam
a piedi	жөө	dʒøø

sbarrare (~ la strada)	тосуу	tosuu
sbarra (f)	шлагбаум	ʃlagbaum
vicolo (m) cieco	туюк көчө	tujʉk køtʃø

191. Infrangere la legge. Criminali. Parte 1

bandito (m)	ууру-кески	uuru-keski
delitto (m)	кылмыш	kılmıʃ
criminale (m)	кылмышкер	kılmıʃker

ladro (m)	ууру	uuru
rubare (vi, vt)	уурдоо	uurdoo
ruberia (f)	уруулук	uruuluk
reato (m) di furto	уурдоо	uurdoo

rapire (vt)	ала качуу	ala katʃuu
rapimento (m)	ала качуу	ala katʃuu
rapitore (m)	ала качуучу	ala katʃuutʃu

riscatto (m)	кутказуу акчасы	kutkazuu aktʃası
chiedere il riscatto	кутказуу акчага	kutkazuu aktʃaga
	талап коюу	talap kojʉu

rapinare (vt)	тоноо	tonoo
rapina (f)	тоноо	tonoo
rapinatore (m)	тоноочу	tonootʃu

estorcere (vt)	опузалоо	opuzaloo
estorsore (m)	опузалоочу	opuzalootʃu
estorsione (f)	опуза	opuza

uccidere (vt)	өлтүрүү	øltyryy
assassinio (m)	өлтүрүү	øltyryy
assassino (m)	киши өлтүргүч	kiʃi øltyrgytʃ

sparo (m)	атылуу	atıluu
tirare un colpo	атуу	atuu
abbattere (con armi da fuoco)	атып салуу	atıp saluu
sparare (vi)	атуу	atuu
sparatoria (f)	атышуу	atıʃuu

incidente (m) (rissa, ecc.)	окуя	okuja
rissa (f)	уруш	uruʃ

Aiuto!	Жардамга!	dʒardamga!
vittima (f)	жапа чеккен	dʒapa ʧekken

danneggiare (vt)	зыян келтирүү	zıjan keltiryy
danno (m)	залал	zalal
cadavere (m)	өлүк	ølyk
grave (reato ~)	оор	oor

aggredire (vt)	кол салуу	kol saluu
picchiare (vt)	уруу	uruu
malmenare (picchiare)	ур-токмокко алуу	ur-tokmokko aluu
sottrarre (vt)	тартып алуу	tartıp aluu
accoltellare a morte	союп өлтүрүү	sojup øltyryy
mutilare (vt)	майып кылуу	majıp kıluu
ferire (vt)	жарадар кылуу	dʒaradar kıluu

ricatto (m)	шантаж кылуу	ʃantadʒ kıluu
ricattare (vt)	шантаждоо	ʃantadʒdoo
ricattatore (m)	шантажист	ʃantadʒist

estorsione (f)	рэкет	reket
estortore (m)	рэкетир	reketir
gangster (m)	гангстер	gangster
mafia (f)	мафия	mafija

borseggiatore (m)	чөнтөк ууру	ʧøntøk uuru
scassinatore (m)	бузуп алуучу ууру	buzup aluuʧu uuru
contrabbando (m)	контрабанда	kontrabanda
contrabbandiere (m)	контрабандачы	kontrabandaʧı

falsificazione (f)	окшотуп жасоо	okʃotup dʒasoo
falsificare (vt)	жасалмалоо	dʒasalmaloo
falso, falsificato (agg)	жасалма	dʒasalma

192. Infrangere la legge. Criminali. Parte 2

stupro (m)	зордуктоо	zorduktoo
stuprare (vt)	зордуктоо	zorduktoo
stupratore (m)	зордукчул	zorduktʃul
maniaco (m)	маньяк	manjak

prostituta (f)	сойку	sojku
prostituzione (f)	сойкучулук	sojkuʧuluk
magnaccia (m)	жак бакты	dʒak baktı

drogato (m)	баңги	baŋgi
trafficante (m) di droga	баңгизат сатуучу	baŋgizat satuuʧu

far esplodere	жардыруу	dʒardıruu
esplosione (f)	жарылуу	dʒarıluu
incendiare (vt)	өрттөө	ørttøø
incendiario (m)	өрттөөчү	ørttøøʧy
terrorismo (m)	терроризм	terrorizm
terrorista (m)	террорист	terrorist

ostaggio (m)	заложник	zalodʒnik
imbrogliare (vt)	алдоо	aldoo
imbroglio (m)	алдамчылык	aldamʧılık
imbroglione (m)	алдамчы	aldamʧı
corrompere (vt)	сатып алуу	satıp aluu
corruzione (f)	сатып алуу	satıp aluu
bustarella (f)	пара	para
veleno (m)	уу	uu
avvelenare (vt)	ууландыруу	uulandıruu
avvelenarsi (vr)	ууланууу	uulanuu
suicidio (m)	жанын кыюу	dʒanın kıdʒʉu
suicida (m)	жанын кыйгыч	dʒanın kıjgıʧ
minacciare (vt)	коркутуу	korkutuu
minaccia (f)	коркунуч	korkunuʧ
attentare (vi)	кол салуу	kol saluu
attentato (m)	кол салуу	kol saluu
rubare (~ una macchina)	айдап кетүү	ajdap ketyy
dirottare (~ un aereo)	ала качуу	ala kaʧuu
vendetta (f)	кек	kek
vendicare (vt)	өч алуу	øʧ aluu
torturare (vt)	кыйноо	kıjnoo
tortura (f)	кыйноо	kıjnoo
maltrattare (vt)	азапка салуу	azapka saluu
pirata (m)	деңиз каракчысы	deŋiz karakʧısı
teppista (m)	бейбаш	bejbaʃ
armato (agg)	куралданган	kuraldangan
violenza (f)	зордук	zorduk
illegale (agg)	мыйзамдан тыш	mıjzamdan tıʃ
spionaggio (m)	тыңчылык	tıŋʧılık
spiare (vi)	тыңчылык кылуу	tıŋʧılık kıluu

193. Polizia. Legge. Parte 1

giustizia (f)	адилеттүү сот	adilettyy sot
tribunale (m)	сот	sot
giudice (m)	сот	sot
giurati (m)	сот калыстары	sot kalıstarı
processo (m) con giuria	калыстар соту	sot
giudicare (vt)	сотко тартуу	sotko tartuu
avvocato (m)	жактоочу	dʒaktooʧu
imputato (m)	сот жообуна тартылган киши	sot dʒoobuna tartılgan kiʃi
banco (m) degli imputati	соттуулар отуруучу орун	sottuular oturuuʧu orun

accusa (f)	айыптоо	ajıptoo
accusato (m)	айыпталуучу	ajıptaluutʃu
condanna (f)	өкүм	økym
condannare (vt)	өкүм чыгаруу	økym tʃıgaruu
colpevole (m)	күнөөкөр	kynøøkør
punire (vt)	жазалоо	dʒazaloo
punizione (f)	жаза	dʒaza
multa (f), ammenda (f)	айып	ajıp
ergastolo (m)	өмүр бою	ømyr bojʉ
pena (f) di morte	өлүм жазасы	ølym dʒazası
sedia (f) elettrica	электр столу	elektr stolu
impiccagione (f)	дарга	darga
giustiziare (vt)	өлүм жазасын аткаруу	ølym dʒazasın atkaruu
esecuzione (f)	өлүм жазасын аткаруу	ølym dʒazasın atkaruu
prigione (f)	түрмө	tyrmø
cella (f)	камера	kamera
scorta (f)	конвой	konvoj
guardia (f) carceraria	түрмө сакчысы	tyrmø saktʃısı
prigioniero (m)	камактагы адам	kamaktagı adam
manette (f pl)	кишен	kiʃen
mettere le manette	кишен кийгизүү	kiʃen kijgizyy
fuga (f)	качуу	katʃuu
fuggire (vi)	качуу	katʃuu
scomparire (vi)	жоголуп кетүү	dʒogolup ketyy
liberare (vt)	бошотуу	boʃotuu
amnistia (f)	амнистия	amnistija
polizia (f)	полиция	politsija
poliziotto (m)	полиция кызматкери	politsija kızmatkeri
commissariato (m)	полиция бөлүмү	politsija bølymy
manganello (m)	резина союлчасы	rezina sojʉltʃası
altoparlante (m)	керней	kernej
macchina (f) di pattuglia	жол күзөт машинасы	dʒol kyzøt maʃinası
sirena (f)	сирена	sirena
mettere la sirena	сиренаны басуу	sirenanı basuu
suono (m) della sirena	сиренанын боздошу	sirenanın bozdoʃu
luogo (m) del crimine	кылмыш болгон жер	kılmıʃ bolgon dʒer
testimone (m)	күбө	kybø
libertà (f)	эркиндик	erkindik
complice (m)	шерик	ʃerik
fuggire (vi)	из жашыруу	iz dʒaʃıruu
traccia (f)	из	iz

194. Polizia. Legge. Parte 2

ricerca (f) (~ di un criminale)	издөө	izdøø
cercare (vt)	... издөө	... izdøø
sospetto (m)	шек	ʃek
sospetto (agg)	шектүү	ʃektyy
fermare (vt)	токтотуу	toktotuu
arrestare (qn)	кармоо	karmoo

causa (f)	иш	iʃ
inchiesta (f)	териштирүү	teriʃtiryy
detective (m)	аңдуучу	aŋduutʃu
investigatore (m)	тергөөчү	tergøøtʃy
versione (f)	жоромол	dʒoromol

movente (m)	себеп	sebep
interrogatorio (m)	сурак	surak
interrogare (sospetto)	суракка алуу	surakka aluu
interrogare (vicini)	сураштыруу	suraʃtıruu
controllo (m) (~ di polizia)	текшерүү	tekʃeryy

retata (f)	тегеректөө	tegerektøø
perquisizione (f)	тинтүү	tintyy
inseguimento (m)	куу	kuu
inseguire (vt)	изине түшүү	izine tyʃyy
essere sulle tracce	изине түшүү	izine tyʃyy

arresto (m)	камак	kamak
arrestare (qn)	камакка алуу	kamakka aluu
catturare (~ un ladro)	кармоо	karmoo
cattura (f)	колго түшүрүү	kolgo tyʃyryy

documento (m)	документ	dokument
prova (f), reperto (m)	далил	dalil
provare (vt)	далилдөө	dalildøø
impronta (f) del piede	из	iz
impronte (f pl) digitali	манжанын изи	mandʒanın izi
elemento (m) di prova	далил	dalil

alibi (m)	алиби	alibi
innocente (agg)	бейкүнөө	bejkynøø
ingiustizia (f)	адилетсиздик	adiletsizdik
ingiusto (agg)	адилетсиз	adiletsiz

criminale (agg)	кылмыштуу	kılmıʃtuu
confiscare (vt)	тартып алуу	tartıp aluu
droga (f)	баңгизат	baŋgizat
armi (f pl)	курал	kural
disarmare (vt)	куралсыздандыруу	kuralsızdandıruu
ordinare (vt)	буйрук берүү	bujruk beryy
sparire (vi)	жоголуп кетүү	dʒogolup ketyy

legge (f)	мыйзам	mıjzam
legale (agg)	мыйзамдуу	mıjzamduu
illegale (agg)	мыйзамдан тыш	mıjzamdan tıʃ

responsabilità (f)	**жоопкерчилик**	ʤoopkertʃilik
responsabile (agg)	**жоопкерчиликтүү**	ʤoopkertʃiliktyy

LA NATURA

La Terra. Parte 1

195. L'Universo

cosmo (m)	космос	kosmos
cosmico, spaziale (agg)	космос	kosmos
spazio (m) cosmico	космос мейкиндиги	kosmos mejkindigi

mondo (m)	дүйнө	dyjnø
universo (m)	аалам	aalam
galassia (f)	галактика	galaktika

stella (f)	жылдыз	dʒıldız
costellazione (f)	жылдыздар	dʒıldızdar
pianeta (m)	планета	planeta
satellite (m)	жолдош	dʒoldoʃ

meteorite (m)	метеорит	meteorit
cometa (f)	комета	kometa
asteroide (m)	астероид	asteroid

orbita (f)	орбита	orbita
ruotare (vi)	айлануу	ajlanuu
atmosfera (f)	атмосфера	atmosfera

il Sole	күн	kyn
sistema (m) solare	күн системасы	kyn sisteması
eclisse (f) solare	күндүн тутулушу	kyndyn tutuluʃu

la Terra	Жер	dʒer
la Luna	Ай	aj

Marte (m)	Марс	mars
Venere (f)	Венера	venera
Giove (m)	Юпитер	jʉpiter
Saturno (m)	Сатурн	saturn

Mercurio (m)	Меркурий	merkurij
Urano (m)	Уран	uran
Nettuno (m)	Нептун	neptun
Plutone (m)	Плутон	pluton

Via (f) Lattea	Саманчынын жолу	samantʃının dʒolu
Orsa (f) Maggiore	Чоң Жетиген	tʃoŋ dʒetigen
Stella (f) Polare	Полярдык Жылдыз	polʲardık dʒıldız
marziano (m)	марсианин	marsianin
extraterrestre (m)	инопланетянин	inoplanetʲanin

alieno (m)	келгин	kelgin
disco (m) volante	учуучу табак	utʃuutʃu tabak
nave (f) spaziale	космос кемеси	kosmos kemesi
stazione (f) spaziale	орбитадагы станция	orbitadagı stantsija
lancio (m)	старт	start
motore (m)	кыймылдаткыч	kıjmıldatkıtʃ
ugello (m)	сопло	soplo
combustibile (m)	күйүүчү май	kyjyytʃy may
cabina (f) di pilotaggio	кабина	kabina
antenna (f)	антенна	antenna
oblò (m)	иллюминатор	illüminator
batteria (f) solare	күн батареясы	kyn batarejası
scafandro (m)	скафандр	skafandr
imponderabilità (f)	салмаксыздык	salmaksızdık
ossigeno (m)	кислород	kislorod
aggancio (m)	жалгаштыруу	dʒalgaʃtıruu
agganciarsi (vr)	жалгаштыруу	dʒalgaʃtıruu
osservatorio (m)	обсерватория	observatorija
telescopio (m)	телескоп	teleskop
osservare (vt)	байкоо	bajkoo
esplorare (vt)	изилдөө	izildøø

196. La Terra

la Terra	Жер	dʒer
globo (m) terrestre	жер шары	dʒer ʃarı
pianeta (m)	планета	planeta
atmosfera (f)	атмосфера	atmosfera
geografia (f)	география	geografija
natura (f)	табийгат	tabijgat
mappamondo (m)	глобус	globus
carta (f) geografica	карта	karta
atlante (m)	атлас	atlas
Europa (f)	Европа	evropa
Asia (f)	Азия	azija
Africa (f)	Африка	afrika
Australia (f)	Австралия	avstralija
America (f)	Америка	amerika
America (f) del Nord	Северная Америка	severnaja amerika
America (f) del Sud	Южная Америка	jüdʒnaja amerika
Antartide (f)	Антарктида	antarktida
Artico (m)	Арктика	arktika

197. Punti cardinali

nord (m)	түндүк	tyndyk
a nord	түндүккө	tyndykkø
al nord	түндүктө	tyndyktø
del nord (agg)	түндүк	tyndyk
sud (m)	түштүк	tyʃtyk
a sud	түштүккө	tyʃtykkø
al sud	түштүктө	tyʃtyktø
del sud (agg)	түштүк	tyʃtyk
ovest (m)	батыш	batıʃ
a ovest	батышка	batıʃka
all'ovest	батышта	batıʃta
dell'ovest, occidentale	батыш	batıʃ
est (m)	чыгыш	ʧıgıʃ
a est	чыгышка	ʧıgıʃka
all'est	чыгышта	ʧıgıʃta
dell'est, orientale	чыгыш	ʧıgıʃ

198. Mare. Oceano

mare (m)	деңиз	deŋiz
oceano (m)	мухит	muχit
golfo (m)	булуң	buluŋ
stretto (m)	кысык	kısık
terra (f) (terra firma)	жер	dʒer
continente (m)	материк	materik
isola (f)	арал	aral
penisola (f)	жарым арал	dʒarım aral
arcipelago (m)	архипелаг	arχipelag
baia (f)	булуң	buluŋ
porto (m)	гавань	gavanʲ
laguna (f)	лагуна	laguna
capo (m)	тумшук	tumʃuk
atollo (m)	атолл	atoll
scogliera (f)	риф	rif
corallo (m)	маржан	mardʒan
barriera (f) corallina	маржан рифи	mardʒan rifi
profondo (agg)	терең	tereŋ
profondità (f)	тереңдик	tereŋdik
abisso (m)	түбү жок	tyby dʒok
fossa (f) (~ delle Marianne)	ойдуң	ojduŋ
corrente (f)	агым	agım
circondare (vt)	курчап туруу	kurʧap turuu

| litorale (m) | жээк | ʤeek |
| costa (f) | жээк | ʤeek |

alta marea (f)	суунун көтөрүлүшү	suunun køtørylyʃy
bassa marea (f)	суунун тартылуусу	suunun tartıluusu
banco (m) di sabbia	тайыздык	tajızdık
fondo (m)	суунун түбү	suunun tyby

onda (f)	толкун	tolkun
cresta (f) dell'onda	толкундун кыры	tolkundun kırı
schiuma (f)	көбүк	købyk

tempesta (f)	бороон чапкын	boroon ʧapkın
uragano (m)	бороон	boroon
tsunami (m)	цунами	tsunami
bonaccia (f)	штиль	ʃtilʲ
tranquillo (agg)	тынч	tınʧ

| polo (m) | уюл | ujʉl |
| polare (agg) | полярдык | polʲardık |

latitudine (f)	кеңдик	keŋdik
longitudine (f)	узундук	uzunduk
parallelo (m)	параллель	parallelʲ
equatore (m)	экватор	ekvator

cielo (m)	асман	asman
orizzonte (m)	горизонт	gorizont
aria (f)	аба	aba

faro (m)	маяк	majak
tuffarsi (vr)	сүңгүү	syŋgyy
affondare (andare a fondo)	чөгүп кетүү	ʧøgyp ketyy
tesori (m)	казына	kazına

199. Nomi dei mari e degli oceani

Oceano (m) Atlantico	Атлантика мухити	atlantika muχiti
Oceano (m) Indiano	Индия мухити	indija muχiti
Oceano (m) Pacifico	Тынч мухити	tınʧ muχiti
mar (m) Glaciale Artico	Түндүк Муз мухити	tyndyk muz muχiti

mar (m) Nero	Кара деңиз	kara deŋiz
mar (m) Rosso	Кызыл деңиз	kızıl deŋiz
mar (m) Giallo	Сары деңиз	sarı deŋiz
mar (m) Bianco	Ак деңиз	ak deŋiz

mar (m) Caspio	Каспий деңизи	kaspij deŋizi
mar (m) Morto	Өлүк деңиз	ølyk deŋiz
mar (m) Mediterraneo	Жер Ортолук деңиз	ʤer ortoluk deŋiz

mar (m) Egeo	Эгей деңизи	egej deŋizi
mar (m) Adriatico	Адриатика деңизи	adriatika deŋizi
mar (m) Arabico	Аравия деңизи	aravija deŋizi

mar (m) del Giappone	Япон деңизи	japon deŋizi
mare (m) di Bering	Беринг деңизи	bering deŋizi
mar (m) Cinese meridionale	Түштүк-Кытай деңизи	tyʃtyk-kıtaj deŋizi

mar (m) dei Coralli	Маржан деңизи	mardʒan deŋizi
mar (m) di Tasman	Тасман деңизи	tasman deŋizi
mar (m) dei Caraibi	Кариб деңизи	karib deŋizi

| mare (m) di Barents | Баренц деңизи | barents deŋizi |
| mare (m) di Kara | Карск деңизи | karsk deŋizi |

mare (m) del Nord	Түндүк деңиз	tyndyk deŋiz
mar (m) Baltico	Балтика деңизи	baltika deŋizi
mare (m) di Norvegia	Норвегиялык деңизи	norvegijalık deŋizi

200. Montagne

monte (m), montagna (f)	тоо	too
catena (f) montuosa	тоо тизмеги	too tizmegi
crinale (m)	тоо кыркалары	too kırkaları

cima (f)	чоку	tʃoku
picco (m)	чоку	tʃoku
piedi (m pl)	тоо этеги	too etegi
pendio (m)	эңкейиш	eŋkejiʃ

vulcano (m)	вулкан	vulkan
vulcano (m) attivo	күйүп жаткан	kyjyp dʒatkan
vulcano (m) inattivo	өчүп калган вулкан	øtʃyp kalgan vulkan

eruzione (f)	атырылып чыгуу	atırılıp tʃıguu
cratere (m)	кратер	krater
magma (m)	магма	magma
lava (f)	лава	lava
fuso (lava ~a)	кызыган	kızıgan

canyon (m)	каньон	kanʲon
gola (f)	капчыгай	kaptʃıgaj
crepaccio (m)	жарака	dʒaraka
precipizio (m)	жар	dʒar

passo (m), valico (m)	ашуу	aʃuu
altopiano (m)	дөңсөө	døŋsøø
falesia (f)	зоока	zooka
collina (f)	дөбө	døbø

ghiacciaio (m)	муз	muz
cascata (f)	шаркыратма	ʃarkıratma
geyser (m)	гейзер	gejzer
lago (m)	көл	køl

pianura (f)	түздүк	tyzdyk
paesaggio (m)	теребел	terebel
eco (f)	жаңырык	dʒaŋırık

alpinista (m)	альпинист	alʲpinist
scalatore (m)	скалолаз	skalolaz
conquistare (~ una cima)	багындыруу	bagındıruu
scalata (f)	тоонун чокусуна чыгуу	toonun ʧokusuna ʧıguu

201. Nomi delle montagne

Alpi (f pl)	Альп тоолору	alʲp tooloru
Monte (m) Bianco	Монблан	monblan
Pirenei (m pl)	Пиреней тоолору	pirenej tooloru
Carpazi (m pl)	Карпат тоолору	karpat tooloru
gli Urali (m pl)	Урал тоолору	ural tooloru
Caucaso (m)	Кавказ тоолору	kavkaz tooloru
Monte (m) Elbrus	Эльбрус	elʲbrus
Monti (m pl) Altai	Алтай тоолору	altaj tooloru
Tien Shan (m)	Тянь-Шань	tjanʲ-ʃanʲ
Pamir (m)	Памир тоолору	pamir tooloru
Himalaia (m)	Гималай тоолору	gimalaj tooloru
Everest (m)	Эверест	everest
Ande (f pl)	Анд тоолору	and tooloru
Kilimangiaro (m)	Килиманджаро	kilimandʒaro

202. Fiumi

fiume (m)	дарыя	darıja
fonte (f) (sorgente)	булак	bulak
letto (m) (~ del fiume)	сай	saj
bacino (m)	бассейн	bassejn
sfociare nel …	… кұюю	… kujʉu
affluente (m)	куйма	kujma
riva (f)	жээк	dʒeek
corrente (f)	агым	agım
a valle	агым боюнча	agım bojʉnʧa
a monte	агымга каршы	agımga karʃı
inondazione (f)	ташкын	taʃkın
piena (f)	суу ташкыны	suu taʃkını
straripare (vi)	дайранын ташышы	dajranın taʃıʃı
inondare (vt)	суу каптоо	suu kaptoo
secca (f)	тайыздык	tajızdık
rapida (f)	босого	bosogo
diga (f)	тогоон	togoon
canale (m)	канал	kanal
bacino (m) di riserva	суу сактагыч	suu saktagıʧ
chiusa (f)	шлюз	ʃlʉz

specchio (m) d'acqua	кθлмθ	kølmø
palude (f)	саз	saz
pantano (m)	баткак	batkak
vortice (m)	айлампа	ajlampa

ruscello (m)	суу	suu
potabile (agg)	ичилчу суу	iʧilʧy suu
dolce (di acqua ~)	тузсуз	tuzsuz

| ghiaccio (m) | муз | muz |
| ghiacciarsi (vr) | тонуп калуу | toŋup kaluu |

203. Nomi dei fiumi

| Senna (f) | Сена | sena |
| Loira (f) | Луара | luara |

Tamigi (m)	Темза	temza
Reno (m)	Рейн	rejn
Danubio (m)	Дунай	dunaj

Volga (m)	Волга	volga
Don (m)	Дон	don
Lena (f)	Лена	lena

Fiume (m) Giallo	Хуанхэ	χuanχe
Fiume (m) Azzurro	Янцзы	janʦzı
Mekong (m)	Меконг	mekong
Gange (m)	Ганг	gang

Nilo (m)	Нил	nil
Congo (m)	Конго	kongo
Okavango	Окаванго	okavango
Zambesi (m)	Замбези	zambezi
Limpopo (m)	Лимпопо	limpopo
Mississippi (m)	Миссисипи	missisipi

204. Foresta

| foresta (f) | токой | tokoj |
| forestale (agg) | токойлуу | tokojluu |

foresta (f) fitta	чытырман токой	ʧıtırman tokoj
boschetto (m)	токойчо	tokojʧo
radura (f)	аянт	ajant

| roveto (m) | бадал | badal |
| boscaglia (f) | бадал | badal |

sentiero (m)	чыйыр жол	ʧıjır dʒol
calanco (m)	жар	dʒar
albero (m)	дарак	darak

foglia (f)	жалбырак	ʤalbırak
fogliame (m)	жалбырак	ʤalbırak

caduta (f) delle foglie	жалбырак түшүү мезгили	ʤalbırak tyʃyy mezgili
cadere (vi)	түшүү	tyʃyy
cima (f)	чоку	ʧoku

ramo (m), ramoscello (m)	бутак	butak
ramo (m)	бутак	butak
gemma (f)	бүчүр	bytʃyr
ago (m)	ийне	ijne
pigna (f)	тобурчак	toburtʃak

cavità (f)	көңдөй	køŋdøj
nido (m)	уя	uja
tana (f) (del fox, ecc.)	ийин	ijin

tronco (m)	сөңгөк	søŋgøk
radice (f)	тамыр	tamır
corteccia (f)	кыртыш	kırtıʃ
musco (m)	мох	moχ

sradicare (vt)	дүмүрүн казуу	dymyryn kazuu
abbattere (~ un albero)	кыйуу	kıjʉu
disboscare (vt)	токойду кыйуу	tokojdu kıjʉu
ceppo (m)	дүмүр	dymyr

falò (m)	от	ot
incendio (m) boschivo	өрт	ørt
spegnere (vt)	өчүрүү	øʧyryy

guardia (f) forestale	токойчу	tokojtʃu
protezione (f)	өсүмдүктөрдү коргоо	øsymdyktørdy korgoo
proteggere (~ la natura)	сактоо	saktoo
bracconiere (m)	браконьер	brakonjer
tagliola (f) (~ per orsi)	капкан	kapkan

raccogliere (~ i funghi)	терүү	teryy
cogliere (~ le fragole)	терүү	teryy
perdersi (vr)	адашып кетүү	adaʃıp ketyy

205. Risorse naturali

risorse (f pl) naturali	жаратылыш байлыктары	ʤaratılıʃ bajlıktarı
minerali (m pl)	пайдалуу кендер	pajdaluu kender
deposito (m) (~ di carbone)	кен	ken
giacimento (m) (~ petrolifero)	кендүү жер	kendyy ʤer

estrarre (vt)	казуу	kazuu
estrazione (f)	казуу	kazuu
minerale (m) grezzo	кен	ken
miniera (f)	шахта	ʃaχta
pozzo (m) di miniera	шахта	ʃaχta
minatore (m)	кенчи	kentʃi

| gas (m) | газ | gaz |
| gasdotto (m) | газопровод | gazoprovod |

petrolio (m)	мунайзат	munajzat
oleodotto (m)	мунайзар түтүгү	munajzar tytygy
torre (f) di estrazione	мунайзат скважинасы	munajzat skvadʒinası
torre (f) di trivellazione	мунайзат мунарасы	munajzat munarası
petroliera (f)	танкер	tanker

sabbia (f)	кум	kum
calcare (m)	акиташ	akitaʃ
ghiaia (f)	шагыл	ʃagıl
torba (f)	торф	torf
argilla (f)	ылай	ılaj
carbone (m)	көмүр	kømyr

ferro (m)	темир	temir
oro (m)	алтын	altın
argento (m)	күмүш	kymyʃ
nichel (m)	никель	nikelʲ
rame (m)	жез	dʒez

zinco (m)	цинк	tsınk
manganese (m)	марганец	marganets
mercurio (m)	сымап	sımap
piombo (m)	коргошун	korgoʃun

minerale (m)	минерал	mineral
cristallo (m)	кристалл	kristall
marmo (m)	мрамор	mramor
uranio (m)	уран	uran

La Terra. Parte 2

206. Tempo

tempo (m)	аба-ырайы	aba-ırajı
previsione (f) del tempo	аба-ырайы боюнча маалымат	aba-ırajı bojʉntʃa maalımat
temperatura (f)	температура	temperatura
termometro (m)	термометр	termometr
barometro (m)	барометр	barometr
umido (agg)	нымдуу	nımduu
umidità (f)	ным	nım
caldo (m), afa (f)	ысык	ısık
molto caldo (agg)	кыйын ысык	kijın ısık
fa molto caldo	ысык	ısık
fa caldo	жылуу	dʒıluu
caldo, mite (agg)	жылуу	dʒıluu
fa freddo	суук	suuk
freddo (agg)	суук	suuk
sole (m)	күн	kyn
splendere (vi)	күн тийүү	kyn tijyy
di sole (una giornata ~)	күн ачык	kyn atʃık
sorgere, levarsi (vr)	чыгуу	tʃıguu
tramontare (vi)	батуу	batuu
nuvola (f)	булут	bulut
nuvoloso (agg)	булуттуу	buluttuu
nube (f) di pioggia	булут	bulut
nuvoloso (agg)	күн бүркөк	kyn byrkøk
pioggia (f)	жамгыр	dʒamgır
piove	жамгыр жаап жатат	dʒamgır dʒaap dʒatat
piovoso (agg)	жаандуу	dʒaanduu
piovigginare (vi)	дыбыратуу	dıbıratuu
pioggia (f) torrenziale	нөшөрлөгөн жаан	nøʃørløgøn dʒaan
acquazzone (m)	нөшөр	nøʃør
forte (una ~ pioggia)	катуу	katuu
pozzanghera (f)	көлчүк	køltʃyk
bagnarsi (~ sotto la pioggia)	суу болуу	suu boluu
foschia (f), nebbia (f)	туман	tuman
nebbioso (agg)	тумандуу	tumanduu
neve (f)	кар	kar
nevica	кар жаап жатат	kar dʒaap dʒatat

207. Rigide condizioni metereologiche. Disastri naturali

temporale (m)	чагылгандуу жаан	ʧagılganduu dʒaan
fulmine (f)	чагылган	ʧagılgan
lampeggiare (vi)	жарк этүү	dʒark etyy
tuono (m)	күн күркүрөө	kyn kyrkyrøø
tuonare (vi)	күн күркүрөө	kyn kyrkyrøø
tuona	күн күркүрөп жатат	kyn kyrkyrøp dʒatat
grandine (f)	мөндүр	møndyr
grandina	мөндүр түшүп жатат	møndyr tyʃyp dʒatat
inondare (vt)	суу каптоо	suu kaptoo
inondazione (f)	ташкын	taʃkın
terremoto (m)	жер титирөө	dʒer titirøø
scossa (f)	жердин силкиниши	dʒerdin silkiniʃi
epicentro (m)	эпицентр	epitsentr
eruzione (f)	атырылып чыгуу	atırılıp ʧıguu
lava (f)	лава	lava
tromba (f) d'aria	куюн	kujøn
tornado (m)	торнадо	tornado
tifone (m)	тайфун	tajfun
uragano (m)	бороон	boroon
tempesta (f)	бороон чапкын	boroon ʧapkın
tsunami (m)	цунами	tsunami
ciclone (m)	циклон	tsıklon
maltempo (m)	жаан-чачындуу күн	dʒaan-ʧaʧınduu kyn
incendio (m)	өрт	ørt
disastro (m)	кыйроо	kıjroo
meteorite (m)	метеорит	meteorit
valanga (f)	көчкү	køʧky
slavina (f)	кар көчкүсү	kar køʧkysy
tempesta (f) di neve	кар бороону	kar boroonu
bufera (f) di neve	бурганак	burganak

208. Rumori. Suoni

silenzio (m)	жымжырттык	dʒımdʒırttık
suono (m)	добуш	dobuʃ
rumore (m)	ызы-чуу	ızı-ʧuu
far rumore	чуулдоо	ʧuuldoo
rumoroso (agg)	дуулдаган	duuldagan
ad alta voce (parlare ~)	катуу	katuu
alto (voce ~a)	катуу	katuu
costante (agg)	үзгүлтүксүз	yzgyltyksyz

grido (m)	кыйкырык	kıjkırık
gridare (vi)	кыйкыруу	kıjkıruu
sussurro (m)	шыбыр	ʃıbır
sussurrare (vi, vt)	шыбырап айтуу	ʃıbırap ajtuu

| abbaiamento (m) | үрүү | yryy |
| abbaiare (vi) | үрүү | yryy |

gemito (m) (~ di dolore)	онтоо	ontoo
gemere (vi)	онтоо	ontoo
tosse (f)	жөтөл	dʒøtøl
tossire (vi)	жөтөлүү	dʒøtølyy

fischio (m)	ышкырык	ıʃkırık
fischiare (vi)	ышкыруу	ıʃkıruu
bussata (f)	такылдатуу	takıldatuu
bussare (vi)	такылдатуу	takıldatuu

| crepitare (vi) | чыртылдоо | tʃırtıldoo |
| crepitio (m) | чыртылдоо | tʃırtıldoo |

sirena (f)	сирена	sirena
sirena (f) (di fabbrica)	гудок	gudok
emettere un fischio	гудок чалуу	gudok tʃaluu
colpo (m) di clacson	сигнал	signal
clacsonare (vi)	сигнал басуу	signal basuu

209. Inverno

inverno (m)	кыш	kıʃ
invernale (agg)	кышкы	kıʃkı
d'inverno	кышында	kıʃında

neve (f)	кар	kar
nevica	кар жаап жатат	kar dʒaap dʒatat
nevicata (f)	кар жаашы	kar dʒaaʃı
mucchio (m) di neve	күрткү	kyrtky

fiocco (m) di neve	кар учкуну	kar utʃkunu
palla (f) di neve	томолоктолгон кар	tomoloktolgon kar
pupazzo (m) di neve	кар адам	kar adam
ghiacciolo (m)	тоңгон муз	toŋgon muz

dicembre (m)	декабрь	dekabrʲ
gennaio (m)	январь	janvarʲ
febbraio (m)	февраль	fevralʲ

| gelo (m) | аяз | ajaz |
| gelido (aria ~a) | аяздуу | ajazduu |

sotto zero	нольдон төмөн	nolʲdon tømøn
primi geli (m pl)	үшүк	yʃyk
brina (f)	кыроо	kıroo
freddo (m)	суук	suuk

fa freddo	суук	suuk
pelliccia (f)	тон	ton
manopole (f pl)	мээлей	meelej
ammalarsi (vr)	ооруп калуу	oorup kaluu
raffreddore (m)	суук тийүү	suuk tijyy
raffreddarsi (vr)	суук тийгизип алуу	suuk tijgizip aluu
ghiaccio (m)	муз	muz
ghiaccio (m) trasparente	кара тоңголок	kara toŋgolok
ghiacciarsi (vr)	тоңуп калуу	toŋup kaluu
banco (m) di ghiaccio	муздун чоң сыныгы	muzdun ʧoŋ sınıgı
sci (m pl)	чаңгы	ʧaŋgı
sciatore (m)	чаңычы	ʧaŋıʧı
sciare (vi)	чаңгы тебүү	ʧaŋgı tebyy
pattinare (vi)	коньки тебүү	konʲki tebyy

Fauna

210. Mammiferi. Predatori

predatore (m)	жырткыч	dʒɪrtkɪtʃ
tigre (f)	жолборс	dʒolbors
leone (m)	арстан	arstan
lupo (m)	карышкыр	karɪʃkɪr
volpe (m)	түлкү	tylky
giaguaro (m)	ягуар	jaguar
leopardo (m)	леопард	leopard
ghepardo (m)	гепард	gepard
pantera (f)	пантера	pantera
puma (f)	пума	puma
leopardo (m) delle nevi	илбирс	ilbirs
lince (f)	сүлөөсүн	syløøsyn
coyote (m)	койот	kojot
sciacallo (m)	чөө	tʃøø
iena (f)	гиена	giena

211. Animali selvatici

animale (m)	жаныбар	dʒanɪbar
bestia (f)	жапайы жаныбар	dʒapajɪ dʒanɪbar
scoiattolo (m)	тыйын чычкан	tɪjɪn tʃɪtʃkan
riccio (m)	кирпичечен	kirpitʃetʃen
lepre (f)	коен	koen
coniglio (m)	коен	koen
tasso (m)	кашкулак	kaʃkulak
procione (f)	енот	enot
criceto (m)	хомяк	χomʲak
marmotta (f)	суур	suur
talpa (f)	момолой	momoloj
topo (m)	чычкан	tʃɪtʃkan
ratto (m)	келемиш	kelemiʃ
pipistrello (m)	жарганат	dʒarganat
ermellino (m)	арс чычкан	ars tʃɪtʃkan
zibellino (m)	киш	kiʃ
martora (f)	суусар	suusar
donnola (f)	ласка	laska
visone (m)	норка	norka

| castoro (m) | кемчет | kemtʃet |
| lontra (f) | кундуз | kunduz |

cavallo (m)	жылкы	dʒılkı
alce (m)	багыш	bagıʃ
cervo (m)	бугу	bugu
cammello (m)	төө	tøø

bisonte (m) americano	бизон	bizon
bisonte (m) europeo	зубр	zubr
bufalo (m)	буйвол	bujvol

zebra (f)	зебра	zebra
antilope (f)	антилопа	antilopa
capriolo (m)	элик	elik
daino (m)	лань	lanʲ
camoscio (m)	жейрен	dʒejren
cinghiale (m)	каман	kaman

balena (f)	кит	kit
foca (f)	тюлень	tʉlenʲ
tricheco (m)	морж	mordʒ
otaria (f)	деңиз мышыгы	deŋiz mıʃıgı
delfino (m)	дельфин	delʲfin

orso (m)	аюу	ajʉu
orso (m) bianco	ак аюу	ak ajʉu
panda (m)	панда	panda

scimmia (f)	маймыл	majmıl
scimpanzè (m)	шимпанзе	ʃimpanze
orango (m)	орангутанг	orangutang
gorilla (m)	горилла	gorilla
macaco (m)	макака	makaka
gibbone (m)	гиббон	gibbon

elefante (m)	пил	pil
rinoceronte (m)	керик	kerik
giraffa (f)	жираф	dʒiraf
ippopotamo (m)	бегемот	begemot

| canguro (m) | кенгуру | kenguru |
| koala (m) | коала | koala |

mangusta (f)	мангуст	mangust
cincillà (f)	шиншилла	ʃinʃilla
moffetta (f)	скунс	skuns
istrice (m)	чүткөр	tʃʏtkør

212. Animali domestici

gatta (f)	ургаачы мышык	urgaatʃı mıʃık
gatto (m)	эркек мышык	erkek mıʃık
cane (m)	ит	it

cavallo (m)	жылкы	dʒɪlkı
stallone (m)	айгыр	ajgɪr
giumenta (f)	бээ	bee

mucca (f)	уй	uj
toro (m)	бука	buka
bue (m)	өгүз	øgyz

pecora (f)	кой	koj
montone (m)	кочкор	kotʃkor
capra (f)	эчки	etʃki
caprone (m)	теке	teke

| asino (m) | эшек | eʃek |
| mulo (m) | качыр | katʃɪr |

porco (m)	чочко	tʃotʃko
porcellino (m)	торопой	toropoj
coniglio (m)	коен	koen

| gallina (f) | тоок | took |
| gallo (m) | короз | koroz |

anatra (f)	өрдөк	ørdøk
maschio (m) dell'anatra	эркек өрдөк	erkek ørdøk
oca (f)	каз	kaz

| tacchino (m) | күрп | kyrp |
| tacchina (f) | ургаачы күрп | urgaatʃɪ kyrp |

animali (m pl) domestici	үй жаныбарлары	yj dʒanɪbarlarɪ
addomesticato (agg)	колго үйрөтүлгөн	kolgo yjrøtylgøn
addomesticare (vt)	колго үйрөтүү	kolgo yjrøtyy
allevare (vt)	өстүрүү	østyryy

fattoria (f)	ферма	ferma
pollame (m)	үй канаттулары	yj kanattularɪ
bestiame (m)	мал	mal
branco (m), mandria (f)	бада	bada

scuderia (f)	аткана	atkana
porcile (m)	чочкокана	tʃotʃkokana
stalla (f)	уйкана	ujkana
conigliera (f)	коенкана	koenkana
pollaio (m)	тоокана	tookana

213. Cani. Razze canine

cane (m)	ит	it
cane (m) da pastore	овчарка	ovtʃarka
pastore (m) tedesco	немис овчаркасы	nemis ovtʃarkasɪ
barbone (m)	пудель	pudelʲ
bassotto (m)	такса	taksa
bulldog (m)	бульдог	bulʲdog

boxer (m)	боксёр	boksʲor
mastino (m)	мастиф	mastif
rottweiler (m)	ротвейлер	rotvejler
dobermann (m)	доберман	doberman

bassotto (m)	бассет	basset
bobtail (m)	бобтейл	bobtejl
dalmata (m)	далматинец	dalmatinets
cocker (m)	кокер-спаниэль	koker-spanielʲ

terranova (m)	ньюфаундленд	njʉfaundlend
sanbernardo (m)	сенбернар	senbernar

husky (m)	хаски	χaski
chow chow (m)	чау-чау	tʃau-tʃau
volpino (m)	шпиц	ʃpits
carlino (m)	мопс	mops

214. Versi emessi dagli animali

abbaiamento (m)	үрүү	yryy
abbaiare (vi)	үрүү	yryy
miagolare (vi)	миёлоо	mijoloo
fare le fusa	мырылдоо	mırıldoo

muggire (vacca)	маароо	maaroo
muggire (toro)	өкүрүү	økyryy
ringhiare (vi)	ырылдоо	ırıldoo

ululato (m)	уулуу	uuluu
ululare (vi)	уулуу	uuluu
guaire (vi)	кыңшылоо	kıŋʃiloo

belare (pecora)	маароо	maaroo
grugnire (maiale)	коркулдоо	korkuldoo
squittire (vi)	чаңыруу	tʃaŋıruu

gracidare (rana)	чардоо	tʃardoo
ronzare (insetto)	зыңылдоо	zıŋıldoo
frinire (vi)	чырылдоо	tʃırıldoo

215. Cuccioli di animali

cucciolo (m)	жаныбарлардын баласы	dʒanıbarlardın balası
micino (m)	мышыктын баласы	mıʃıktın balası
topolino (m)	чычкандын баласы	tʃıtʃkandın balası
cucciolo (m) di cane	күчүк	kytʃyk

leprotto (m)	бөжөк	bødʒøk
coniglietto (m)	бөжөк	bødʒøk
cucciolo (m) di lupo	бөлтүрүк	bøltyryk
cucciolo (m) di volpe	түлкү баласы	tylky balası

cucciolo (m) di orso	мамалак	mamalak
cucciolo (m) di leone	арстан баласы	arstan balası
cucciolo (m) di tigre	жолборс баласы	dʒolbors balası
elefantino (m)	пилдин баласы	pildin balası

porcellino (m)	торопой	toropoj
vitello (m)	музоо	muzoo
capretto (m)	улак	ulak
agnello (m)	козу	kozu
cerbiatto (m)	бугунун музоосу	bugunun muzoosu
cucciolo (m) di cammello	бото	boto

| piccolo (m) di serpente | жылан баласы | dʒılan balası |
| piccolo (m) di rana | бака баласы | baka balası |

uccellino (m)	балапан	balapan
pulcino (m)	балапан	balapan
anatroccolo (m)	өрдөктүн баласы	ørdøktyn balası

216. Uccelli

uccello (m)	куш	kuʃ
colombo (m), piccione (m)	көгүчкөн	køgytʃkøn
passero (m)	таранчы	tarantʃı
cincia (f)	синица	sinitsa
gazza (f)	сагызган	sagızgan

corvo (m)	кузгун	kuzgun
cornacchia (f)	карга	karga
taccola (f)	таан	taan
corvo (m) nero	чаркарга	tʃarkarga

anatra (f)	өрдөк	ørdøk
oca (f)	каз	kaz
fagiano (m)	кыргоол	kırgool

aquila (f)	бүркүт	byrkyt
astore (m)	ителги	itelgi
falco (m)	шумкар	ʃumkar
grifone (m)	жору	dʒoru
condor (m)	кондор	kondor

cigno (m)	аккуу	akkuu
gru (f)	турна	turna
cicogna (f)	илегилек	ilegilek

pappagallo (m)	тотукуш	totukuʃ
colibrì (m)	колибри	kolibri
pavone (m)	тоос	toos

struzzo (m)	төө куш	tøø kuʃ
airone (m)	көк кытан	køk kıtan
fenicottero (m)	фламинго	flamingo
pellicano (m)	биргазан	birgazan

| usignolo (m) | булбул | bulbul |
| rondine (f) | чабалекей | ʧabalekej |

tordo (m)	таркылдак	tarkıldak
tordo (m) sasello	сайрагыч таркылдак	sajragıʧ tarkıldak
merlo (m)	кара таңдай таркылдак	kara taŋdaj tarkıldak

rondone (m)	кардыгач	kardıgaʧ
allodola (f)	торгой	torgoj
quaglia (f)	бөдөнө	bødønø

picchio (m)	тоңкулдак	toŋkuldak
cuculo (m)	күкүк	kykyk
civetta (f)	мыкый үкү	mıkıj yky
gufo (m) reale	үкү	yky
urogallo (m)	керең кур	kereŋ kur
fagiano (m) di monte	кара кур	kara kur
pernice (f)	кекилик	kekilik

storno (m)	чыйырчык	ʧıjırʧık
canarino (m)	канарейка	kanarejka
francolino (m) di monte	токой чили	tokoj ʧili
fringuello (m)	зяблик	z'ablik
ciuffolotto (m)	снегирь	snegir'

gabbiano (m)	ак чардак	ak ʧardak
albatro (m)	альбатрос	al'batros
pinguino (m)	пингвин	pingvin

217. Uccelli. Cinguettio e versi

cantare (vi)	сайроо	sajroo
gridare (vi)	кыйкыруу	kıjkıruu
cantare (gallo)	"күкирикү" деп кыйкыруу	kykiriky' dep kıjkıruu
chicchirichì (m)	күкирикү	kykiriky

chiocciare (gallina)	какылдоо	kakıldoo
gracchiare (vi)	каркылдоо	karkıldoo
fare qua qua	бакылдоо	bakıldoo
pigolare (vi)	чыйылдоо	ʧıjıldoo
cinguettare (vi)	чырылдоо	ʧırıldoo

218. Pesci. Animali marini

abramide (f)	лещ	leʃʧ
carpa (f)	карп	karp
perca (f)	окунь	okun'
pesce (m) gatto	жаян	dʒajan
luccio (m)	чортон	ʧorton

| salmone (m) | лосось | losos' |
| storione (m) | осётр | os'otr |

aringa (f)	сельдь	selʲdʲ
salmone (m)	сёмга	sʲomga
scombro (m)	скумбрия	skumbrija
sogliola (f)	камбала	kambala

lucioperca (f)	судак	sudak
merluzzo (m)	треска	treska
tonno (m)	тунец	tunets
trota (f)	форель	forelʲ

anguilla (f)	угорь	ugorʲ
torpedine (f)	скат	skat
murena (f)	мурена	murena
piranha (f)	пиранья	piranja

squalo (m)	акула	akula
delfino (m)	дельфин	delʲfin
balena (f)	кит	kit

granchio (m)	краб	krab
medusa (f)	медуза	meduza
polpo (m)	сегиз бут	segiz but

stella (f) marina	деңиз жылдызы	deŋiz dʒıldızı
riccio (m) di mare	деңиз кирписи	deŋiz kirpisi
cavalluccio (m) marino	деңиз тайы	deŋiz tajı

ostrica (f)	устрица	ustritsa
gamberetto (m)	креветка	krevetka
astice (m)	омар	omar
aragosta (f)	лангуст	langust

219. Anfibi. Rettili

serpente (m)	жылан	dʒılan
velenoso (agg)	уулуу	uuluu

vipera (f)	кара чаар жылан	kara tʃaar dʒılan
cobra (m)	кобра	kobra
pitone (m)	питон	piton
boa (m)	удав	udav

biscia (f)	сары жылан	sarı dʒılan
serpente (m) a sonagli	шакылдак жылан	ʃakıldak dʒılan
anaconda (f)	анаконда	anakonda

lucertola (f)	кескелдирик	keskeldirik
iguana (f)	игуана	iguana
varano (m)	эчкемер	etʃkemer
salamandra (f)	саламандра	salamandra
camaleonte (m)	хамелеон	χameleon
scorpione (m)	чаян	tʃajan
tartaruga (f)	ташбака	taʃbaka
rana (f)	бака	baka

| rospo (m) | курбака | kurbaka |
| coccodrillo (m) | крокодил | krokodil |

220. Insetti

insetto (m)	курт-кумурска	kurt-kumurska
farfalla (f)	көпөлөк	køpøløk
formica (f)	кумурска	kumurska
mosca (f)	чымын	ʧımın
zanzara (f)	чиркей	ʧirkej
scarabeo (m)	коңуз	koŋuz

vespa (f)	аары	aarı
ape (f)	бал аары	bal aarı
bombo (m)	жапан аары	dʒapan aarı
tafano (m)	көгөөн	køgøøn

| ragno (m) | жөргөмүш | dʒørgømyʃ |
| ragnatela (f) | желе | dʒele |

libellula (f)	ийнелик	ijnelik
cavalletta (f)	чегиртке	ʧegirtke
farfalla (f) notturna	көпөлөк	køpøløk

scarafaggio (m)	таракан	tarakan
zecca (f)	кене	kene
pulce (f)	бүргө	byrgø
moscerino (m)	майда чымын	majda ʧımın

locusta (f)	чегиртке	ʧegirtke
lumaca (f)	улул	ylyl
grillo (m)	кара чегиртке	kara ʧegirtke
lucciola (f)	жалтырак коңуз	dʒaltırak koŋuz
coccinella (f)	айланкөчөк	ajlankøʧøk
maggiolino (m)	саратан коңуз	saratan koŋuz

sanguisuga (f)	сүлүк	sylyk
bruco (m)	каз таман	kaz taman
verme (m)	жер курту	dʒer kurtu
larva (f)	курт	kurt

221. Animali. Parti del corpo

becco (m)	тумшук	tumʃuk
ali (f pl)	канаттар	kanattar
zampa (f)	чеңгел	ʧeŋgel
piumaggio (m)	куштун жүнү	kuʃtun dʒyny
penna (f), piuma (f)	канат	kanat
cresta (f)	көкүлчө	køkylʧø

| branchia (f) | бакалоор | bakaloor |
| uova (f pl) | балык уругу | balık urugu |

larva (f)	курт	kurt
pinna (f)	сүзгүч	syzgytʃ
squama (f)	кабырчык	kabɪrtʃɪk

zanna (f)	азуу тиш	azuu tiʃ
zampa (f)	таман	taman
muso (m)	тумшук	tumʃuk
bocca (f)	ооз	ooz
coda (f)	куйрук	kujruk
baffi (m pl)	мурут	murut

| zoccolo (m) | туяк | tujak |
| corno (m) | мүйүз | myjyz |

carapace (f)	калканч	kalkantʃ
conchiglia (f)	улул кабыгы	ylyl kabɪgɪ
guscio (m) dell'uovo	кабык	kabɪk

| pelo (m) | жүн | dʒyn |
| pelle (f) | тери | teri |

222. Azioni degli animali

| volare (vi) | учуу | utʃuu |
| volteggiare (vi) | айлануу | ajlanuu |

| volare via | учуп кетүү | utʃup ketyy |
| battere le ali | канаттарын кагуу | kanattarɪn kaguu |

| beccare (vi) | чукуу | tʃukuu |
| covare (vt) | жумуртка басуу | dʒumurtka basuu |

| sgusciare (vi) | жумурткадан чыгуу | dʒumurtkadan tʃɪguu |
| fare il nido | уя токуу | uja tokuu |

strisciare (vi)	сойлоо	sojloo
pungere (insetto)	чагуу	tʃaguu
mordere (vt)	каап алуу	kaap aluu

fiutare (vt)	жыттоо	dʒɪttoo
abbaiare (vi)	үрүү	yryy
sibilare (vi)	ышкыруу	ɪʃkɪruu

| spaventare (vt) | коркутуу | korkutuu |
| attaccare (vt) | тап берүү | tap beryy |

rodere (osso, ecc.)	кемирүү	kemiryy
graffiare (vt)	тытуу	tɪtuu
nascondersi (vr)	жашынуу	dʒaʃɪnuu

giocare (vi)	ойноо	ojnoo
cacciare (vt)	аңчылык кылуу	aŋtʃɪlɪk kɪluu
ibernare (vi)	чээнге кирүү	tʃeenge kiryy
estinguersi (vr)	кырылуу	kɪrɪluu

223. Animali. Ambiente naturale

ambiente (m) naturale	жашоо чөйрөсү	ʤaʃoo ʧøjrøsy
migrazione (f)	миграция	migraʦija
monte (m), montagna (f)	тоо	too
scogliera (f)	риф	rif
falesia (f)	зоока	zooka
foresta (f)	токой	tokoj
giungla (f)	джунгли	ʤungli
savana (f)	саванна	savanna
tundra (f)	тундра	tundra
steppa (f)	талаа	talaa
deserto (m)	чөл	ʧøl
oasi (f)	оазис	oazis
mare (m)	деңиз	deŋiz
lago (m)	көл	køl
oceano (m)	мухит	muχit
palude (f)	саз	saz
di acqua dolce	тузсуз суулу көл	tuzsuz suulu køl
stagno (m)	жасалма көлмө	ʤasalma kølmø
fiume (m)	дарыя	darɪja
tana (f) (dell'orso)	ийин	ijin
nido (m)	уя	uja
cavità (f) (~ in un albero)	көңдөй	køŋdøj
tana (f) (del fox, ecc.)	ийин	ijin
formicaio (m)	кумурска уюгу	kumurska ujʉgu

224. Cura degli animali

zoo (m)	зоопарк	zoopark
riserva (f) naturale	корук	koruk
allevatore (m)	питомник	pitomnik
gabbia (f) all'aperto	вольер	voljer
gabbia (f)	капас	kapas
canile (m)	иттин кепеси	ittin kepesi
piccionaia (f)	кептеркана	kepterkana
acquario (m)	аквариум	akvarium
delfinario (m)	дельфинарий	delʲfinarij
allevare (vt)	багуу	baguu
cucciolata (f)	тукум	tukum
addomesticare (vt)	колго үйрөтүү	kolgo yjrøtyy
ammaestrare (vt)	үйрөтүү	yjrøtyy
mangime (m)	жем, чөп	ʤem, ʧøp
dare da mangiare	жем берүү	ʤem beryy

negozio (m) di animali	зоодукөн	zoodykøn
museruola (f)	тумшук кап	tumʃuk kap
collare (m)	ит каргысы	it kargısı
nome (m) (di un cane, ecc.)	лакап ат	lakap at
pedigree (m)	мал теги	mal tegi

225. Animali. Varie

branco (m)	үйүр	yjyr
stormo (m)	топ	top
banco (m)	топ	top
mandria (f)	үйүр	yjyr

| maschio (m) | эркек | erkek |
| femmina (f) | ургаачы | urgaatʃı |

affamato (agg)	ачка	atʃka
selvatico (agg)	жапайы	dʒapajı
pericoloso (agg)	коркунучтуу	korkunutʃtuu

226. Cavalli

| cavallo (m) | жылкы | dʒılkı |
| razza (f) | тукум | tukum |

| puledro (m) | кулун | kulun |
| giumenta (f) | бээ | bee |

mustang (m)	мустанг	mustang
pony (m)	пони	poni
cavallo (m) da tiro pesante	жүк ташуучу ат	dʒyk taʃuutʃu at

| criniera (f) | жал | dʒal |
| coda (f) | куйрук | kujruk |

zoccolo (m)	туяк	tujak
ferro (m) di cavallo	така	taka
ferrare (vt)	такалоо	takaloo
fabbro (m)	темирчи	temirtʃi

sella (f)	ээр	eer
staffa (f)	үзөнгү	yzøngy
briglia (f)	жүгөн	dʒygøn
redini (m pl)	тизгин	tizgin
frusta (f)	камчы	kamtʃı

fantino (m)	чабандес	tʃabandes
sellare (vt)	ээр токуу	eer tokuu
montare in sella	ээрге отуруу	eerge oturuu

| galoppo (m) | текиреӊ-таскак | tekireŋ-taskak |
| galoppare (vi) | таскактатуу | taskaktatuu |

trotto (m)	таскак	taskak
al trotto	таскактап	taskaktap
andare al trotto	таскактатуу	taskaktatuu

| cavallo (m) da corsa | күлүк ат | kylyk at |
| corse (f pl) | ат чабыш | at tʃabıʃ |

scuderia (f)	аткана	atkana
dare da mangiare	жем берүү	dʒem beryy
fieno (m)	чөп	tʃøp
abbeverare (vt)	сугаруу	sugaruu
lavare (~ il cavallo)	тазалоо	tazaloo

carro (m)	араба	araba
pascolare (vi)	оттоо	ottoo
nitrire (vi)	кишенөө	kiʃenøø
dare un calcio	тээп жиберүү	teep dʒiberyy

Flora

227. Alberi

albero (m)	дарак	darak
deciduo (agg)	жалбырактуу	dʒalbıraktuu
conifero (agg)	ийне жалбырактуулар	ijne dʒalbıraktuular
sempreverde (agg)	дайым жашыл	dajım dʒaʃıl

melo (m)	алма бак	alma bak
pero (m)	алмурут бак	almurut bak
ciliegio (m)	гилас	gilas
amareno (m)	алча	altʃa
prugno (m)	кара өрүк	kara øryk

betulla (f)	ак кайың	ak kajıŋ
quercia (f)	эмен	emen
tiglio (m)	жөкө дарак	dʒøkø darak
pioppo (m) tremolo	бай терек	baj terek
acero (m)	клён	klʲon
abete (m)	кара карагай	kara karagaj
pino (m)	карагай	karagaj
larice (m)	лиственница	listvennitsa
abete (m) bianco	пихта	pixta
cedro (m)	кедр	kedr

pioppo (m)	терек	terek
sorbo (m)	четин	tʃetin
salice (m)	мажүрүм тал	madʒyrym tal
alno (m)	ольха	olʲxa
faggio (m)	бук	buk
olmo (m)	кара жыгач	kara dʒıgatʃ
frassino (m)	ясень	jasenʲ
castagno (m)	каштан	kaʃtan

magnolia (f)	магнолия	magnolija
palma (f)	пальма	palʲma
cipresso (m)	кипарис	kiparis

mangrovia (f)	мангро дарагы	mangro daragı
baobab (m)	баобаб	baobab
eucalipto (m)	эвкалипт	evkalipt
sequoia (f)	секвойя	sekvoja

228. Arbusti

| cespuglio (m) | бадал | badal |
| arbusto (m) | бадал | badal |

| vite (f) | жүзүм | dʒyzym |
| vigneto (m) | жүзүмдүк | dʒyzymdyk |

lampone (m)	дан куурай	dan kuuraj
ribes (m) nero	кара карагат	kara karagat
ribes (m) rosso	кызыл карагат	kızıl karagat
uva (f) spina	крыжовник	krıdʒovnik

acacia (f)	акация	akatsija
crespino (m)	бөрү карагат	børy karagat
gelsomino (m)	жасмин	dʒasmin

ginepro (m)	кара арча	kara artʃa
roseto (m)	роза бадалы	roza badalı
rosa (f) canina	ит мурун	it murun

229. Funghi

fungo (m)	козу карын	kozu karın
fungo (m) commestibile	желе турган козу карын	dʒele turgan kozu karın
fungo (m) velenoso	уулуу козу карын	uuluu kozu karın
cappello (m)	козу карындын телпеги	kozu karındın telpegi
gambo (m)	аякчасы	ajaktʃası

porcino (m)	ак козу карын	ak kozu karın
boleto (m) rufo	подосиновик	podosinovik
porcinello (m)	подберёзовик	podberʲozovik
gallinaccio (m)	лисичка	lisitʃka
rossola (f)	сыроежка	sıroedʒka

spugnola (f)	сморчок	smortʃok
ovolaccio (m)	мухомор	muxomor
fungo (m) moscario	поганка	poganka

230. Frutti. Bacche

| frutto (m) | мөмө-жемиш | mømø-dʒemiʃ |
| frutti (m pl) | мөмө-жемиш | mømø-dʒemiʃ |

mela (f)	алма	alma
pera (f)	алмурут	almurut
prugna (f)	кара өрүк	kara øryk

fragola (f)	кулпунай	kulpunaj
amarena (f)	алча	altʃa
ciliegia (f)	гилас	gilas
uva (f)	жүзүм	dʒyzym

lampone (m)	дан куурай	dan kuuraj
ribes (m) nero	кара карагат	kara karagat
ribes (m) rosso	кызыл карагат	kızıl karagat
uva (f) spina	крыжовник	krıdʒovnik

mirtillo (m) di palude	клюква	klukva
arancia (f)	апельсин	apelʲsin
mandarino (m)	мандарин	mandarin
ananas (m)	ананас	ananas
banana (f)	банан	banan
dattero (m)	курма	kurma

limone (m)	лимон	limon
albicocca (f)	өрүк	øryk
pesca (f)	шабдаалы	ʃabdaalı
kiwi (m)	киви	kivi
pompelmo (m)	грейпфрут	grejpfrut

bacca (f)	жер жемиш	dʒer dʒemiʃ
bacche (f pl)	жер жемиштер	dʒer dʒemiʃter
mirtillo (m) rosso	брусника	brusnika
fragola (f) di bosco	кызылгат	kızılgat
mirtillo (m)	кара моюл	kara mojul

231. Fiori. Piante

fiore (m)	гүл	gyl
mazzo (m) di fiori	десте	deste

rosa (f)	роза	roza
tulipano (m)	жоогазын	dʒoogazın
garofano (m)	гвоздика	gvozdika
gladiolo (m)	гладиолус	gladiolus

fiordaliso (m)	ботокөз	botokøz
campanella (f)	коңгуроо гүл	koŋguroo gyl
soffione (m)	каакым-кукум	kaakım-kukum
camomilla (f)	ромашка	romaʃka

aloe (m)	алоэ	aloe
cactus (m)	кактус	kaktus
ficus (m)	фикус	fikus

giglio (m)	лилия	lilija
geranio (m)	герань	geranʲ
giacinto (m)	гиацинт	giatsint

mimosa (f)	мимоза	mimoza
narciso (m)	нарцисс	nartsiss
nasturzio (m)	настурция	nasturtsija

orchidea (f)	орхидея	orχideja
peonia (f)	пион	pion
viola (f)	бинапша	binapʃa

viola (f) del pensiero	алагүл	alagyl
nontiscordardimé (m)	незабудка	nezabudka
margherita (f)	маргаритка	margaritka
papavero (m)	кызгалдак	kızgaldak

| canapa (f) | наша | naʃa |
| menta (f) | жалбыз | dʒalbız |

| mughetto (m) | ландыш | landıʃ |
| bucaneve (m) | байчечекей | bajtʃetʃekej |

ortica (f)	чалкан	tʃalkan
acetosa (f)	ат кулак	at kulak
ninfea (f)	чөмүч баш	tʃømytʃ baʃ
felce (f)	папоротник	paporotnik
lichene (m)	лишайник	liʃajnik

serra (f)	күнөскана	kynøskana
prato (m) erboso	газон	gazon
aiuola (f)	клумба	klumba

pianta (f)	өсүмдүк	øsymdyk
erba (f)	чөп	tʃøp
filo (m) d'erba	бир тал чөп	bir tal tʃøp

foglia (f)	жалбырак	dʒalbırak
petalo (m)	гүлдүн желекчеси	gyldyn dʒelektʃesi
stelo (m)	сабак	sabak
tubero (m)	жемиш тамыр	dʒemiʃ tamır

| germoglio (m) | өсмө | øsmø |
| spina (f) | тикен | tiken |

fiorire (vi)	гүлдөө	gyldøø
appassire (vi)	соолуу	sooluu
odore (m), profumo (m)	жыт	dʒıt
tagliare (~ i fiori)	кесүү	kesyy
cogliere (vt)	үзүү	yzyy

232. Cereali, granaglie

grano (m)	дан	dan
cereali (m pl)	дан эгиндери	dan eginderi
spiga (f)	машак	maʃak

frumento (m)	буудай	buudaj
segale (f)	кара буудай	kara buudaj
avena (f)	сулу	sulu
miglio (m)	таруу	taruu
orzo (m)	арпа	arpa
mais (m)	жүгөрү	dʒygøry
riso (m)	күрүч	kyrytʃ
grano (m) saraceno	гречиха	gretʃiχa

pisello (m)	нокот	nokot
fagiolo (m)	төө буурчак	tøø buurtʃak
soia (f)	соя	soja
lenticchie (f pl)	жасмык	dʒasmık
fave (f pl)	буурчак	buurtʃak

233. Ortaggi. Verdure

ortaggi (m pl)	жашылча	dʒaʃiltʃa
verdura (f)	көк чөп	køk tʃøp
pomodoro (m)	помидор	pomidor
cetriolo (m)	бадыраң	badıraŋ
carota (f)	сабиз	sabiz
patata (f)	картошка	kartoʃka
cipolla (f)	пияз	pijaz
aglio (m)	сарымсак	sarımsak
cavolo (m)	капуста	kapusta
cavolfiore (m)	гүлдүү капуста	gyldyy kapusta
cavoletti (m pl) di Bruxelles	брюссель капустасы	brʉsselʲ kapustası
broccolo (m)	брокколи капустасы	brokkoli kapustası
barbabietola (f)	кызылча	kızıltʃa
melanzana (f)	баклажан	bakladʒan
zucchina (f)	кабачок	kabatʃok
zucca (f)	ашкабак	aʃkabak
rapa (f)	шалгам	ʃalgam
prezzemolo (m)	петрушка	petruʃka
aneto (m)	укроп	ukrop
lattuga (f)	салат	salat
sedano (m)	сельдерей	selʲderej
asparago (m)	спаржа	spardʒa
spinaci (m pl)	шпинат	ʃpinat
pisello (m)	нокот	nokot
fave (f pl)	буурчак	buurtʃak
mais (m)	жүгөрү	dʒygøry
fagiolo (m)	төө буурчак	tøø buurtʃak
peperone (m)	калемпир	kalempir
ravanello (m)	шалгам	ʃalgam
carciofo (m)	артишок	artiʃok

GEOGRAFIA REGIONALE

Paesi. Nazionalità

234. Europa occidentale

Italiano	Chirghiso	Pronuncia
Europa (f)	Европа	evropa
Unione (f) Europea	Европа Биримдиги	evropa birimdigi
europeo (m)	европалык	evropalık
europeo (agg)	европалык	evropalık
Austria (f)	Австрия	avstrija
austriaco (m)	австриялык	avstrijalık
austriaca (f)	австриялык аял	avstrijalık ajal
austriaco (agg)	австриялык	avstrijalık
Gran Bretagna (f)	Улуу Британия	uluu britanija
Inghilterra (f)	Англия	anglija
britannico (m), inglese (m)	англичан	anglitʃan
britannica (f), inglese (f)	англичан аял	anglitʃan ajal
inglese (agg)	англиялык	anglijalık
Belgio (m)	Бельгия	belʹgija
belga (m)	бельгиялык	belʹgijalık
belga (f)	бельгиялык аял	belʹgijalık ajal
belga (agg)	бельгиялык	belʹgijalık
Germania (f)	Германия	germanija
tedesco (m)	немис	nemis
tedesca (f)	немис аял	nemis ajal
tedesco (agg)	Германиялык	germanijalık
Paesi Bassi (m pl)	Нидерланддар	niderlanddar
Olanda (f)	Голландия	gollandija
olandese (m)	голландиялык	gollandijalık
olandese (f)	голландиялык аял	gollandijalık ajal
olandese (agg)	голландиялык	gollandijalık
Grecia (f)	Греция	gretsija
greco (m)	грек	grek
greca (f)	грек аял	grek ajal
greco (agg)	грециялык	gretsijalık
Danimarca (f)	Дания	danija
danese (m)	даниялык	danijalık
danese (f)	даниялык аял	danijalık ajal
danese (agg)	даниялык	danijalık
Irlanda (f)	Ирландия	irlandija
irlandese (m)	ирландиялык	irlandijalık

irlandese (f)	ирланд аял	irland ajal
irlandese (agg)	ирландиялык	irlandijalık
Islanda (f)	Исландия	islandija
islandese (m)	исландиялык	islandijalık
islandese (f)	исланд аял	island ajal
islandese (agg)	исландиялык	islandijalık
Spagna (f)	Испания	ispanija
spagnolo (m)	испаниялык	ispanijalık
spagnola (f)	испан аял	ispan ajal
spagnolo (agg)	испаниялык	ispanijalık
Italia (f)	Италия	italija
italiano (m)	итальялык	italjalık
italiana (f)	итальялык аял	italjalık ajal
italiano (agg)	итальялык	italjalık
Cipro (m)	Кипр	kipr
cipriota (m)	кипрлик	kiprlik
cipriota (f)	кипрлик аял	kiprlik ajal
cipriota (agg)	кипрлик	kiprlik
Malta (f)	Мальта	malʲta
maltese (m)	мальталык	malʲtalık
maltese (f)	мальталык аял	malʲtalık ajal
maltese (agg)	мальталык	malʲtalık
Norvegia (f)	Норвегия	norvegija
norvegese (m)	норвегиялык	norvegijalık
norvegese (f)	норвегиялык аял	norvegijalık ajal
norvegese (agg)	норвегиялык	norvegijalık
Portogallo (f)	Португалия	portugalija
portoghese (m)	португал	portugal
portoghese (f)	португал аял	portugal ajal
portoghese (agg)	португалиялык	portugalijalık
Finlandia (f)	Финляндия	finlʲandija
finlandese (m)	финн	finn
finlandese (f)	финн аял	finn ajal
finlandese (agg)	финляндиялык	finlʲandijalık
Francia (f)	Франция	frantsija
francese (m)	француз	frantsuz
francese (f)	француз аял	frantsuz ajal
francese (agg)	француз	frantsuz
Svezia (f)	Швеция	ʃvetsija
svedese (m)	швед	ʃved
svedese (f)	швед аял	ʃved ajal
svedese (agg)	швед	ʃved
Svizzera (f)	Швейцария	ʃvejtsarija
svizzero (m)	швейцариялык	ʃvejtsarijalık
svizzera (f)	швейцар аял	ʃvejtsar ajal

svizzero (agg)	швейцариялык	ʃvejtsarijalık
Scozia (f)	Шотландия	ʃotlandija
scozzese (m)	шотландиялык	ʃotlandijalık
scozzese (f)	шотланд аял	ʃotland ajal
scozzese (agg)	шотландиялык	ʃotlandijalık

Vaticano (m)	Ватикан	vatikan
Liechtenstein (m)	Лихтенштейн	liхtenʃtejn
Lussemburgo (m)	Люксембург	luksemburg
Monaco (m)	Монако	monako

235. Europa centrale e orientale

Albania (f)	Албания	albanija
albanese (m)	албан	alban
albanese (f)	албаниялык аял	albanijalık ajal
albanese (agg)	албаниялык	albanijalık

Bulgaria (f)	Болгария	bolgarija
bulgaro (m)	болгар	bolgar
bulgara (f)	болгар аял	bolgar ajal
bulgaro (agg)	болгар	bolgar

Ungheria (f)	Венгрия	vengrija
ungherese (m)	венгр	vengr
ungherese (f)	венгр аял	vengr ajal
ungherese (agg)	венгр	vengr

Lettonia (f)	Латвия	latvija
lettone (m)	латыш	latıʃ
lettone (f)	латыш аял	latıʃ ajal
lettone (agg)	латвиялык	latvijalık

Lituania (f)	Литва	litva
lituano (m)	литвалык	litvalık
lituana (f)	литвалык аял	litvalık ajal
lituano (agg)	литвалык	litvalık

Polonia (f)	Польша	polʲʃa
polacco (m)	поляк	polʲak
polacca (f)	поляк аял	polʲak ajal
polacco (agg)	польшалык	polʲʃalık

Romania (f)	Румыния	rumınija
rumeno (m)	румын	rumın
rumena (f)	румын аял	rumın ajal
rumeno (agg)	румын	rumın

Serbia (f)	Сербия	serbija
serbo (m)	серб	serb
serba (f)	серб аял	serb ajal
serbo (agg)	сербиялык	serbijalık
Slovacchia (f)	Словакия	slovakija
slovacco (m)	словак	slovak

slovacca (f)	словак аял	slovak ajal
slovacco (agg)	словакиялык	slovakijalık

Croazia (f)	Хорватия	χorvatija
croato (m)	хорват	χorvat
croata (f)	хорват аял	χorvat ajal
croato (agg)	хорватиялык	χorvatijalık

Repubblica (f) Ceca	Чехия	tʃeχija
ceco (m)	чех	tʃeχ
ceca (f)	чех аял	tʃeχ ajal
ceco (agg)	чех	tʃeχ

Estonia (f)	Эстония	estonija
estone (m)	эстон	eston
estone (f)	эстон аял	eston ajal
estone (agg)	эстониялык	estonijalık

Bosnia-Erzegovina (f)	Босния жана	bosnija dʒana
Macedonia (f)	Македония	makedonija
Slovenia (f)	Словения	slovenija
Montenegro (m)	Черногория	tʃernogorija

236. Paesi dell'ex Unione Sovietica

Azerbaigian (m)	Азербайжан	azerbajdʒan
azerbaigiano (m)	азербайжан	azerbajdʒan
azerbaigiana (f)	азербайжан аял	azerbajdʒan ajal
azerbaigiano (agg)	азербайжан	azerbajdʒan

Armenia (f)	Армения	armenija
armeno (m)	армян	armʲan
armena (f)	армян аял	armʲan ajal
armeno (agg)	армениялык	armenijalık

Bielorussia (f)	Беларусь	belarusʲ
bielorusso (m)	белорус	belorus
bielorussa (f)	белорус аял	belorus ajal
bielorusso (agg)	белорус	belorus

Georgia (f)	Грузия	gruzija
georgiano (m)	грузин	gruzin
georgiana (f)	грузин аял	gruzin ajal
georgiano (agg)	грузин	gruzin

Kazakistan (m)	Казакстан	kazakstan
kazaco (m)	казак	kazak
kazaca (f)	казак аял	kazak ajal
kazaco (agg)	казак	kazak

Kirghizistan (m)	Кыргызстан	kırgızstan
kirghiso (m)	кыргыз	kırgız
kirghisa (f)	кыргыз аял	kırgız ajal
kirghiso (agg)	кыргыз	kırgız

Moldavia (f)	Молдова	moldova
moldavo (m)	молдаван	moldavan
moldava (f)	молдаван аял	moldavan ajal
moldavo (agg)	молдовалык	moldovalık

Russia (f)	Россия	rossija
russo (m)	орус	orus
russa (f)	орус аял	orus ajal
russo (agg)	орус	orus

Tagikistan (m)	Тажикистан	tadʒikistan
tagico (m)	тажик	tadʒik
tagica (f)	тажик аял	tadʒik ajal
tagico (agg)	тажик	tadʒik

Turkmenistan (m)	Туркмения	turkmenija
turkmeno (m)	түркмөн	tyrkmøn
turkmena (f)	түркмөн аял	tyrkmøn ajal
turkmeno (agg)	түркмөн	tyrkmøn

Uzbekistan (m)	Өзбекистан	øzbekistan
usbeco (m)	өзбек	øzbek
usbeca (f)	өзбек аял	øzbek ajal
usbeco (agg)	өзбек	øzbek

Ucraina (f)	Украина	ukraina
ucraino (m)	украин	ukrain
ucraina (f)	украин аял	ukrain ajal
ucraino (agg)	украиналык	ukrainalık

237. Asia

| Asia (f) | Азия | azija |
| asiatico (agg) | азиаттык | aziattık |

Vietnam (m)	Вьетнам	vjetnam
vietnamita (m)	вьетнамдык	vjetnamdık
vietnamita (f)	вьетнам аял	vjetnam ajal
vietnamita (agg)	вьетнамдык	vjetnamdık

India (f)	Индия	indija
indiano (m)	индиялык	indijalık
indiana (f)	индиялык аял	indijalık ajal
indiano (agg)	индиялык	indijalık

Israele (m)	Израиль	izrailʲ
israeliano (m)	израильдик	izrailʲdik
israeliana (f)	израильдик аял	izrailʲdik ajal
israeliano (agg)	израильдик	izrailʲdik

ebreo (m)	еврей	evrej
ebrea (f)	еврей аял	evrej ajal
ebraico (agg)	еврей	evrej
Cina (f)	Кытай	kıtaj

cinese (m)	кытай	kıtaj
cinese (f)	кытай аял	kıtaj ajal
cinese (agg)	кытай	kıtaj
coreano (m)	кореялык	korejalık
coreana (f)	кореялык аял	korejalık ajal
coreano (agg)	кореялык	korejalık
Libano (m)	Ливан	livan
libanese (m)	ливан	livan
libanese (f)	ливан аял	livan ajal
libanese (agg)	ливандык	livandık
Mongolia (f)	Монголия	mongolija
mongolo (m)	монгол	mongol
mongola (f)	монгол аял	mongol ajal
mongolo (agg)	монгол	mongol
Malesia (f)	Малазия	malazija
malese (m)	малазиялык	malazijalık
malese (f)	малазиялык аял	malazijalık ajal
malese (agg)	малазиялык	malazijalık
Pakistan (m)	Пакистан	pakistan
pakistano (m)	пакистандык	pakistandık
pakistana (f)	пакистан аял	pakistan ajal
pakistano (agg)	пакистан	pakistan
Arabia Saudita (f)	Сауд Аравиясы	saud aravijası
arabo (m), saudita (m)	араб	arab
araba (f), saudita (f)	араб аял	arab ajal
arabo (agg)	араб	arab
Tailandia (f)	Таиланд	tailand
tailandese (m)	таиландык	tailandık
tailandese (f)	таиландык аял	tailandık ajal
tailandese (agg)	таиланд	tailand
Taiwan (m)	Тайвань	tajvanʲ
taiwanese (m)	тайвандык	tajvandık
taiwanese (f)	тайвандык аял	tajvandık ajal
taiwanese (agg)	тайван	tajvan
Turchia (f)	Түркия	tyrkija
turco (m)	түрк	tyrk
turca (f)	түрк аял	tyrk ajal
turco (agg)	түрк	tyrk
Giappone (m)	Япония	japonija
giapponese (m)	япондук	japonduk
giapponese (f)	япондук аял	japonduk ajal
giapponese (agg)	япондук	japonduk
Afghanistan (m)	Ооганстан	ooganstan
Bangladesh (m)	Бангладеш	bangladeʃ
Indonesia (f)	Индонезия	indonezija

Giordania (f)	Иордания	iordanija
Iraq (m)	Ирак	irak
Iran (m)	Иран	iran
Cambogia (f)	Камбожа	kambodʒa
Kuwait (m)	Кувейт	kuvejt

Laos (m)	Лаос	laos
Birmania (f)	Мьянма	mjanma
Nepal (m)	Непал	nepal
Emirati (m pl) Arabi	Бириккен Араб Эмираттары	birikken arab emirattarı

Siria (f)	Сирия	sirija
Palestina (f)	Палестина	palestina
Corea (f) del Sud	Түштүк Корея	tyʃtyk koreja
Corea (f) del Nord	Түндүк Корея	tundyk koreja

238. America del Nord

Stati (m pl) Uniti d'America	Америка Кошмо Штаттары	amerika koʃmo ʃtattarı
americano (m)	америкалык	amerikalık
americana (f)	америкалык аял	amerikalık ajal
americano (agg)	америкалык	amerikalık

Canada (m)	Канада	kanada
canadese (m)	канадалык	kanadalık
canadese (f)	канадалык аял	kanadalık ajal
canadese (agg)	канадалык	kanadalık

Messico (m)	Мексика	meksika
messicano (m)	мексикалык	meksikalık
messicana (f)	мексикалык аял	meksikalık ajal
messicano (agg)	мексикалык	meksikalık

239. America centrale e America del Sud

Argentina (f)	Аргентина	argentina
argentino (m)	аргентиналык	argentinalık
argentina (f)	аргентиналык аял	argentinalık ajal
argentino (agg)	аргентиналык	argentinalık

Brasile (m)	Бразилия	brazilija
brasiliano (m)	бразилиялык	brazilijalık
brasiliana (f)	бразилиялык аял	brazilijalık ajal
brasiliano (agg)	бразилиялык	brazilijalık

Colombia (f)	Колумбия	kolumbija
colombiano (m)	колумбиялык	kolumbijalık
colombiana (f)	колумбиялык аял	kolumbijalık ajal
colombiano (agg)	колумбиялык	kolumbijalık
Cuba (f)	Куба	kuba

cubano (m)	кубалык	kubalık
cubana (f)	кубалык аял	kubalık ajal
cubano (agg)	кубалык	kubalık

Cile (m)	Чили	tʃili
cileno (m)	чилилик	tʃililik
cilena (f)	чилилик аял	tʃililik ajal
cileno (agg)	чилилик	tʃililik

Bolivia (f)	Боливия	bolivija
Venezuela (f)	Венесуэла	venesuela
Paraguay (m)	Парагвай	paragvaj
Perù (m)	Перу	peru
Suriname (m)	Суринам	surinam
Uruguay (m)	Уругвай	urugvaj
Ecuador (m)	Эквадор	ekvador

Le Bahamas	Багам аралдары	bagam araldarı
Haiti (m)	Гаити	gaiti
Repubblica (f) Dominicana	Доминикан Республикасы	dominikan respublikası
Panama (m)	Панама	panama
Giamaica (f)	Ямайка	jamajka

240. Africa

Egitto (m)	Египет	egipet
egiziano (m)	египтик мырза	egiptik mırza
egiziana (f)	египтик аял	egiptik ajal
egiziano (agg)	египеттик	egipettik

Marocco (m)	Марокко	marokko
marocchino (m)	марокколук	marokkoluk
marocchina (f)	марокколук аял	marokkoluk ajal
marocchino (agg)	марокколук	marokkoluk

Tunisia (f)	Тунис	tunis
tunisino (m)	тунистик	tunistik
tunisina (f)	тунистик аял	tunistik ajal
tunisino (agg)	тунистик	tunistik

Ghana (m)	Гана	gana
Zanzibar	Занзибар	zanzibar
Kenya (m)	Кения	kenija
Libia (f)	Ливия	livija
Madagascar (m)	Мадагаскар	madagaskar

Namibia (f)	Намибия	namibija
Senegal (m)	Сенегал	senegal
Tanzania (f)	Танзания	tanzanija
Repubblica (f) Sudafricana	ТАР	tar

africano (m)	африкалык	afrikalık
africana (f)	африкалык аял	afrikalık ajal
africano (agg)	африкалык	afrikalık

241. Australia. Oceania

Australia (f)	Австралия	avstralija
australiano (m)	австралиялык	avstralijalık
australiana (f)	австралиялык аял	avstralijalık ajal
australiano (agg)	австралиялык	avstralijalık

Nuova Zelanda (f)	Жаңы Зеландия	dʒaŋı zelandija
neozelandese (m)	жаңы зеландиялык	dʒaŋı zelandijalık
neozelandese (f)	жаңы зеландиялык аял	dʒaŋı zelandijalık ajal
neozelandese (agg)	жаңы зеландиялык	dʒaŋı zelandijalık

Tasmania (f)	Тасмания	tasmanija
Polinesia (f) Francese	Француз Полинезиясы	franʦuz polinezijası

242. Città

L'Aia	Гаага	gaaga
Amburgo	Гамбург	gamburg
Amsterdam	Амстердам	amsterdam
Ankara	Анкара	ankara
Atene	Афина	afina
L'Avana	Гавана	gavana

Baghdad	Багдад	bagdad
Bangkok	Бангкок	bangkok
Barcellona	Барселона	barselona
Beirut	Бейрут	bejrut
Berlino	Берлин	berlin

Bombay, Mumbai	Бомбей	bombej
Bonn	Бонн	bonn
Bordeaux	Бордо	bordo
Bratislava	Братислава	bratislava
Bruxelles	Брюссель	brʉsselʲ
Bucarest	Бухарест	buχarest
Budapest	Будапешт	budapeʃt

Il Cairo	Каир	kair
Calcutta	Калькутта	kalʲkutta
Chicago	Чикаго	tʃikago
Città del Messico	Мехико	meχiko
Copenaghen	Копенгаген	kopengagen

Dar es Salaam	Дар-эс-Салам	dar-es-salam
Delhi	Дели	deli
Dubai	Дубай	dubaj
Dublino	Дублин	dublin
Düsseldorf	Дюссельдорф	dʉsselʲdorf

Firenze	Флоренция	florenʦija
Francoforte	Франкфурт	frankfurt
Gerusalemme	Иерусалим	ierusalim

Ginevra	Женева	ʤeneva
Hanoi	Ханой	χanoj
Helsinki	Хельсинки	χelʲsinki
Hiroshima	Хиросима	χirosima
Hong Kong	Гонконг	gonkong
Istanbul	Стамбул	stambul
Kiev	Киев	kiev
Kuala Lumpur	Куала-Лумпур	kuala-lumpur

Lione	Лион	lion
Lisbona	Лиссабон	lissabon
Londra	Лондон	london
Los Angeles	Лос-Анджелес	los-andʒeles

Madrid	Мадрид	madrid
Marsiglia	Марсель	marselʲ
Miami	Майями	majami
Monaco di Baviera	Мюнхен	munχen
Montreal	Монреаль	monrealʲ
Mosca	Москва	moskva

Nairobi	Найроби	najrobi
Napoli	Неаполь	neapolʲ
New York	Нью-Йорк	nju-jork
Nizza	Ницца	nitstsa

Oslo	Осло	oslo
Ottawa	Оттава	ottava
Parigi	Париж	pariʤ
Pechino	Пекин	pekin
Praga	Прага	praga
Rio de Janeiro	Рио-де-Жанейро	rio-de-ʤanejro
Roma	Рим	rim

San Pietroburgo	Санкт-Петербург	sankt-peterburg
Seoul	Сеул	seul
Shanghai	Шанхай	ʃanχaj
Sidney	Сидней	sidnej
Singapore	Сингапур	singapur
Stoccolma	Стокгольм	stokgolʲm

Taipei	Тайпей	tajpej
Tokio	Токио	tokio
Toronto	Торонто	toronto

Varsavia	Варшава	varʃava
Venezia	Венеция	venetsija
Vienna	Вена	vena
Washington	Вашингтон	waʃington

243. Politica. Governo. Parte 1

politica (f)	саясат	sajasat
politico (agg)	саясий	sajasij

politico (m)	саясатчы	sajasattʃı
stato (m) (nazione, paese)	мамлекет	mamleket
cittadino (m)	жаран	dʒaran
cittadinanza (f)	жарандык	dʒarandık

| emblema (m) nazionale | улуттук герб | uluttuk gerb |
| inno (m) nazionale | мамлекеттик гимн | mamlekettik gimn |

governo (m)	өкмөт	økmøt
capo (m) di Stato	мамлекет башчысы	mamleket baʃʧısı
parlamento (m)	парламент	parlament
partito (m)	партия	partija

| capitalismo (m) | капитализм | kapitalizm |
| capitalistico (agg) | капиталистик | kapitalistik |

| socialismo (m) | социализм | sotsializm |
| socialista (agg) | социалистик | sotsialistik |

comunismo (m)	коммунизм	kommunizm
comunista (agg)	коммунистик	kommunistik
comunista (m)	коммунист	kommunist

democrazia (f)	демократия	demokratija
democratico (m)	демократ	demokrat
democratico (agg)	демократиялык	demokratijalık
partito (m) democratico	демократиялык партия	demokratijalık partija

| liberale (m) | либерал | liberal |
| liberale (agg) | либералдык | liberaldık |

| conservatore (m) | консерватор | konservator |
| conservatore (agg) | консервативдик | konservativdik |

repubblica (f)	республика	respublika
repubblicano (m)	республикачы	respublikaʧı
partito (m) repubblicano	республикалык	respublikalık

elezioni (f pl)	шайлоо	ʃajloo
eleggere (vt)	шайлоо	ʃajloo
elettore (m)	шайлоочу	ʃajlooʧu
campagna (f) elettorale	шайлоо кампаниясы	ʃajloo kampanijası

votazione (f)	добуш	dobuʃ
votare (vi)	добуш берүү	dobuʃ beryy
diritto (m) di voto	добуш берүү укугу	dobuʃ beryy ukugu

candidato (m)	талапкер	talapker
candidarsi (vr)	талапкерлигин көрсөтүү	talapkerligin kørsøtyy
campagna (f)	кампания	kampanija

| d'opposizione (agg) | оппозициялык | oppozitsijalık |
| opposizione (f) | оппозиция | oppozitsija |

| visita (f) | визит | vizit |
| visita (f) ufficiale | расмий визит | rasmij vizit |

internazionale (agg)	эл аралык	el aralık
trattative (f pl)	сүйлөшүүлөр	syjløʃyylør
negoziare (vi)	сүйлөшүүлөр жүргүзүү	syjløʃyylør dʒyrgyzyy

244. Politica. Governo. Parte 2

società (f)	коом	koom
costituzione (f)	конституция	konstitutsija
potere (m) (~ politico)	бийлик	bijlik
corruzione (f)	коррупция	korruptsija

| legge (f) | мыйзам | mıjzam |
| legittimo (agg) | мыйзамдуу | mıjzamduu |

| giustizia (f) | адилеттик | adilettik |
| giusto (imparziale) | адилеттүү | adilettyy |

comitato (m)	комитет	komitet
disegno (m) di legge	мыйзам долбоору	mıjzam dolbooru
bilancio (m)	бюджет	bʉdʒet
politica (f)	саясат	sajasat
riforma (f)	реформа	reforma
radicale (agg)	радикалдуу	radikalduu

forza (f) (potenza)	күч	kytʃ
potente (agg)	кудуреттүү	kudurettyy
sostenitore (m)	жактоочу	dʒaktootʃu
influenza (f)	таасир	taasir

regime (m) (~ militare)	түзүм	tyzym
conflitto (m)	чыр-чатак	tʃır-tʃatak
complotto (m)	заговор	zagovor
provocazione (f)	айгак аракети	ajgak araketi

rovesciare (~ un regime)	кулатуу	kulatuu
rovesciamento (m)	кулатуу	kulatuu
rivoluzione (f)	ыңкылап	ıŋkılap

| colpo (m) di Stato | төңкөрүш | tøŋkøryʃ |
| golpe (m) militare | аскердик төңкөрүш | askerdik tøŋkøryʃ |

crisi (f)	каатчылык	kaattʃılık
recessione (f) economica	экономикалык төмөндөө	ekonomikalık tømøndøø
manifestante (m)	демонстрант	demonstrant
manifestazione (f)	демонстрация	demonstratsija
legge (f) marziale	согуш абалында	soguʃ abalında
base (f) militare	аскер базасы	asker bazası

| stabilità (f) | туруктуулук | turuktuuluk |
| stabile (agg) | туруктуу | turuktuu |

sfruttamento (m)	эзүү	ezyy
sfruttare (~ i lavoratori)	эзүү	ezyy
razzismo (m)	расизм	rasizm

razzista (m)	расист	rasist
fascismo (m)	фашизм	faʃizm
fascista (m)	фашист	faʃist

245. Paesi. Varie

straniero (m)	чет өлкөлүк	ʧet ølkølyk
straniero (agg)	чет өлкөлүк	ʧet ølkølyk
all'estero	чет өлкөдө	ʧet ølkødø

emigrato (m)	эмигрант	emigrant
emigrazione (f)	эмиграция	emigratsija
emigrare (vi)	башка өлкөгө көчүү	baʃka ølkøgø køʧyy

Ovest (m)	Батыш	batıʃ
Est (m)	Чыгыш	ʧıgıʃ
Estremo Oriente (m)	Алыскы Чыгыш	alıskı ʧıgıʃ
civiltà (f)	цивилизация	tsıvilizatsija
umanità (f)	адамзат	adamzat
mondo (m)	аалам	aalam
pace (f)	тынчтык	tınʧtık
mondiale (agg)	дүйнөлүк	dyjnølyk

patria (f)	мекен	meken
popolo (m)	эл	el
popolazione (f)	калк	kalk
gente (f)	адамдар	adamdar
nazione (f)	улут	ulut
generazione (f)	муун	muun
territorio (m)	аймак	ajmak
regione (f)	регион	region
stato (m)	штат	ʃtat

tradizione (f)	салт	salt
costume (m)	үрп-адат	yrp-adat
ecologia (f)	экология	ekologija

indiano (m)	индеец	indeets
zingaro (m)	цыган	tsıgan
zingara (f)	цыган аял	tsıgan ajal
di zingaro	цыгандык	tsıgandık

impero (m)	империя	imperija
colonia (f)	колония	kolonija
schiavitù (f)	кулчулук	kulʧuluk
invasione (f)	басып келүү	basıp kelyy
carestia (f)	ачарчылык	aʧarʧılık

246. Principali gruppi religiosi. Credi religiosi

| religione (f) | дин | din |
| religioso (agg) | диний | dinij |

fede (f)	диний ишеним	dinij iʃenim
credere (vi)	ишенүү	iʃenyy
credente (m)	динчил	dintʃil
ateismo (m)	атеизм	ateizm
ateo (m)	атеист	ateist
cristianesimo (m)	Христианчылык	χristiantʃılık
cristiano (m)	христиан	χristian
cristiano (agg)	христиандык	χristiandık
cattolicesimo (m)	Католицизм	katolitsizm
cattolico (m)	католик	katolik
cattolico (agg)	католиктер	katolikter
Protestantesimo (m)	Протестантизм	protestantizm
Chiesa (f) protestante	Протестанттык чиркөө	protestanttık tʃirkøø
protestante (m)	протестанттар	protestanttar
Ortodossia (f)	Православие	pravoslavie
Chiesa (f) ortodossa	Православдык чиркөө	pravoslavdık tʃirkøø
ortodosso (m)	православдык	pravoslavdık
Presbiterianesimo (m)	Пресвитерианчылык	presviteriantʃılık
Chiesa (f) presbiteriana	Пресвитериандык чиркөө	presviteriandık tʃirkøø
presbiteriano (m)	пресвитериандык	presviteriandık
Luteranesimo (m)	Лютерандык чиркөө	lɥterandık tʃirkøø
luterano (m)	лютерандык	lɥterandık
confessione (f) battista	Баптизм	baptizm
battista (m)	баптист	baptist
Chiesa (f) anglicana	Англикан чиркөөсү	anglikan tʃirkøøsy
anglicano (m)	англикан	anglikan
mormonismo (m)	Мормондук	mormonduk
mormone (m)	мормон	mormon
giudaismo (m)	Иудаизм	iudaizm
ebreo (m)	иудей	iudej
buddismo (m)	Буддизм	buddizm
buddista (m)	буддист	buddist
Induismo (m)	Индуизм	induizm
induista (m)	индуист	induist
Islam (m)	Ислам	islam
musulmano (m)	мусулман	musulman
musulmano (agg)	мусулмандык	musulmandık
sciismo (m)	Шиизм	ʃiizm
sciita (m)	шиит	ʃiit
sunnismo (m)	Суннизм	sunnizm
sunnita (m)	суннит	sunnit

247. Religioni. Sacerdoti

prete (m)	поп	pop
Papa (m)	Рим Папасы	rim papası
monaco (m)	кечил	ketʃil
monaca (f)	кечил аял	ketʃil ajal
pastore (m)	пастор	pastor
abate (m)	аббат	abbat
vicario (m)	викарий	vikarij
vescovo (m)	епископ	episkop
cardinale (m)	кардинал	kardinal
predicatore (m)	диний үгүттөөчү	dinij ygyttøøtʃy
predica (f)	үгүт	ygyt
parrocchiani (m)	чиркөө коомунун мүчөлөрү	tʃirkøø koomunun mytʃøløry
credente (m)	динчил	dintʃil
ateo (m)	атеист	ateist

248. Fede. Cristianesimo. Islam

Adamo	Адам ата	adam ata
Eva	Обо эне	obo ene
Dio (m)	Кудай	kudaj
Signore (m)	Алла талаа	alla talaa
Onnipotente (m)	Кудуреттүү	kudurettyy
peccato (m)	күнөө	kynøø
peccare (vi)	күнөө кылуу	kynøø kıluu
peccatore (m)	күнөөкөр	kynøøkør
peccatrice (f)	күнөөкөр аял	kynøøkør ajal
inferno (m)	тозок	tozok
paradiso (m)	бейиш	bejiʃ
Gesù	Иса	isa
Gesù Cristo	Иса Пайгамбар	isa pajgambar
Spirito (m) Santo	Ыйык Рух	ıjık rux
Salvatore (m)	Куткаруучу	kutkaruutʃu
Madonna	Бүбү Мариям	byby marijam
Diavolo (m)	Шайтан	ʃajtan
del diavolo	шайтан	ʃajtan
Satana (m)	Шайтан	ʃajtan
satanico (agg)	шайтандык	ʃajtandık
angelo (m)	периште	periʃte
angelo (m) custode	сактагыч периште	saktagıtʃ periʃte

angelico (agg)	периште	periʃte
apostolo (m)	апостол	apostol
arcangelo (m)	архангель	arχangelʲ
Anticristo (m)	антихрист	antiχrist
Chiesa (f)	Чиркөө	tʃirkøø
Bibbia (f)	библия	biblija
biblico (agg)	библиялык	biblijalık
Vecchio Testamento (m)	Эзелки осуят	ezelki osujat
Nuovo Testamento (m)	Жаңы осуят	dʒaŋı osujat
Vangelo (m)	Евангелие	evangelie
Sacra Scrittura (f)	Ыйык	ijık
Il Regno dei Cieli	Жаннат	dʒannat
comandamento (m)	парз	parz
profeta (m)	пайгамбар	pajgambar
profezia (f)	пайгамбар сөзү	pajgambar søzy
Allah	Аллах	allaχ
Maometto	Мухаммед	muχammed
Corano (m)	Куран	kuran
moschea (f)	мечит	metʃit
mullah (m)	мулла	mulla
preghiera (f)	дуба	duba
pregare (vi, vt)	дуба кылуу	duba kıluu
pellegrinaggio (m)	зыярат	zıjarat
pellegrino (m)	зыяратчы	zıjarattʃı
La Mecca (f)	Мекке	mekke
chiesa (f)	чиркөө	tʃirkøø
tempio (m)	ибадаткана	ibadatkana
cattedrale (f)	чоң чиркөө	tʃoŋ tʃirkøø
gotico (agg)	готикалуу	gotikaluu
sinagoga (f)	синагога	sinagoga
moschea (f)	мечит	metʃit
cappella (f)	кичинекей чиркөө	kitʃinekej tʃirkøø
abbazia (f)	аббаттык	abbattık
monastero (m)	монастырь	monastırʲ
campana (f)	коңгуроо	koŋguroo
campanile (m)	коңгуроо мунарасы	koŋguroo munarası
suonare (campane)	коңгуроо кагуу	koŋguroo kaguu
croce (f)	крест	krest
cupola (f)	купол	kupol
icona (f)	икона	ikona
anima (f)	жан	dʒan
destino (m), sorte (f)	тагдыр	tagdır
male (m)	жамандык	dʒamandık
bene (m)	жакшылык	dʒakʃılık
vampiro (m)	кан соргуч	kan sorgutʃ

strega (f)	жез тумшук	ʤez tumʃuk
demone (m)	шайтан	ʃajtan
spirito (m)	арбак	arbak
redenzione (f)	күнөөнү жуу	kynøøny ʤuu
redimere (vt)	күнөөнү жуу	kynøøny ʤuu
messa (f)	ибадат	ibadat
dire la messa	ибадат кылуу	ibadat kıluu
confessione (f)	сыр төгүү	sır tøgyy
confessarsi (vr)	сыр төгүү	sır tøgyy
santo (m)	ыйык	ıjık
sacro (agg)	ыйык	ıjık
acqua (f) santa	ыйык суу	ıjık suu
rito (m)	диний ырым-жырым	dinij ırım-ʤırım
rituale (agg)	диний ырым-жырым	dinij ırım-ʤırım
sacrificio (m) (offerta)	курмандык	kurmandık
superstizione (f)	ырым-жырым	ırım-ʤırım
superstizioso (agg)	ырымчыл	ırımtʃıl
vita (f) dell'oltretomba	тиги дүйнө	tigi dyjnø
vita (f) eterna	түбөлүк жашоо	tybølyk ʤaʃoo

VARIE

249. Varie parole utili

aiuto (m)	жардам	ʤardam
barriera (f) (ostacolo)	тоскоолдук	toskoolduk
base (f)	түп	typ
bilancio (m) (equilibrio)	теңдем	teŋdem
categoria (f)	категория	kategorija
causa (f) (ragione)	себеп	sebep
coincidenza (f)	дал келгендик	dal kelgendik
comodo (agg)	ыңгайлуу	ıŋgajluu
compenso (m)	ордун толтуруу	ordun tolturuu
confronto (m)	салыштырма	salıʃtırma
cosa (f) (oggetto, articolo)	буюм	bujʉm
crescita (f)	өсүү	øsyy
differenza (f)	айырма	ajırma
effetto (m)	таасир	taasir
elemento (m)	элемент	element
errore (m)	ката	kata
esempio (m)	мисал	misal
fatto (m)	далил	dalil
forma (f) (aspetto)	тариз	tariz
frequente (agg)	бат-бат	bat-bat
genere (m) (tipo, sorta)	түр	tyr
grado (m) (livello)	даража	daraʤa
ideale (m)	идеал	ideal
inizio (m)	башталыш	baʃtalıʃ
labirinto (m)	лабиринт	labirint
modo (m) (maniera)	ыкма	ıkma
momento (m)	учур	uʧur
oggetto (m) (cosa)	объект	obʰjekt
originale (m) (non è una copia)	түпнуска	typnuska
ostacolo (m)	тоскоолдук	toskoolduk
parte (f) (~ di qc)	бөлүгү	bølygy
particella (f)	бөлүкчө	bølykʧø
pausa (f)	токтотуу	toktotuu
pausa (f) (sosta)	тыныгуу	tınıguu
posizione (f)	позиция	poziʦija
principio (m)	усул	usul
problema (m)	көйгөй	køjgøj
processo (m)	жараян	ʤarajan
progresso (m)	өнүгүү	ønygyy

proprietà (f) (qualità)	касиет	kasiet
reazione (f)	реакция	reaktsija
rischio (m)	тобокел	tobokel
ritmo (m)	темп	temp
scelta (f)	тандоо	tandoo
segreto (m)	сыр	sır
serie (f)	катар	katar
sfondo (m)	фон	fon
sforzo (m) (fatica)	күч аракет	kytʃ araket
sistema (m)	тутум	tutum
situazione (f)	кырдаал	kırdaal
soluzione (f)	чечүү	tʃetʃyy
standard (agg)	стандарттуу	standarttuu
standard (m)	стандарт	standart
stile (m)	стиль	stilʲ
sviluppo (m)	өнүгүү	ønygyy
tabella (f) (delle calorie, ecc.)	жадыбал	dʒadıbal
termine (m)	бүтүү	bytyy
termine (m) (parola)	атоо	atoo
tipo (m)	түр	tyr
turno (m) (aspettare il proprio ~)	кезек	kezek
urgente (agg)	шашылыш	ʃaʃılıʃ
urgentemente	шашылыш	ʃaʃılıʃ
utilità (f)	пайда	pajda
variante (f)	вариант	variant
verità (f)	чындык	tʃındık
zona (f)	алкак	alkak

250. Modificatori. Aggettivi. Parte 1

a buon mercato	арзан	arzan
abbronzato (agg)	күнгө күйгөн	kyngø kyjgøn
acido, agro (sapore)	кычкыл	kıtʃkıl
affamato (agg)	ачка	atʃka
affilato (coltello ~)	курч	kurtʃ
allegro (agg)	куунак	kuunak
alto (voce ~a)	катуу	katuu
amaro (sapore)	ачуу	atʃuu
antico (civiltà, ecc.)	байыркы	bajırkı
aperto (agg)	ачык	atʃık
artificiale (agg)	жасалма	dʒasalma
bagnato (vestiti ~i)	суу	suu
basso (~a voce)	акырын	akırın
bello (agg)	сулуу	suluu
breve (di breve durata)	кыска мөөнөттүү	kıska møønøttyy
bruno (agg)	кара тору	kara toru

buio, scuro (stanza ~a)	караңгы	karaŋgı
buono (un libro, ecc.)	жакшы	dʒakʃı
buono, gentile	боорукер	booruker
buono, gustoso	даамдуу	daamduu

caldo (agg)	ысык	ısık
calmo (agg)	тынч	tıntʃ
caro (agg)	кымбат	kımbat
cattivo (agg)	жаман	dʒaman
centrale (agg)	борбордук	borborduk

chiaro (un significato ~)	түшүнүктүү	tyʃynyktyy
chiaro, tenue (un colore ~)	ачык	atʃık
chiuso (agg)	жабык	dʒabık
cieco (agg)	сокур	sokur
civile (società ~)	жарандык	dʒarandık

clandestino (agg)	жашыруун	dʒaʃıruun
collegiale (decisione ~)	бирге	birge
compatibile (agg)	сыйышкыч	sıjıʃkıtʃ
complicato (progetto, ecc.)	кыйын	kıjın

contento (agg)	курсант	kursant
continuo (agg)	узак	uzak
continuo (ininterrotto)	үзгүлтүксүз	yzgyltyksyz
cortese (gentile)	сүйкүмдүү	syjkymdyy
corto (non lungo)	кыска	kıska

crudo (non cotto)	чийки	tʃijki
denso (fumo ~)	коюу	kojʉu
destro (lato ~)	оң	oŋ
di seconda mano	мурдагы	murdagı
di sole (una giornata ~)	күн ачык	kyn atʃık

differente (agg)	түрлүү	tyrlyy
difficile (decisione)	оор	oor
distante (agg)	алыс	alıs
diverso (agg)	ар кандай	ar kandaj
dolce (acqua ~)	тузсуз	tuzsuz

dolce (gusto)	таттуу	tattuu
dolce, tenero	назик	nazik
dritto (linea, strada ~a)	түз	tyz
duro (non morbido)	катуу	katuu
eccellente (agg)	мыкты	mıktı

eccessivo (esagerato)	ашыкча	aʃıktʃa
enorme (agg)	зор	zor
esterno (agg)	тышкы	tıʃkı
facile (agg)	женил	dʒenil

faticoso (agg)	чарчатуучу	tʃartʃatuutʃu
felice (agg)	бактылуу	baktıluu
fertile (terreno)	түшүмдүү	tyʃymdyy
fioco, soffuso (luce ~a)	күңүрт	kyŋyrt
fitto (nebbia ~a)	коюу	kojʉu

forte (una persona ~)	күчтүү	kytʃtyy
fosco (oscuro)	караңгы	karaŋgı
fragile (porcellana, vetro)	морт	mort
freddo (bevanda, tempo)	муздак, суук	muzdak, suuk
fresco (freddo moderato)	салкын	salkın
fresco (pane ~)	жаңы	dʒaŋı
gentile (agg)	сылык	sılık
giovane (agg)	жаш	dʒaʃ
giusto (corretto)	туура	tuura
gradevole (voce ~)	жагымдуу	dʒagımduu
grande (agg)	чоң	tʃoŋ
grasso (cibo ~)	майлуу	majluu
grato (agg)	ыраазы	ıraazı
gratuito (agg)	акысыз	akısız
idoneo (adatto)	жарактуу	dʒaraktuu
il più alto	жогорку	dʒogorku
il più importante	эң маанилүү	eŋ maanilyy
il più vicino	эң жакынкы	eŋ dʒakınkı
immobile (agg)	кыймылсыз	kıjmılsız
importante (agg)	маанилүү	maanilyy
impossibile (agg)	мүмкүн эмес	mymkyn emes
incomprensibile (agg)	түшүнүксүз	tyʃynyksyz
indispensabile	керектүү	kerektyy
inesperto (agg)	тажрыйбасыз	tadʒrıjbasız
insignificante (agg)	арзыбаган	arzıbagan
intelligente (agg)	акылдуу	akılduu
interno (agg)	ички	itʃki
intero (agg)	бүтүн	bytyn
largo (strada ~a)	кең	keŋ
legale (agg)	мыйзамдуу	mıjzamduu
leggero (che pesa poco)	жеңил	dʒeŋil
libero (agg)	эркин	erkin
limitato (agg)	чектелген	tʃektelgen
liquido (agg)	суюк	sujɨk
liscio (superficie ~a)	жылма	dʒılma
lontano (agg)	алыс	alıs
lungo (~a strada, ecc.)	узак	uzak

251. Modificatori. Aggettivi. Parte 2

magnifico (agg)	укмуштай	ukmuʃtaj
magro (uomo ~)	арык	arık
malato (agg)	оорулуу	ooruluu
maturo (un frutto ~)	бышкан	bıʃkan
meticoloso, accurato	тыкан	tıkan
miope (agg)	алыстан көрө албоо	alıstan körø alboo
misterioso (agg)	сырдуу	sırduu

molto magro (agg)	арык	arık
molto povero (agg)	кедей	kedej
morbido (~ al tatto)	жумшак	dʒumʃak

morto (agg)	өлүк	ølyk
nativo (paese ~)	өз	øz
necessario (agg)	керектүү	kerektyy
negativo (agg)	терс	ters
nervoso (agg)	тынчы кеткен	tıntʃı ketken

non difficile	анчейин оор эмес	antʃejin oor emes
non molto grande	анчейин эмес	antʃejin emes
noncurante (negligente)	шалаакы	ʃalaakı
normale (agg)	кадимки	kadimki
notevole (agg)	маанилүү	maanilyy

nuovo (agg)	жаңы	dʒaŋı
obbligatorio (agg)	милдеттүү	mildettyy
opaco (colore)	жалтырабаган	dʒaltırabagan
opposto (agg)	карама-каршы	karama-karʃı

ordinario (comune)	жөнөкөй	dʒønøkøj
originale (agg)	бөтөнчө	bøtøntʃø
ostile (agg)	кастык	kastık
passato (agg)	өтүп кеткен	øtyp ketken
per bambini	балдар	baldar

perfetto (agg)	сонун	sonun
pericoloso (agg)	коркунучтуу	korkunutʃtuu
permanente (agg)	туруктуу	turuktuu
personale (agg)	жекелик	dʒekelik
pesante (agg)	оор	oor

piatto (schermo ~)	жалпак	dʒalpak
piatto, piano (superficie ~a)	тегиз	tegiz
piccolo (agg)	кичине	kitʃine
pieno (bicchiere, ecc.)	толо	tolo

poco chiaro (agg)	ачык эмес	atʃık emes
poco profondo (agg)	тайыз	tajız
possibile (agg)	мүмкүн	mymkyn
posteriore (agg)	арткы	artkı
povero (agg)	кедей	kedej

precedente (agg)	мурунку	murunku
preciso, esatto	так	tak
premuroso (agg)	камкор	kamkor
presente (agg)	учурда	utʃurda

principale (più importante)	негизги	negizgi
principale (primario)	негизги	negizgi
privato (agg)	жеке	dʒeke
probabile (agg)	ыктымал	ıktımal
prossimo (spazio)	жакын	dʒakın
pubblico (agg)	коомдук	koomduk
pulito (agg)	таза	taza

puntuale (una persona ~)	так	tak
raro (non comune)	сейрек	sejrek
rischioso (agg)	тобокелдүү	tobokeldyy
salato (cibo)	туздуу	tuzduu
scorso (il mese ~)	мурунку	murunku
secco (asciutto)	кургак	kurgak
semplice (agg)	жөнөкөй	dʒønøkøj
sereno (agg)	булутсуз	bulutsuz
sicuro (non pericoloso)	коопсуз	koopsuz
simile (agg)	окшош	okʃoʃ
sinistro (agg)	сол	sol
soddisfatto (agg)	ыраазы	ıraazı
solido (parete ~a)	бекем	bekem
spazioso (stanza ~a)	кең	keŋ
speciale (agg)	атайын	atajın
spesso (un muro ~)	калың	kalıŋ
sporco (agg)	кир	kir
stanco (esausto)	чарчаңкы	tʃartʃaŋkı
straniero (studente ~)	чет өлкөлүк	tʃet ølkølyk
stretto (scarpe ~e)	тар	tar
stretto (un vicolo ~)	кууш	kuuʃ
stupido (agg)	акылсыз	akılsız
successivo, prossimo	кийинки	kijinki
supplementare (agg)	кошумча	koʃumtʃa
surgelato (cibo ~)	тоңдурулган	toŋdurulgan
tiepido (agg)	жылуу	dʒıluu
tranquillo (agg)	тынч	tıntʃ
trasparente (agg)	тунук	tunuk
triste (infelice)	кайгылуу	kajgıluu
triste, mesto	муңдуу	muŋduu
uguale (identico)	окшош	okʃoʃ
ultimo (agg)	акыркы	akırkı
umido (agg)	нымдуу	nımduu
unico (situazione ~a)	окшоштугу жок	okʃoʃtugu dʒok
vecchio (una casa ~a)	эски	eski
veloce, rapido	тез	tez
vicino, accanto (avv)	жакынкы	dʒakınkı
vicino, prossimo	коңшу	koŋʃu
vuoto (un bicchiere ~)	бош	boʃ

I 500 VERBI PRINCIPALI

abbagliare (vt)	көздү уялтуу	køzdy ujaltuu
abbassare (vt)	түшүрүү	tyʃyryy
abbracciare (vt)	кучакташуу	kutʃaktaʃuu
abitare (vi)	жашоо	dʒaʃoo
accarezzare (vt)	сылоо	sıloo
accendere (~ la tv, ecc.)	жүргүзүү	dʒyrgyzyy
accendere (con una fiamma)	от жагуу	ot dʒaguu
accompagnare (vt)	жолдоо	dʒoldoo
accorgersi (vr)	байкоо	bajkoo
accusare (vt)	айыптоо	ajıptoo
aderire a ...	кошулуу	koʃuluu
adulare (vt)	жасакерденүү	dʒasakerdenyy
affermare (vt)	сөзүнө туруу	søzynø turuu
afferrare (la palla, ecc.)	кармоо	karmoo
affittare (dare in affitto)	батирге алуу	batirge aluu
aggiungere (vt)	кошуу	koʃuu
agire (Come intendi ~?)	аракет кылуу	araket kıluu
agitare (scuotere)	силкилдетүү	silkildetyy
agitare la mano	жаңсоо	dʒaŋsoo
aiutare (vt)	жардам берүү	dʒardam beryy
alleggerire (~ la vita)	жеңилдентүү	dʒeŋildentyy
allenare (vt)	машыктыруу	maʃıktıruu
allenarsi (vr)	машыгуу	maʃıguu
alludere (vi)	кыйытып айтуу	kıjıtıp aytuu
alzarsi (dal letto)	туруу	turuu
amare (qn)	сүйүү	syjyy
ammaestrare (vt)	үйрөтүү	yjrøtyy
ammettere (~ qc)	моюнга алуу	mojʉnga aluu
ammirare (vi)	суктануу	suktanuu
amputare (vt)	кесип таштоо	kesip taʃtoo
andare (in macchina)	жүрүү	dʒyryy
andare a letto	уйкуга кетүү	ujkuga ketyy
annegare (vi)	чөгүү	tʃøgyy
annoiarsi (vr)	зеригүү	zerigyy
annotare (vt)	кагазга түшүрүү	kagazga tyʃyryy
annullare (vt)	жокко чыгаруу	dʒokko tʃıgaruu
apparire (vi)	көрүнүү	kørynyy
appartenere (vi)	таандык болуу	taandık boluu

appendere (~ le tende)	илүү	ilyy
applaudire (vi, vt)	кол чабуу	kol ʧabuu
aprire (vt)	ачуу	aʧuu
arrendersi (vr)	жол берүү	ʤol beryy
arrivare (di un treno)	келүү	kelyy
arrossire (vi)	кызаруу	kızaruu
asciugare (~ i capelli)	кургатуу	kurgatuu
ascoltare (vi)	угуу	uguu
aspettare (vt)	күтүү	kytyy
aspettarsi (vr)	күтүү	kytyy
aspirare (vi)	умтулуу	umtuluu
assistere (vt)	жардам берүү	ʤardam beryy
assomigliare a ...	окшош болуу	okʃoʃ boluu
assumere (~ personale)	жалдоо	ʤaldoo
attaccare (vt)	кол салуу	kol saluu
aumentare (vi)	көбөйүү	købøjyy
aumentare (vt)	чоңойтуу	ʧoŋojtuu
autorizzare (vt)	уруксат берүү	uruksat beryy
avanzare (vi)	илгерилөө	ilgeriløø
avere (vt)	бар болуу	bar boluu
avere fretta	шашуу	ʃaʃuu
avere paura	коркуу	korkuu
avvertire (vt)	эскертүү	eskertyy
avviare (un progetto)	жандыруу	ʤandıruu
avvicinarsi (vr)	жакындоо	ʤakındoo
basarsi su ...	негиз кылуу	negiz kıluu
bastare (vi)	жетиштүү болуу	ʤetiʃtyy boluu
battersi (~ contro il nemico)	согушуу	soguʃuu
bere (vi, vt)	ичүү	iʧyy
bruciare (vt)	күйгүзүү	kyjgyzyy
bussare (alla porta)	такылдатуу	takıldatuu
cacciare (vt)	аңчылык кылуу	aŋʧılık kıluu
cacciare via	кубалап салуу	kubalap saluu
calmare (vt)	тынчтандыруу	tıntʃtandıruu
cambiare (~ opinione)	өзгөртүү	øzgørtyy
camminare (vi)	басуу	basuu
cancellare (gomma per ~)	өчүрүү	øtʃyryy
canzonare (vt)	шылдыңдоо	ʃıldıŋdoo
capeggiare (vt)	баш болуу	baʃ boluu
capire (vt)	түшүнүү	tyʃynyy
capovolgere (~ qc)	оодаруу	oodaruu
caricare (~ un camion)	жүктөө	ʤyktøø
caricare (~ una pistola)	октоо	oktoo
cenare (vi)	кечки тамакты ичүү	ketʃki tamaktı iʧyy
cercare (vt)	... издөө	... izdøø
cessare (vt)	токтотуу	toktotu

chiamare (nominare)	атоо	atoo
chiamare (rivolgersi a)	чакыруу	tʃakıruu
chiedere (~ aiuto)	чакыруу	tʃakıruu
chiedere (domandare)	суроо	suroo
chiudere (~ la finestra)	жабуу	dʒabuu

citare (vt)	сөзүн келтирүү	søzyn keltiryy
cogliere (fiori, ecc.)	үзүү	yzyy
collaborare (vi)	кызматташуу	kızmattaʃuu
collocare (vt)	жайгаштыруу	dʒajgaʃtıruu

coltivare (vt)	өстүрүү	østyryy
combattere (vi)	согушуу	soguʃuu
cominciare (vt)	баштоо	baʃtoo
compensare (vt)	ордун толтуруу	ordun tolturuu

competere (vi)	атаандашуу	ataandaʃuu
compilare (vt)	түзүү	tyzyy
complicare (vt)	татаалдантуу	tataaldantuu
comporre (~ un brano musicale)	чыгаруу	tʃıgaruu
comportarsi (vr)	алып жүрүү	alıp dʒyryy

comprare (vt)	сатып алуу	satıp aluu
compromettere (vt)	беделин түшүрүү	bedelin tyʃyryy
concentrarsi (vr)	оюн топтоо	ojʉn toptoo
condannare (vt)	өкүм чыгаруу	økym tʃıgaruu
confessarsi (vr)	моюнга алуу	mojʉnga aluu

confondere (vt)	адаштыруу	adaʃtıruu
confrontare (vt)	салыштыруу	salıʃtıruu
congratularsi (con qn per qc)	куттуктоо	kuttuktoo
conoscere (qn)	таануу	taanuu
consigliare (vt)	кеңеш берүү	keŋeʃ beryy

consultare (medico, ecc.)	кеңешүү	keŋeʃyy
contagiare (vt)	жуктуруу	dʒukturuu
contagiarsi (vr)	жуктуруп алуу	dʒukturup aluu
contare (calcolare)	эсептөө	eseptøø

contare su ...	... ишенүү	... iʃenyy
continuare (vt)	улантуу	ulantuu
controllare (vt)	көзөмөлдөө	køzømøldøø
convincere (vt)	ишендирүү	iʃendiryy

convincersi (vr)	катуу ишенген	katuu iʃengen
coordinare (vt)	ыңтайга келтирүү	ıŋtajga keltiryy
correggere (vt)	түзөтүү	tyzøtyy

correre (vi)	чуркоо	tʃurkoo
costare (vt)	туруу	turuu

costringere (vt)	мажбурлоо	madʒburloo
creare (vt)	жаратуу	dʒaratuu
credere (vt)	ишенүү	iʃenyy
curare (vt)	дарылоо	darıloo

253. Verbi D-G

dare (vt)	берүү	beryy
dare da mangiare	тамак берүү	tamak beryy
dare istruzioni	үйрөтүү	yjrøtyy
decidere (~ di fare qc)	чечүү	ʧeʧyy
decollare (vi)	учуп чыгуу	uʧup ʧıguu
decorare (adornare)	кооздоо	koozdoo
decorare (qn)	сыйлоо	sıjloo
dedicare (~ un libro)	арноо	arnoo
denunciare (vt)	чагым кылуу	ʧagım kıluu
desiderare (vt)	каалоо	kaaloo
difendere (~ un paese)	коргоо	korgoo
difendersi (vr)	коргонуу	korgonuu
dimenticare (vt)	унутуу	unutuu
dipendere da ...	... көзүн кароо	... køzyn karoo
dire (~ la verità)	айтуу	ajtuu
dirigere (~ un'azienda)	башкаруу	baʃkaruu
discutere (vt)	талкуулоо	talkuuloo
disprezzare (vt)	киши катарына албоо	kiʃi katarına alboo
distribuire (~ volantini, ecc.)	таратуу	taratuu
distribuire (vt)	таркатуу	tarkatuu
distruggere (~ documenti)	жок кылуу	dʒok kıluu
disturbare (vt)	тынчын алуу	tınʧin aluu
diventare pensieroso	ойлонуу	ojlonuu
diventare, divenire	болуу	boluu
divertire (vt)	көңүл көтөрүү	køŋyl køtøryy
divertirsi (vr)	көңүл ачуу	køŋyl aʧuu
dividere (vt)	бөлүү	bølyy
dovere (v aus)	тийиш	tijiʃ
dubitare (vi)	күмөн саноо	kymøn sanoo
eliminare (un ostacolo)	жок кылуу	dʒok kıluu
emanare (~ odori)	таратуу	taratuu
emanare odore	жыттануу	dʒıttanuu
emergere (sommergibile)	калкып чыгуу	kalkıp ʧıguu
entrare (vi)	кирүү	kiryy
equipaggiare (vt)	жабдуу	dʒabduu
ereditare (vt)	мураска ээ болуу	muraska ee boluu
esaminare (~ una proposta)	карап чыгуу	karap ʧıguu
escludere (vt)	чыгаруу	ʧıgaruu
esigere (vt)	талап кылуу	talap kıluu
esistere (vi)	чыгуу	ʧıguu
esprimere (vt)	сөз менен айтып берүү	søz menen ajtıp beryy
essere (vi)	болуу	boluu
essere arrabbiato con ...	ачуулануу	aʧuulanuu
essere causa di ...	... себеп болуу	... sebep boluu

essere conservato	сакталуу	saktaluu
essere d'accordo	макул болуу	makul boluu
essere diverso da ...	айырмалануу	ajırmalanuu
essere in guerra	согушуу	soguʃuu
essere necessario	керек болуу	kerek boluu
essere perplesso	башы маӊ болуу	baʃı maŋ boluu
essere preoccupato	сарсанаа болуу	sarsanaa boluu
essere sdraiato	жатуу	dʒatuu
estinguere (~ un incendio)	өчүрүү	øtʃyryy
evitare (vt)	качуу	katʃuu
far arrabbiare	ачуусун келтирүү	atʃuusun keltiryy
far conoscere	тааныштыруу	taanıʃtıruu
far fare il bagno	сууга түшүрүү	suuga tyʃyryy
fare (vt)	жасоо	dʒasoo
fare colazione	эртең менен тамактануу	erteŋ menen tamaktanuu
fare copie	көбөйтүү	købøjtyy
fare foto	сүрөткө тартуу	syrøtkø tartuu
fare il bagno	сууга түшүү	suuga tyʃyy
fare il bucato	кир жуу	kir dʒuu
fare la conoscenza di ...	тааныщуу	taanıʃuu
fare le pulizie	жыйнаштыруу	dʒıjnaʃtıruu
fare un bagno	жуунуу	dʒuunuu
fare un rapporto	билдирүү	bildiryy
fare un tentativo	аракет кылуу	araket kıluu
fare, preparare	даярдоо	dajardoo
fermarsi (vr)	токтоо	toktoo
fidarsi (vt)	ишенүү	iʃenyy
finire, terminare (vt)	бүтүрүү	bytyryy
firmare (~ un documento)	кол коюу	kol kojʉu
formare (vt)	түзүү	tyzyy
garantire (vt)	кепилдик берүү	kepildik beryy
gettare (~ il sasso, ecc.)	ыргытуу	ırgıtuu
giocare (vi)	ойноо	ojnoo
girare (~ a destra)	бурулуу	buruluu
girare lo sguardo	жүз буруу	dʒyz buruu
gradire (vt)	сүйүү	syjyy
graffiare (vt)	тытуу	tıtuu
gridare (vi)	кыйкыруу	kıjkıruu
guardare (~ fisso, ecc.)	көрүү	køryy
guarire (vi)	сакаюу	sakajʉu
guidare (~ un veicolo)	айдоо	ajdoo

254. Verbi I-O

illuminare (vt)	жарык кылуу	dʒarık kıluu
imballare (vt)	ороо	oroo

| imitare (vt) | тууроо | tuuroo |
| immaginare (vt) | элестетүү | elestetyy |

importare (vt)	импорттоо	importtoo
incantare (vt)	өзүнө тартуу	øzynø tartuu
indicare (~ la strada)	көрсөтүү	kørsøtyy
indignarsi (vr)	нааразы болуу	naarazı boluu

indirizzare (vt)	багыттоо	bagıttoo
indovinare (vt)	жандырмагын табуу	dʒandırmagın tabuu
influire (vt)	таасир этүү	taasir etyy
informare (vt)	маалымат берүү	maalımat beryy

informare di ...	билдирүү	bildiryy
ingannare (vt)	алдоо	aldoo
innaffiare (vt)	сугаруу	sugaruu
innamorarsi di ...	сүйүп калуу	syjyp kaluu

insegnare (qn)	окутуу	okutuu
inserire (vt)	коюу	kojʉu
insistere (vi)	көшөрүү	køʃøryy
insultare (vt)	кордоо	kordoo
interessare (vt)	кызыктыруу	kızıktıruu

interessarsi di ...	... кызыгуу	... kızıguu
intervenire (vi)	кийлигишүү	kijligiʃyy
intraprendere (vt)	чара көрүү	tʃara køryy
intravedere (vt)	байкоо	bajkoo
inventare (vt)	ойлоп табуу	ojlop tabuu

inviare (~ una lettera)	жөнөтүү	dʒønøtyy
invidiare (vt)	көрө албоо	kørø alboo
invitare (vt)	чакыруу	tʃakıruu
irritare (vt)	кыжырын келтирүү	kıdʒırın keltiryy

irritarsi (vr)	кыжырлануу	kıdʒırlanuu
iscrivere (su una lista)	жазып коюу	dʒazıp kodʒʉu
isolare (vt)	бөлүп коюу	bølyp kojʉu
ispirare (vt)	шыктандыруу	ʃıktandıruu
lamentarsi (vr)	арыздануу	arızdanuu

lasciar cadere	түшүрүп алуу	tyʃyryp aluu
lasciare (abbandonare)	таштап кетүү	taʃtap ketyy
lasciare (ombrello, ecc.)	калтыруу	kaltıruu
lavare (vt)	жуу	dʒuu

lavorare (vi)	иштөө	iʃtøø
legare (~ qn a un albero)	байлоо	bajloo
legare (~ un prigioniero)	байлоо	bajloo
leggere (vi, vt)	окуу	okuu

liberare (vt)	бошотуу	boʃotuu
liberarsi (~ di qn, qc)	... кутулуу	... kutuluu
limitare (vt)	чектөө	tʃektøø
lottare (sport)	күрөшүү	kyrøʃyy
mancare le lezioni	калтыруу	kaltıruu

mangiare (vi, vt)	тамактануу	tamaktanuu
memorizzare (vt)	эстеп калуу	estep kaluu
mentire (vi)	калп айтуу	kalp ajtuu

menzionare (vt)	айтып өтүү	ajtıp øtyy
meritare (vt)	акылуу болуу	akıluu boluu
mescolare (vt)	аралаштыруу	aralaʃtıruu
mettere fretta a ...	шаштыруу	ʃaʃtıruu
mettere in ordine	иретке келтирүү	iretke keltiryy

mettere via	катып коюу	katıp kojʉu
mettere, collocare	коюу	kojʉu
minacciare (vt)	коркутуу	korkutuu
mirare, puntare su ...	мээлөө	meeløø
moltiplicare (vt)	көбөйтүү	købøjtyy

mostrare (vt)	көрсөтүү	kørsøtyy
nascondere (vt)	жашыруу	dʒaʃıruu
negare (vt)	тануу, төгүндөө	tanuu, tøgyndøø
negoziare (vi)	сүйлешүүлөр жүргүзүү	syjleʃyylør dʒyrgyzyy

noleggiare (~ una barca)	жалдап алуу	dʒaldap aluu
nominare (incaricare)	дайындоо	dajındoo
nuotare (vi)	сүзүү	syzyy
obbedire (vi)	баш ийүү	baʃ ijyy

obiettare (vt)	каршы болуу	karʃı boluu
occorrere (vi)	зарыл болуу	zarıl boluu
odorare (sentire odore)	жыттоо	dʒıttoo
offendere (qn)	көңүлгө тийүү	køŋylgø tijyy

omettere (vt)	калтырып кетүү	kaltırıp ketyy
ordinare (~ il pranzo)	буйрутма кылуу	bujrutma kıluu
ordinare (mil.)	буйрук кылуу	bujruk kıluu
organizzare (vt)	уюштуруу	ujuʃturuu

origliare (vi)	аңдып тыңшоо	aŋdıp tıŋʃoo
ormeggiarsi (vr)	келип токтоо	kelip toktoo
osare (vt)	батынып баруу	batınıp baruu
osservare (vt)	байкоо	bajkoo

255. Verbi P-R

pagare (vi, vt)	төлөө	tøløø
parlare con ...	... менен сүйлешүү	... menen syjleʃyy
partecipare (vi)	катышуу	katıʃuu
partire (vi)	кетүү	ketyy

peccare (vi)	күнөө кылуу	kynøø kıluu
penetrare (vi)	жылжып кирүү	dʒıldʒıp kiryy
pensare (credere)	ойлоо	ojloo
pensare (vi, vt)	ойлонуу	ojlonuu
perdere (ombrello, ecc.)	жоготуу	dʒogotuu
perdonare (vt)	кечирүү	ketʃiryy

permettere (vt)	уруксат берүү	uruksat beryy
pesare (~ molto)	... салмакта болуу	... salmakta boluu
pescare (vi)	балык улоо	balık uloo
pettinarsi (vr)	тарануу	taranuu
piacere (vi)	жактыруу	dʒaktıruu
piangere (vi)	ыйлоо	ıjloo
pianificare (~ di fare qc)	пландаштыруу	plandaʃtıruu
picchiare (vt)	уруу	uruu
picchiarsi (vr)	мушташуу	muʃtaʃuu
portare (qc a qn)	алып келүү	alıp kelyy
portare via	алып кетүү	alıp ketyy
possedere (vt)	ээ болуу	ee boluu
potere (vi)	жасай алуу	dʒasaj aluu
pranzare (vi)	түштөнүү	tyʃtønyy
preferire (vt)	артык көрүү	artık køryy
pregare (vi, vt)	дуба кылуу	duba kıluu
prendere (vt)	алуу	aluu
prendere in prestito	карызга акча алуу	karızga aktʃa aluu
prendere nota	белгилөө	belgiløø
prenotare (~ un tavolo)	камдык буйрутмалоо	kamdık bujrutmaloo
preoccupare (vt)	көңүлүн бөлүү	køŋylyn bølyy
preoccuparsi (vr)	толкундануу	tolkundanuu
preparare (~ un piano)	даярдоо	dajardoo
presentare (~ qn)	тааныштыруу	taanıʃtıruu
preservare (~ la pace)	сактоо	saktoo
prevalere (vi)	үстөмдүк кылуу	ystømdyk kıluu
prevedere (vt)	алдын ала билүү	aldın ala bilyy
privare (vt)	ажыратуу	adʒıratuu
progettare (edificio, ecc.)	түзүлүшүн берүү	tyzylyʃyn beryy
promettere (vt)	убада берүү	ubada beryy
pronunciare (vt)	айтуу	ajtuu
proporre (vt)	сунуштоо	sunuʃtoo
proteggere (vt)	коргоо	korgoo
protestare (vi)	нааразычылык билдирүү	naarazıtʃılık bildiryy
provare (vt)	далилдөө	dalildøø
provocare (vt)	көкүтүү	køkytyy
pubblicizzare (vt)	жарнамалоо	dʒarnamaloo
pulire (vt)	тазалоо	tazaloo
pulirsi (vr)	тазалоо	tazaloo
punire (vt)	жазалоо	dʒazaloo
raccomandare (vt)	сунуштоо	sunuʃtoo
raccontare (~ una storia)	айтып берүү	ajtıp beryy
raddoppiare (vt)	эки эселөө	eki eseløø
rafforzare (vt)	чындоо	tʃındoo
raggiungere (arrivare a)	жетүү	dʒetyy

raggiungere (obiettivo)	жетүү	ʤetyy
rammaricarsi (vr)	өкүнүү	økynyy
rasarsi (vr)	кырынуу	kırınuu
realizzare (vt)	ишке ашыруу	iʃke aʃıruu
recitare (~ un ruolo)	ойноо	ojnoo
regolare (~ un conflitto)	чечүү	ʧeʧyy
respirare (vi)	дем алуу	dem aluu
riconoscere (~ qn)	таануу	taanuu
ricordare (a qn di fare qc)	... эстетүү	... estetyy
ricordare (vt)	унутпоо	unutpoo
ricordarsi di (~ qn)	эстөө	estøø
ridere (vi)	күлүү	kylyy
ridurre (vt)	кичирейтүү	kiʧirejtyy
riempire (vt)	толтуруу	tolturuu
rifare (vt)	кайра жасатуу	kajra ʤasatuu
rifiutare (vt)	баш тартуу	baʃ tartuu
rimandare (vt)	артка жөнөтүү	artka ʤønøtyy
rimproverare (vt)	жемелөө	ʤemeløø
rimuovere (~ una macchia)	кетирүү	ketiryy
ringraziare (vt)	ыраазычылык билдирүү	ıraazıʧılık bildiryy
riparare (vt)	оңдоо	oŋdoo
ripetere (ridire)	кайталоо	kajtaloo
riposarsi (vr)	эс алуу	es aluu
risalire a (data, periodo)	күн боюнча	kyn bojʉnʧa
rischiare (vi, vt)	тобокелге салуу	tobokelge saluu
risolvere (~ un problema)	чечүү	ʧeʧyy
rispondere (vi, vt)	жооп берүү	ʤoop beryy
ritornare (vi)	кайтып келүү	kajtıp kelyy
rivolgersi a ...	кайрылуу	kajrıluu
rompere (~ un oggetto)	сындыруу	sındıruu
rovesciare (~ il vino, ecc.)	төгүп алуу	tøgyp aluu
rubare (~ qc)	уурдоо	uurdoo

256. Verbi S-V

salpare (vi)	жөнөө	ʤønøø
salutare (vt)	саламдашуу	salamdaʃuu
salvare (~ la vita a qn)	куткаруу	kutkaruu
sapere (qc)	билүү	bilyy
sbagliare (vi)	ката кетирүү	kata ketiryy
scaldare (vt)	ысытуу	ısıtuu
scambiare (vt)	өзгөртүү	øzgørtyy
scambiarsi (vr)	алмашуу	almaʃuu
scavare (~ un tunnel)	казуу	kazuu
scegliere (vt)	тандоо	tandoo

scendere (~ per le scale)	ылдый түшүү	ıldıj tyʃyy
scherzare (vi)	тамашалоо	tamaʃaloo
schiacciare (~ un insetto)	тебелөө	tebeløø
scoppiare (vi)	үзүлүү	yzylyy
scoprire (vt)	билүү	bilyy
scoprire (vt)	таап ачуу	taap atʃuu
screpolarsi (vr)	жарака кетүү	dʒaraka ketyy
scrivere (vi, vt)	жазуу	dʒazuu
scusare (vt)	кечирүү	ketʃiryy
scusarsi (vr)	кечирим суроо	ketʃirim suroo
sedere (vi)	отуруу	oturuu
sedersi (vr)	отуруу	oturuu
segnare (~ con una croce)	белгилөө	belgiløø
seguire (vt)	... ээрчүү	... eertʃyy
selezionare (vt)	ылгоо	ılgoo
seminare (vt)	себүү	sebyy
semplificare (vt)	жөнөкөйлөтүү	dʒønøkøjløtyy
sentire (percepire)	сезүү	sezyy
servire (~ al tavolo)	тейлөө	tejløø
sgridare (vt)	урушуу	uruʃuu
significare (vt)	маанини билдирүү	maanini bildiryy
slegare (vt)	чечип алуу	tʃetʃip aluu
smettere di parlare	унчукпоо	untʃukpoo
soddisfare (vt)	жактыруу	dʒaktıruu
soffiare (vento, ecc.)	үйлөө	yjløø
soffrire (provare dolore)	кайгыруу	kajgıruu
sognare (fantasticare)	кыялдануу	kıjaldanuu
sognare (fare sogni)	түш көрүү	tyʃ køryy
sopportare (~ il freddo)	чыдоо	tʃıdoo
sopravvalutare (vt)	ашыра баалоо	aʃıra baaloo
sorpassare (vt)	өтүп кетүү	øtup ketyy
sorprendere (stupire)	таң калтыруу	taŋ kaltıruu
sorridere (vi)	жылмаюу	dʒılmadʒuu
sospettare (vt)	күмөн саноо	kymøn sanoo
sospirare (vi)	дем алуу	dem aluu
sostenere (~ una causa)	колдоо	koldoo
sottolineare (vt)	баса белгилөө	basa belgiløø
sottovalutare (vt)	баалабоо	baalaboo
sovrastare (vi)	көтөрүлүү	køtørylyy
sparare (vi)	атуу	atuu
spargersi (zucchero, ecc.)	чачылуу	tʃatʃıluu
sparire (vi)	жоголуп кетүү	dʒogolup ketyy
spegnere (~ la luce)	өчүрүү	øtʃyryy
sperare (vi, vt)	үмүттөнүү	ymyttønyy
spiare (vt)	шыкалоо	ʃıkaloo
spiegare (vt)	түшүндүрүү	tyʃyndyryy

spingere (~ la porta)	түртүү	tyrtyy
splendere (vi)	жаркырап туруу	dʒarkırap turuu
sporcarsi (vr)	булгап алуу	bulgap aluu

sposarsi (vr)	аял алуу	ajal aluu
spostare (~ i mobili)	ордунан жылдыруу	ordunan dʒıldıruu
sputare (vi)	түкүрүү	tykyryy
staccare (vt)	чаап таштоо	tʃaap taʃtoo
stancare (vt)	чарчатуу	tʃartʃatuu

stancarsi (vr)	чарчоо	tʃartʃoo
stare (sul tavolo)	жатуу	dʒatuu
stare bene (vestito)	ылайык келүү	ılajık kelyy

stirare (con ferro da stiro)	үтүктөө	ytyktøø
strappare (vt)	үзүп алуу	yzyp aluu
studiare (vt)	окуу	okuu
stupirsi (vr)	таң калуу	taŋ kaluu

supplicare (vt)	өтүнүү	øtynyy
supporre (vt)	божомолдоо	bodʒomoldoo
sussultare (vi)	селт этүү	selt etyy
svegliare (vt)	ойготуу	ojgotuu

tacere (vi)	унчукпоо	untʃukpoo
tagliare (vt)	кесип алуу	kesip aluu
tenere (conservare)	сактоо	saktoo
tentare (vt)	аракет кылуу	araket kıluu

tirare (~ la corda)	тартуу	tartuu
toccare (~ il braccio)	тийүү	tijyy
togliere (rimuovere)	алып таштоо	alıp taʃtoo
tradurre (vt)	которуу	kotoruu

trarre una conclusione	тыянак чыгаруу	tıjanak tʃıgaruu
trasformare (vt)	башка түргө айлантуу	baʃka tyrgø ajlantuu
trattenere (vt)	кармап туруу	karmap turuu
tremare (~ dal freddo)	калтыроо	kaltıroo

trovare (vt)	таап алуу	taap aluu
tuffarsi (vr)	сүңгүү	syŋgyy
uccidere (vt)	өлтүрүү	øltyryy
udire (percepire suoni)	угуу	uguu

unire (vt)	бириктирүү	biriktiryy
usare (vt)	пайдалануу	pajdalanuu
uscire (andare fuori)	чыгуу	tʃıguu
uscire (libro)	жарык көрүү	dʒarık køryy

utilizzare (vt)	пайдалануу	pajdalanuu
vaccinare (vt)	эмдөө	emdøø
vantarsi (vr)	мактануу	maktanuu
vendere (vt)	сатуу	satuu

| vendicare (vt) | өч алуу | øtʃ aluu |
| versare (~ l'acqua, ecc.) | куюу | kujuu |

vietare (vt)	тыюу салуу	tıjɐu saluu
vivere (vi)	жашоо	dʒaʃoo
volare (vi)	учуу	utʃuu
voler dire (significare)	билдирүү	bildiryy
volere (desiderare)	каалоо	kaaloo
votare (vi)	добуш берүү	dobuʃ beryy